AF357542

LA MINIATURE PERSANE

DU XIIe AU XVIIe SIÈCLE

ARMÉNAG BEY SAKISIAN

LA
MINIATURE PERSANE
DU XIIe AU XVIIe SIÈCLE

OUVRAGE ACCOMPAGNÉ DE LA REPRODUCTION DE 193 MINIATURES
DONT DEUX EN COULEURS

PARIS ET BRUXELLES
LES ÉDITIONS G. VAN OEST

1929

INTRODUCTION

La manifestation, peut-être la plus délicate de l'art musulman, la miniature, a un caractère non seulement profane, mais anti-islamique. Les sujets religieux — qui tiennent une place prépondérante dans les œuvres picturales chrétiennes et bouddhiques — ne sont qu'exceptionnellement abordés chez les Musulmans, et ne peuvent servir ni au culte, ni à la dévotion. Ce caractère, qui n'a pas été sans contribuer à la variété et à l'intérêt de la miniature orientale, tient à la défense par la loi musulmane de la représentation des êtres animés.

On a fait valoir que cette prohibition n'était pas coranique et on a plaidé la tolérance de Mahomet pour les représentations figurées [1]. Il importe peu qu'une telle défense ne procède que de la *tradition* [2], du moment que l'on en constate l'efficacité, dans la mesure où elle ne s'est pas heurtée à des influences plus fortes. En Perse elle s'est traduite principalement par la proscription de toutes représentations figurées, tant des mosquées que des manuscrits du Coran, où leur présence aurait été sacrilège. Cet effet restreint doit être attribué aux vieilles traditions artistiques que possédait l'Iran et dont, sans remonter plus haut, les monuments de la période sassanide, immédiatement antérieure à l'époque musulmane, suffisent à donner une idée [3].

C'est à l'influence de ce pays qu'est d'ailleurs principalement due l'introduction de la miniature en Turquie et aux Indes.

Evlia Tchélébi, le voyageur turc de la première moitié du XVIIe siècle, fait observer que la corporation des peintres de figures n'a pas de patron, à la différence de celle des enlumineurs, car la loi musulmane [4] défend de

---

1. H. LAMMENS, *L'attitude de l'Islam primitif en face des arts figurés*, Journal Asiatique, 1915, VI, p. 230.

2. *Hadith*, ensemble des *traditions* relatives aux actes ou aux paroles du Prophète et de ses compagnons.

3. Voir au Musée du Louvre, salle du Mastaba, la superbe scène de chasse de Chosroès II, moulage du bas-relief de Tak-i-Bostan. Ce souverain n'est autre que Khosrev Parviz (590-628), l'amant de la belle Chirine, et revient souvent sur les miniatures persanes. Les monnaies sassanides sont aussi à l'effigie des Chosroès.

4. CHÉRIAT.

dessiner des figures [1]. M. J. Ebersolt, de son côté, constate l'activité iconoclaste des Turcs pendant le premier siècle qui a suivi la prise de Constantinople : « Avec les déesses de marbre on fait de la chaux; avec les statues de bronze on fait des canons [2]. »

Ces préventions violentes n'ont heureusement pas prévalu en Perse, et l'art de la miniature a pu s'y développer librement.

Les mentions les plus anciennes de manuscrits persans illustrés se rapportent aux xe et xie siècles. Ce sont des artistes chinois qui au milieu du xe siècle, sous les Samanides, ont orné de peintures, à Boukhara, la traduction, par le poète Roudeki, des fables de Bidpay [3]. D'après Talibi, au commencement du siècle suivant, les Persans illustraient leurs manuscrits avec les exploits d'Isfendiar [4].

Aucune miniature attribuable à ces hautes époques ne nous est malheureusement parvenue.

Les fresques, représentées très souvent sur les miniatures persanes, remontent au moins aux premières années du xie siècle. En dehors du témoignage de Talibi [5], on sait par la préface que le prince timouride Baïsounkour fit rédiger pour le *Livre des Rois* de Firdoussi, que les murs de l'appartement du poète, à la cour de Mahmoud le Ghaznévide, « furent couverts de peintures représentant des armes de toute espèce, des chevaux, des dromadaires et des tigres, des portraits de rois et de héros de l'Iran et du Touran [6] ».

Le célèbre calligraphe Ibn-el-Bewab, de Bagdad, avait commencé, au témoignage de Yakout, par orner de décorations à fresques les murailles des édifices [7]. Cet artiste étant mort dans le premier tiers du xie siècle [8], ses décorations devaient être à peu près contemporaines de celles de Ghazna.

Si on remonte à l'époque sassanide, d'après une tradition transmise par

1. Evlia Tchélébi, *Livre des Voyages* (en turc), Constantinople, 1314-1318 de l'Hégire, t. I, pp. 610 et 608.

2. J. Ebersolt, *Constantinople byzantine et les Voyageurs du Levant*, Leroux, 1918, p. 90.

3. Voir pp. 14-15.

4. E. Blochet, *Les Enluminures des Manuscrits orientaux de la Bibliothèque Nationale*, Paris, 1926, p. 8, note 1.

5. *Ibidem.*

6. J. Mohl, *Le Livre des Rois*, par Aboul Kassim Firdoussi, Paris, 1876-1878, t. I, pp. xv, note 1, et xxxi.

7. Blochet, *Les Enluminures*, p. 8, note 1.

8. C'est par erreur qu'il est placé à la fin du xie et au commencement du xiie siècle. *Ibidem.*

Firdoussi, Mani — dont le nom s'est conservé dans l'Orient musulman comme celui du peintre le plus illustre de tous les temps — aurait introduit la peinture de Chine en Perse [1]. Toutefois les deux miniatures manichéennes à texte ouïgour, découvertes dans le Turkestan oriental, à Khotcho, par M. von Le Coq [2], ne présentent aucun caractère extrême-oriental; elles se rattachent, au contraire, nettement à l'école de Bagdad et par conséquent à l'art byzantin.

Sur l'un de ces feuillets, des prêtres habillés de blanc sont assis devant des pupitres. Deux bleus, le pourpre et le vert, sont les couleurs employées, et les ombres des draperies, comme celles des têtes, sont très marquées. Sur le second, des musiciens sont traités avec la même palette, et des fleurs et des feuilles, peintes en deux tons, ce qui tient lieu d'ombres.

M. von Le Coq attribue ces miniatures, dubitativement il est vrai, au VIIIᵉ-IXᵉ siècle, mais il est plus que probable qu'elles soient d'époque beaucoup plus tardive [3]. Elles doivent représenter une technique importée de Mésopotamie par des Manichéens fuyant les persécutions des Abbassides. Il n'y a rien d'étonnant à ce que les figures dans la manière chinoise, dont Mani [4] devait orner, au IIIᵉ siècle, ses livres, aient totalement changé de style au cours d'une dizaine de siècles.

Au surplus, on constate à Khotcho deux manifestations opposées de la peinture manichéenne. La première, de beaucoup la plus importante, dans le style chinois (au trait et sans ombres) sur les fresques [5], et la seconde dans la manière abbasside du manuscrit ouïgour. C'est forcément cette dernière qui est d'importation.

La miniature persane était, il y a une trentaine d'années, en quelque sorte ignorée des collectionneurs et des auteurs. Depuis, les premiers se sont largement rattrapés, comme on a pu le constater notamment par l'Exposition

---

1. Voir pp. 9 et 10.

2. A. von Le Coq, *Chotscho*, Berlin, 1913, pl. 5, en couleurs. G. Migeon, *Manuel d'Art Musulman*, 1927, t. I, fig. 2.

3. M. Blochet les fait descendre jusqu'au XIVᵉ siècle, considérant principalement, en dehors des arguments philologiques, que la décoration du second feuillet est très analogue à celle des manuscrits arméniens des XIIIᵉ-XIVᵉ siècles et que les personnages placés dans le haut de la miniature sont dans le style des manuscrits mésopotamiens du XIIIᵉ siècle. Cf. *Les Peintures des Manuscrits Orientaux de la Bibliothèque Nationale*, Paris, 1920, note des pages 112 et 113.

4. Voir p. 9.

5. A. von Le Coq, *op. cit.*, pl. 1 et 2.

d'art musulman de Munich de 1910 et celle du Musée des Arts Décoratifs de 1912[1], ainsi que par le legs Marteau, dont ont bénéficié, pendant la guerre, le Musée du Louvre et la Bibliothèque Nationale. La tâche des seconds était plus malaisée. En effet les renseignements que nous fournissent les auteurs orientaux sur la miniature et les miniaturistes ne consistent guère qu'en une longue liste de noms[2], accompagnés d'épithètes hyperboliquement élogieuses et dont le choix n'est souvent déterminé que par la recherche d'une consonnance. Exceptionnellement quelques anecdotes, ou l'indication du règne sous lequel l'artiste a produit, complètent cette nomenclature.

L'insuffisance des données biographiques et critiques est aggravée par les erreurs et les confusions des traducteurs et de ceux qui mettent en œuvre leurs indications.

Ainsi M. Cl. Huart a propagé pour le nom d'un des plus anciens miniaturistes persans, la fausse lecture de Goung[3], au lieu de Gun[4], que les ouvrages traitant de miniatures répètent depuis.

Cette erreur a sa source dans une compilation moderne en turc[5], dont l'auteur ne s'est pas aperçu que le nom en question était employé au génitif par Aali, la source où il puisait, et, voulant découvrir un sens à ce vocable insolite, il en a modifié l'orthographe pour lui faire signifier *muet* en persan. A son tour, M. Martin a voulu voir en cet artiste un *Chinois*[6], à raison de la consonnance de son nom. C'est ainsi qu'une erreur de lecture a fait de maître Gun, dont nous ignorons tout d'ailleurs, si ce n'est qu'ayant précédé Behzad de trois générations[7], il doit se placer au xive siècle, un muet et un Chinois.

Ce qui est plus inexplicable, c'est que M. Cl. Huart ait rendu l'expression « chébih yazma », qui signifie *portraiturer*, par « pseudo-écriture »,

---

1. Toutes deux ont donné lieu à des publications qui ont mis dans le domaine public les plus importantes des miniatures exposées.

2. Les chapitres XVI, XVIII et XX des *Calligraphes et Miniaturistes de l'Orient Musulman*, de M. Cl. Huart, Paris, 1908, en donnent une idée assez exacte.

3. Cl. Huart, *op. cit.*, p. 330.

4. Le nom de Gun (probablement du turc *gun*, soleil, lumière) est connu chez les Persans et les Turcs et le village d'Émir Gun, sur le Bosphore, perpétue le souvenir du Khan d'Érivan, réfugié à Constantinople, dans la première moitié du xviie siècle, et qui y avait sa résidence.

5. Habib Effendi, *Khat ou Khattatan* (La Calligraphie et les Calligraphes), Constantinople, 1305 de l'Hégire, p. 263.

6. F. R. Martin, *The Miniature Painting and Painters of Persia India and Turkey*, Londres, 1912.

7. Voir p. 64, note 5.

inventant ainsi un art qui ne peut même pas se concevoir en pays musulmans, où la calligraphie est en si grand honneur. Les noms empruntés à Aali, et mentionnés à propos de « chébih yazma », désignent non pas des *calligraphes illettrés*, mais simplement des miniaturistes osmanlis qui se sont spécialisés dans le portrait[1].

Quelque grandes que soient ces erreurs, elles sont plutôt typiques de la manière dont ont été mises en œuvre les maigres données fournies par les sources, que d'une grande portée pour notre sujet. Mais des confusions de nature à brouiller les artistes, les siècles et les écoles de la miniature persane, ont été également commises. Nous verrons à propos de Boukhara et de l'école séfévie du xvie siècle, jusqu'à *cinq* et *six* peintres différents (parmi lesquels figurent des artistes du xve, comme du xvie, de la Perse occidentale, comme de la Perse orientale) fondus en un seul[2].

Les exemples de confusions avec des écoles étrangères ne sont pas rares non plus; ainsi des œuvres persanes ont été prises pour des productions turques, erreur facile à éviter cependant. M. Martin a considéré notamment comme turcs, des dessins représentant une haridelle, avec ou sans cavalier[3], dont la Bibliothèque Nationale possède un des plus beaux spécimens (fig. 106).

Tout dans ces œuvres, le dessin qui est très fort, la coiffure mongole et le costume indiquent une origine non-turque[4].

Une page décorative flamboyante, à grotesques, donnée aussi par M. Martin comme un dessin de l'école turque, n'est pas davantage ottomane, mais persane, et se rattache à l'école de Hérat[5]. Elle est d'ailleurs datée et porte une signature[6], quoique celle-ci soit indéchiffrable sur la reproduction.

---

1. Cl. HUART, *op. cit.*, pp. 240 et 341. L'erreur provient de ce que le verbe *yazmak* signifie en turc dessiner aussi bien qu'écrire, et que *chébih*, semblable, s'emploie pour portrait.

2. Voir pp. 96-97 et 110-112.

3. MARTIN, *op. cit.*, pl. 230 et 231.

4. Les vers qui encadrent le dessin de la Bibliothèque Nationale (fig. 106), sont en turc *oriental* (djagataï), ce qui indiquerait une origine du Khorassan.
L'ornement de la selle, formé de lotus stylisés, sur lequel se base M. Martin pour une de ces figures (pl. 230 b), n'a rien de spécialement turc et quant au papier marbré, qui semble le critérium des attributions de la planche 231, il n'est pas davantage spécial à la Turquie et existe à Hérat dès le xve siècle.

5. MARTIN, *op. cit.*, vol. II, pl. 271. Voir plus bas, pp. 58-59.

6. La date 1625-26, est placée vers le milieu de la composition devant la tête de la perdrix, quant à la signature qui débute par le classique *amélé* (fecit), et semble se terminer par *muzéhib*, enlumineur, elle est dissimulée vers la gauche, au-dessus de la tête du renard.

M. E. Blochet prend également pour turcs, des portraits par Mouïn-Moussawir d'Ispahan, notamment celui de Chah Safi[1].

Une publication récente[2] attribue des miniatures essentiellement persanes comme le *Salomon et la Reine de Saba* de la collection Vever (fig. 158)[3] et une danseuse à tambourins de l'ancienne collection Goloubew (fig. 159), à la Turquie. La délicatesse de coloris et de dessin, la fantaisie et l'imagination, qui s'affirment dans la première, la grâce et l'élégance de la seconde, ne laissent pourtant pas place au doute. De telles attributions, sans l'ombre de raison à l'appui, marquent une véritable régression, car elles méconnaissent les caractères distinctifs, tant de la miniature persane que de la peinture turque. On se méprend étrangement si on s'imagine servir ainsi l'art turc, car si des œuvres qui présentent les caractéristiques essentielles de la miniature persane pouvaient appartenir à l'école turque, il faudrait conclure à l'inexistence de celle-ci.

Une école étrangère qui, comme la turque, se rattache à la Perse, mais restera en dehors de notre sujet, est l'école indo-persane.

Il existe une tendance marquée à exagérer l'originalité de cette dernière, qu'on préfère appeler mogole, *mogal* ou *mughal* en anglais. Ainsi, est-on surpris de rencontrer l'affirmation que l'influence persane qu'elle a subie est comparable à l'influence italienne sur les artistes flamands et français du xvie siècle[4]. C'est oublier que l'art de la peinture sur papier a été introduit aux Indes par des artistes persans au service des conquérants timourides, que les premières productions de l'école mogole sont des œuvres persanes transposées dans un nouveau cadre, et que la miniature dite Rajput[5], elle-même, semble inexistante aux Indes avant les Grands Mogols. Il est en effet étrange que l'on ne connaisse pas pour cette école nationale, qu'on veut rattacher aux fresques d'Ajanta[6], d'œuvre antérieure au xvie siècle[7], peut-être même au xviie. Les types et les costumes, la religion et les mœurs, devaient créer des affinités inévitables; mais rien ne paraît moins certain

1. BLOCHET, *Les Enluminures*, pl. CVII et CVIII a. Voir plus bas, p. 143.

2. E. KUHNEL, *La Miniature en Orient*, trad. P. Budry, Paris, p. 34 et pl. 95 et 101.

3. MARTEAU et VEVER, *Miniatures Persanes exposées au Musée des Arts Décoratifs*, Paris, 1913, pl. XV, la donnent en couleurs.

4. Laurence BINYON, *The Court Painters of the Grand Mogols*, 1921, Oxford, p. 37.

5. Le Rajputana est situé entre le Pendjab, où a fleuri l'école mogole, et le Guzarat.

6. A. COOMARASWAMY, *Indian Drawings*, I, p. 4.

7. Voir p. 117, note 3.

qu'une dérivation entre les miniatures Rajput et les fresques d'Ajanta que sépare un millénaire.

Le vif intérêt artistique que m'inspirait la miniature persane m'a porté à en entreprendre l'étude à la lumière des sources orientales et de l'histoire. Ayant publié les résultats partiels de mes recherches dans la *Gazette des Beaux-Arts*, la *Revue de l'Art*, la *Renaissance*, *Syria* et le *Jahrbuch der asiatischen Kunst*, je crois devoir reprendre le sujet et le compléter dans un travail d'ensemble.

C'est à un chroniqueur turc de la seconde moitié du XVIe siècle, Aali [1], que nous sommes redevables d'une grande partie des indications sur les miniaturistes persans dont nous disposons actuellement. Il est l'auteur d'un petit volume [2] éminemment précieux, consacré aux artistes persans et turcs du livre, tels que calligraphes, enlumineurs, miniaturistes et relieurs. Les données que fournit Aali ont d'autant plus de valeur, qu'amateur lui-même de calligraphie et de miniature, à une époque où, sous l'influence persane, le goût, la passion même de ces arts étaient très répandus dans la capitale turque, sa science théorique et livresque se trouve étayée par une connaissance intime et directe du sujet. Tant que les sources persanes, auxquelles Aali a dû puiser dans le milieu persan de Bagdad, où il a rédigé son travail, ne nous seront pas connues, les pages qu'il consacre aux miniaturistes conserveront un intérêt de premier ordre.

Les sources mises au jour par M. E. Blochet, notamment dans ses savantes *Notices sur les Manuscrits de la Collection Marteau*, m'ont été également de la plus grande utilité.

Pour ce qui est des matériaux, j'ai pu, sans parler des manuscrits de la Bibliothèque Nationale et du British Museum, étudier les collections conservées à Constantinople, tant au Vieux-Sérail et à la Bibliothèque de Yildiz, qu'au

---

1. Hammer le considère comme un des écrivains ottomans les plus indépendants, les plus sincères et les plus véridiques et parle de son esprit de haute critique. *Histoire de l'Empire Ottoman*, traduction HELLERT, t. VII, p. 375.

2. *Ménakib-i-Hunervéran*, que l'on peut traduire par Éloges des Artistes, composé en 1587 à Bagdad. Je me suis servi de l'excellent exemplaire, quoiqu'il ne remonte qu'à 1744, de la Bibliothèque de la Place Bayazid, à Stamboul. Je l'ai collationné avec la copie de 1622 appartenant à la Bibliothèque de feu Riza Pacha et me suis également référé au manuscrit de Vienne, daté de 1599, et par conséquent postérieur d'une douzaine d'années seulement à la rédaction de l'ouvrage. En 1926 une édition, d'après l'exemplaire de Vienne, a été [donnée à Constantinople, avec des prologomènes de Mahmoud Kémal Bey.

Musée de l'Evkaf. Elles constituent l'ensemble, de beaucoup le plus important, de miniatures persanes qui existe.

Les termes miniature et enluminure sont employés au cours de cet ouvrage, dans une acception courante mais peu exacte, le premier étant réservé aux sujets à figures, et le second aux vignettes et pages décoratives. Or on sait que dans leur sens véritable, la première expression se rapporte aux ornements des lettres et que la seconde englobe les peintures, tant à personnages que décoratives, des manuscrits.

En opposant ces deux mots, je me trouve tenir compte de la terminologie orientale et m'adapter aux réalités qu'elle traduit. Effectivement une distinction tranchée existe en Orient entre ces deux branches de l'art du livre, et un terme particulier, *tezhib*, sert à désigner les enluminures. Elles sont l'œuvre d'artistes spéciaux dits *muzéhib*[1] et les professions de miniaturiste et d'enlumineur ne sont pas cumulées plus souvent que celles de peintre et de calligraphe.

C'est aux miniatures, dans le sens indiqué ci-dessus, que cette étude est consacrée et ce n'est qu'incidemment qu'il y sera question d'enluminure.

Pour ce qui est des dates, estimant que celles de l'Hégire n'apporteraient qu'une complication inutile, je les ai remplacées par leurs correspondants de l'ère chrétienne. On sait que les années lunaires arabes chevauchent presque toujours sur deux années solaires, et qu'il n'est guère possible de rendre par un millésime chrétien unique, que les dates dont le mois est spécifié. Si on désire retrouver l'année musulmane, on peut toujours le faire en recourant à des tables[2].

Dans la question épineuse de la transcription des noms propres musulmans, j'ai tâché, en principe, de rendre la prononciation avec les valeurs françaises des lettres. Cette solution, à côté de certains inconvénients, présente l'avantage de ne pas déformer les noms, au point de les rendre quelquefois méconnaissables pour ceux auxquels ils sont familiers par le langage parlé.

Arrivé au terme de ma tâche, je ne me dissimule pas les imperfections

---

1. Littéralement *doreur*, ce qui a donné quelquefois lieu à des traductions erronées.

2. Je me suis servi des excellentes tables du Dr F. Wüstenfeld, *Vergleichnungs Tabellen der Muhammedanischen und Christlichen Zeitrechnung*, Leipzig, 1903. Lorsqu'une année musulmane correspondait en grande partie à une année chrétienne, je me suis contenté quelquefois d'indiquer seulement cette dernière.

et les lacunes de mon travail, aussi m'estimerai-je heureux si j'ai pu débroussailler le terrain, de manière à ce qu'il puisse servir de point de départ pour des études, où les aperçus purement artistiques pourront tenir une plus grande place.

La critique est au surplus fonction des œuvres, et de nouvelles miniatures pourront toujours préciser, compléter et rectifier les conclusions qui découlent des matériaux actuellement à notre disposition.

En terminant je dois remercier tous ceux, tant en Orient qu'en Occident, qui ont bien voulu faciliter mes recherches : notamment Halil Bey, le distingué directeur général des Musées de Constantinople, qui en me chargeant de cataloguer les *mourakka* du Vieux-Sérail, m'a fourni l'occasion d'étudier cet ensemble unique ; Mehmed Réfik Bey, surintendant du Vieux-Sérail et plus tard directeur de ce palais transformé en musée, qui m'a toujours témoigné une inlassable obligeance ; Sabri Bey, le conservateur dévoué de la Bibliothèque de Yildiz ; M. E. Blochet, l'érudit bibliothécaire au département des manuscrits de la Bibliothèque Nationale, qui m'a communiqué avec la meilleure grâce tous les manuscrits orientaux que j'ai eu à étudier, et M. E. Edwards, du département des manuscrits orientaux du British Museum, qui a aimablement fait exécuter pour moi de nombreuses photographies.

Enfin je suis reconnaissant à M. A. Cillière, Haut Commissaire Adjoint de France à Constantinople, non seulement pour m'avoir encouragé à entreprendre et à mener à bonne fin ce travail, mais encore pour avoir mis à ma disposition sa bibliothèque d'ancien élève de l'École des Langues Orientales, particulièrement précieuse sur les rives du Bosphore.

Montmorency, Novembre 1927.

Arménag SAKISIAN.

LA

MINIATURE PERSANE

DU XIIe AU XVIIe SIÈCLE

CHAPITRE I

UNITÉ DE LA MINIATURE PERSANE
ET CARACTÈRE DES ÉCOLES

L'art persan en général, et les arts du livre — calligraphie, enluminure, miniature et reliure — en particulier, présentent une évolution continue et harmonieuse de nature à faire supposer un pays unifié et centralisé. *A priori* on s'explique mal ce phénomène, lorsqu'on considère les dominations étrangères qui se sont succédé en Perse, et le morcellement politique de cette contrée.

En effet, la conquête mongole, au milieu du xiiie siècle, réalise à peine pour cent ans l'unité politique de la Perse, qui, pendant les deux derniers tiers du xive siècle, se retrouve morcelée entre de nombreux dynastes. Même la conquête de Tamerlan, à la fin du xive siècle, qui replace sous un même sceptre toute la Perse, sera éphémère, et ses successeurs ne garderont, jusqu'à la fin du xve siècle, que la Perse orientale, principalement le Khorassan ; les Turcomans du Mouton Noir ayant tôt fait de rétablir leur autorité dans l'Ouest. La dynastie des Séfévis, qui se lève avec le xvie siècle, succédant aux Turcomans du Mouton Blanc à l'Ouest et aux Timourides à l'Est, plus heureuse, établira sa domination sur la Perse unifiée pour tout le xvie, le xviie et une partie du xviiie siècle.

L'état social des conquérants est une première cause de nature à expliquer cette apparente contradiction. Ces conquérants Mongols, Turks et

Turcomans, appartenant à des races en général nomades et toujours guer-
rières, n'apportaient avec eux qu'une civilisation rudimentaire[1], et adoptaient
forcément la culture et les arts de l'Iran. Ils ont été souvent des protecteurs
généreux des arts, comme les Timourides Baïsounkour Mirza et Sultan
Hosséïn Baïcara, à Hérat, mais les artistes à leur service étaient des Persans, et cette communauté de race chez les ouvriers créateurs assurait déjà
une première unité dans les manifestations artistiques. Pour prendre des
exemples, le monument funéraire d'Ouldjaïtou à Sultanié et la Mosquée
Bleue de Djihan Chah à Tauris, ne sont pas plus des œuvres mongole et
turcomane, que Sâdi n'est un poète seldjouk pour avoir vécu à la cour des
Atabeks de Chiraz, ou Djami un Turk pour avoir produit au Khorassan,
sous les successeurs de Tamerlan.

Le rôle prépondérant des cours, et ce que j'appellerai les *migrations
artistiques,* achèvent d'expliquer le développement harmonieux de la miniature persane jusqu'au xviiie siècle.

Aali insiste sur cette idée, qu'il illustre d'exemples relatifs aux calligraphes comme aux miniaturistes, que « les savants et les artistes ne se
manifestent que grâce à la faveur de souverains généreux ou d'illustres
vézirs ». En effet, dans les monarchies despotiques de l'Orient, plus qu'en
Occident, l'art a été l'apanage d'une élite représentée par le souverain et
ses grands qui, seuls, encourageaient et faisaient vivre les artistes, et, pour
parler la langue économique, la *demande* des cours amenant l'*offre* des
œuvres d'art, la vie artistique se concentrait nécessairement dans les capitales.

Or du xiiie au xviie siècle, la capitale et le centre de gravité du monde
persan ont été successivement Bagdad et la région de Tebriz avec les Mongols ; Hérat avec les Timourides; de nouveau Tebriz et plus tard Ispahan,
avec les Séfévis. Le rôle des cours étant admis, le transfert de la capitale
devait forcément entraîner la migration vers la nouvelle cour, des artistes
de l'ancienne. Ainsi la métropole déchue passait le flambeau de l'art à la
capitale qui lui succédait, ce qui assurait l'unité dont on est frappé dans le
développement de l'art persan. Grâce à Aali, on peut se rendre compte de
ce phénomène capital dans l'évolution de l'art persan et l'illustrer de nombreux exemples. Le plus célèbre est celui de Behzad qui, après une brillante
carrière fournie à Hérat sous Hosséïn Baïcara, passe, après la chute des
Timourides, à la cour de Chah Ismaïl le Séfévi, où il devient directeur de
sa bibliothèque. Nous savons que le calligraphe préféré de ce souverain

---

1. Déjà aux yeux de Yezdeguerd, dernier roi sassanide de l'Iran, les envahisseurs arabes ne sont que
des « mangeurs de lézards ».

était également un Khorassanien, Chah Mahmoud Nichabouri. Le portrait de Behzad que je donne d'après un album de la Bibliothèque de Yildiz (fig. 130), le représente avec le turban à bâton rouge des Séfévis.

Dans l'histoire de l'art musulman, à côté des migrations d'artistes attirés par une nouvelle cour, les exodes d'ouvriers et d'artistes transplantés de force, à la suite de la prise d'une ville, constituent aussi un facteur important, qui s'exerçant dans le même sens que les migrations volontaires, renforce leur effet. J'en citerai un exemple significatif pour l'art de Samarkand. A la prise de Bagdad en 1393, Tamerlan emmena dans sa capitale les savants, les artistes et les maîtres-ouvriers de cette ville[1]. Ainsi la migration forcée avait également lieu à cette époque de l'Ouest à l'Est.

Toutefois, lorsqu'un centre artistique déchu est soustrait à l'influence de la nouvelle capitale, soit qu'il reste sous l'ancienne domination, soit qu'il passe à une nouvelle, l'ancienne école se maintient presque sans évolution. La Perse occidentale au XVᵉ siècle, restée aux mains des Turcomans, en est un exemple frappant. Il existe toute une série d'œuvres contemporaines des Timourides et faussement attribuées à cette période, qui représentent la survivance de l'école mongole au XVᵉ siècle[2].

Telle étant l'unité de la miniature persane, les grandes subdivisions pré-mongole, mongole, timouride et séfévie ont le caractère de périodes de développement influencées par des conditions politiques et géographiques spéciales, et elles ne constituent des écoles à proprement parler, que lorsqu'elles dépassent la domination politique qui sert à les caractériser et coexistent avec l'école qui leur a succédé, comme l'école mongole dans la Perse occidentale au XVᵉ siècle et l'école de Hérat, à Boukhara, au XVIᵉ siècle. La différence est grande, dans ce cas, entre les œuvres contemporaines de l'école qui se survit, et celles de la nouvelle école qui, ayant eu l'ancienne comme point de départ, poursuit son évolution.

1. Cf. Munédjim Bachi, *Séhayif-el-Akhbar*, chronique générale, traduction turque, Constantinople, 1285 de l'Hégire, t. III, p. 45.

2. Voir pp. 35 et 36.

CHAPITRE II

L'ÉCOLE ORIENTALE AU XIIe SIÈCLE

La Bibliothèque du Palais impérial de Yildiz[1] à Constantinople, devenue accessible sous le régime constitutionnel, m'a permis d'y découvrir dans un *mourakka*[2], album de miniatures et de pages calligraphiques, des peintures d'un type inconnu jusqu'ici. Ce recueil, qui provient du Trésor du Vieux-Sérail, a été réuni dans la seconde moitié du xvie siècle pour Chah Tahmasp le Séfévi par les soins du garde du sceau Chah Kouli[3].

Tout oppose cette série, dont l'écriture est en caractères *neskhi*, aux productions de l'école de Bagdad : leur texte est persan au lieu d'être arabe, le mouvement et le réalisme de leurs personnages et de leurs animaux sont inconnus à Bagdad, les arbres et les plantes y sont traités avec toute l'observation et la fidélité que pourrait souhaiter un botaniste, à l'encontre de la stylisation de l'école abbasside. Enfin si l'on constate l'influence byzantine d'un côté, c'est l'influence chinoise qui est manifeste de l'autre.

Or nous savons qu'au xve siècle la Perse orientale, séparée politiquement de la Perse occidentale, a vu fleurir sous la dynastie des Timourides une école distincte, celle de Hérat[4], qui se distingue précisément de l'école occidentale par l'influence chinoise. Ne serions-nous pas en présence d'un phénomène analogue, qui se serait produit pour les mêmes causes, avant l'invasion mongole, et de ses manifestations au xiie ou au début du xiiie siècle ?

Le ixe siècle avait inauguré dans l'empire abbasside une ère de renaissance persane avec le règne du calife Mémoun (813-833). De mère persane, il s'était emparé, au détriment de son frère, du trône de Bagdad, grâce à l'appui de troupes persanes levées dans le Khorassan, et sa politique était faite de concessions illimitées aux aspirations nationales persanes. Du ixe au xie siècle, des dynasties de plus en plus indépendantes du Califat — les

1. Elle a été, depuis, transférée à la Bibliothèque de l'Université de Stamboul, où elle forme un fonds distinct.

2. N° 3818.

3. Ce n'est pas, comme je l'avais cru d'abord, le miniaturiste Chah Kouli qui l'a réuni, mais un dignitaire de la cour de Chah Tahmasp, portant le même nom et qui était « garde du sceau », *meuhurdar*.

4. Voir les chapitres V, VI et VII.

Tahirides, les Saffarides, les Samanides, les Buvayhides — se succédèrent
en Perse[1]. Firdoussi, le poète épique de la Perse, se place à cette époque.
C'est à Thous, sa patrie, dans le Khorassan, qu'il a commencé vers 975 la
composition du *Livre des Rois*, achevée à la cour de Mahmoud de Ghazna[2] en
1010. La domination des Seldjouks, qui suit celle des Ghaznévides, passe
pour une des plus heureuses et des plus glorieuses de la Perse[3]. C'est la
province orientale du Khorassan qui tombe la première entre les mains de
ces envahisseurs turcomans, et dès 1037 ils sont maîtres de Merv et de
Nichapour. Les possessions du dernier Grand Seldjouk, Sinjar, comme celles
des derniers Timourides, finissent par être limitées au Khorassan. Sultan
Sinjar avait gouverné le Khorassan pendant vingt ans avant d'y régner
quarante autres années, jusqu'au milieu du XIIe siècle, dans Merv, sa capitale.
Son long règne, d'une équité légendaire, a été chanté par un poète presque
contemporain, Nizami, et les miniaturistes persans l'ont souvent représenté
dans la scène de la vieille lui demandant justice (fig. 125, 126 et 148).

Nassir-i-Khosrev, le célèbre voyageur persan du milieu du XIe siècle,
« avoue n'avoir trouvé l'ordre et la sécurité publics assurés que dans le
Khorassan et en Égypte[4] ».

La porspérité du Khorassan continua après le milieu du XIIe siècle, sous
les successeurs des Seldjouks, les chahs du Kharesm. Le géographe Yakout,
qui a visité le Khorassan quelques années avant l'invasion, en 1221, de
« cette horde de Turcs impies qu'on nomme Tatars[5] », parle des biblio-
thèques célèbres de Merv, où il avait puisé les matériaux de ses ouvrages ;
de Nichapour, mine de savants, à laquelle il n'avait pas vu de ville comparable dans ses voyages ; de Hérat, qui « l'emportait sur toutes les autres villes
du pays par sa grandeur et sa prospérité, par la richesse de son sol, sa nom-
breuse population, la beauté de ses jardins, l'abondance de ses cours d'eau,
et aussi par la foule de savants et d'hommes de mérite qu'elle a produits[6] ».

1. Stanley Lane Poole, *The Mohammadan Dynasties*, 1894, pp. 123 et s.

2. Quoique de race turque, Mahmoud poursuivait, comme les Saffarides et les Samanides, la collection et la traduction des traditions héroïques de l'ancienne Perse, qu'il réalisa grâce à Firdoussi. Cf.
J. Mohl, *op. cit.*, t. 1, préface pp. XIX-XXI.

3. Sir John Malcolm, *Histoire de la Perse*, Paris, 1821, t. III, p. 376.

4. *Sefer Nameh*. Relation de voyage de Nassiri Khosrau en Syrie, en Palestine, en Égypte, en Arabie
et en Perse pendant les années de l'Hégire 437-444 (1035-1042) publié, traduit et annoté par Charles
Schefer, 1881, p. XXIII. C'est par erreur que Schefer rend les années de l'Hégire 437-444 par 1035-1042,
elles correspondent à 1045-1052.

5. Il ne faut pas perdre de vue que les Mongols de Perse n'ont embrassé l'islamisme, c'est-à-dire la
religion des vaincus, qu'après la conquête, sous Ghazan, en 1295.

6. Barbier de Meynard, *Dictionnaire géographique, historique et littéraire de la Perse*, Paris, 1861.

Cette séparation politique de la Perse, et principalement de la Perse orientale [1], qu'accompagnait une violente réaction nationale [2], devait favoriser le développement d'une école de peinture distincte de celle de Bagdad. Il faut la situer dans la Perse orientale, où l'influence chinoise devait s'exercer plus directement, et voir dans les miniatures de la Bibliothèque de Yildiz des œuvres de cette école, contemporaine de celle de Bagdad et antérieure à la marée mongole du XIIIe siècle, qui atteignit le Khorassan dès 1221.

Les grandes dimensions de l'album de Yildiz et l'état fragmentaire de ces miniatures ont obligé le *garde du sceau* Chah Kouli à en réunir au moins deux, et quelquefois même trois, dans le cadre d'une seule page. En outre, des textes calligraphiques étrangers sont venus remplir les vides, comme sur les figures 1, 6 et 8. Ces fragments calligraphiques sont de style *nestalik* et, par conséquent, d'une époque postérieure aux légendes des peintures dont le texte est toujours en *neskhi*. Il n'existe aucun doute au sujet de la corrélation des textes *neskhi* et des illustrations : il est, en effet, question, sur la figure 2, du corbeau qui s'envole, de la souris qui se réfugie dans son trou, ainsi que du chasseur et du cerf; sur la figure 6, de la tortue, etc.

Dans un seul cas, une représentation étrangère a été ajoutée à ces peintures, c'est celle d'un oiseau stylisé qui est un travail séfévi du XVIe siècle (fig. 9).

Remarquons enfin que ces peintures débordent hardiment sur la marge, bien que les pages soient délimitées par un cadre.

Tel est l'état matériel dans lequel se présentent ces miniatures, qui sont à grande échelle.

En les examinant en elles-mêmes, on est frappé de prime abord par ce fait que les couleurs ne sont posées à plat ni sur les animaux, ni sur les rochers, qui y tiennent, les uns et les autres, une grande place. Or, nous savons que l'absence de modelé est un canon de la peinture chinoise [3], qui

1. Les Tahirides, les Saffarides et les Samanides appartiennent à la Perse orientale.

2. J. MOHL, *op. cit.*, t. I, préface, p. xv et xix.

3. Le peintre extrême-oriental, dit M. H. Focillon « ignore les ombres, et les formes qu'il fait naître baignent de toutes parts dans une immatérielle transparence ». Même des peintres japonais contemporains, produisant en Europe, comme Fujita, restent plus ou moins fidèles à ce vieux canon extrême-oriental.

a été adopté en Perse. C'est là, toutefois, une règle qui n'est pas absolue. Si le modelé des chairs et la projection des ombres continuent à rester choquants [1] même aux yeux des Chinois du xviiie siècle, « dans la peinture de paysage les Chinois ont atteint parfois à l'expression la plus savante des plus délicats effets de clair-obscur. La grande école paysagiste des Thang (618-917) a produit, dans cet ordre, des œuvres parfaites [2] ». D'autre part, les peintres chinois ont également usé du modelé pour rendre les animaux et les plantes, avec une maîtrise d'ailleurs incontestable.

Il faut remarquer qu'en Perse aussi, même à l'époque classique, j'entends au xve et au xvie siècles, on rencontre souvent des rochers ainsi que des animaux modelés [3].

L'école chinoise, éminemment naturaliste, s'est de tout temps préoccupée de mouvement et, spécialement, de la vie des animaux et des plantes.

Le mouvement et le réalisme qui sont frappants dans les peintures de la Bibliothèque de Yildiz sont certainement dus à cette influence. Le taureau qui se tord sous l'attaque du lion [4] (fig. 1), en est un exemple remarquable. Dans la figure 2, tout est mouvement : la fuite de la biche et de la tortue, la poursuite du chasseur, sans parler des roseaux et des plantes en fleurs qui ploient sous le vent. Les artistes chinois ont souvent représenté des fleurs sous le vent, et ceci rappelle un éloge décerné à Mani, qui passe pour avoir introduit la peinture de Chine en Perse, et qui, rapporte-t-on, savait figurer le vent qui souffle [5]. Le singe battu et la scène de bastonnade sont aussi des exemples caractéristiques de mouvement (fig. 3 et 4).

Le réalisme, j'entends par là l'observation exacte de la nature, a été poussé à ses extrêmes limites pour rendre les plantes et quelquefois les animaux. Ainsi dans la miniature du chien lâchant sa proie pour l'ombre (fig. 1), et dans celle des lions et du taureau (fig. 9), sont représentées des feuilles vertes dont les pointes sont jaunes, et même, sur cette dernière figure, l'extrémité recourbée de la feuille reparaît verte. Dans la partie supérieure de la figure 6, il y a des feuilles tachetées de petits points rouges : un botaniste ne pourrait souhaiter plus grande fidélité. Enfin le chameau de la

---

1. Stephen W. Busnell, *L'Art Chinois,* traduction H. d'Ardenne de Tizac, Paris, 1910, p. 296.

2. M. Paléologue, cité par S. W. Busnell, *op. cit.,* p. 301.

3. Voir notamment la planche 1 et les figures 108, 132, 157, 161 et 176 du présent volume, ainsi que Martin, *op. cit.,* vol. II, pl. 63 c, 64, 72, 86 et 102.

4. W. Schulz, *Die Persisch-islamische Miniaturmalerei,* Leipzig, 1914, vol. II, donne à la planche 168, un dessin inversé d'après cette peinture, daté de 1613 et appartenant à sa collection.

5. Aali, dans son *Ménakib-i-Hunervéran,* Éloges des Artistes, en turc, Constantinople, 1926, p. 69.

figure 9 est individualisé et on peut difficilement concevoir types plus réalistes que ceux des singes (fig. 6).

Cette influence de l'Extrême-Orient, que l'on constate dans l'esprit de ces miniatures, se manifeste aussi par des détails directement empruntés à l'art chinois. Ainsi sur les figures 3 et 6, dont l'une représente une scène de pêche et l'autre deux paysages avec des singes, la mer, avec ses vagues symétriques et l'écume qui frise au sommet de chacune d'elles, est directement copiée de peintures chinoises. L'eau est brune, la ligne supérieure des vagues et la mousse étant blanc-gris. De même sont purement chinois, l'arbre en fleurs et le balustre de la figure 4, ainsi que le vase de la figure 5.

La palette de ces miniatures, les plus anciennes qui nous soient connues de l'école persane, mérite une analyse quelque peu détaillée. Les quadrupèdes sont bis, la robe du lion, sur la figure 1, étant plus fauve que celle du taureau. Les nocturnes, gris, avec l'œil couleur or; tandis que les corbeaux sont noirs, avec becs et pattes rouges. Les rochers sont bleutés, verdâtres et bis, et les troncs des arbres gris. Dans les vêtements des personnages, ce sont les bleus, les rouges — minium, pourpres foncés[1] — et le vert qui dominent. Le jaune ne paraît que très discrètement. L'or est employé, concurremment avec le bleu, pour le ciel ; le blanc, pour les nuages et quelquefois pour des costumes ou des rochers. Mais une couleur qui semble caractéristique de cette école est un très beau bleu de Sèvres, qui paraît notamment dans le costume du chasseur, sur un petit vase, ainsi que sur la robe d'un personnage (fig. 2, 5 et 7). Au point de vue coloris, la miniature du chasseur (fig. 2), est peut-être la plus belle de la série : il est en costume bleu de Sèvres, et porte un bonnet rouge; les fleurs, qui se détachent sur le ciel bleu, sont mauves et les nuages, blancs; la terre est bistre et de petites fleurettes jaunes se voient sur les touffes d'herbes.

Une peinture remarquable, dont les verts et les gris-bleus, se détachant sur un fond or ou bleu, n'ont pas permis une reproduction photographique suffisamment nette, représente la guerre des hiboux contre les corbeaux. Un grand arbre au tronc gris-bleu porte sur ses hautes branches des nids qu'entourent des corbeaux, tandis que dans la partie inférieure de la composition, à côté de nocturnes gris, au repos sur des rochers bistres, ou au vol, d'autres déchirent des corbeaux. Des nuages blancs se détachent sur le ciel bleu.

Une page d'un album du Vieux-Sérail de Stamboul, réuni sous Baïsoun-

---

1. En Turquie on donne à une de ces nuances le nom de *griotte pourrie*.

kour Mirza, à Hérat, mériterait de figurer en tête de ce chapitre. Elle offre une représentation coloriée unique, de chameaux, de lions et de renards disposés en sept bandes horizontales (fig. 10). On sent les masses, et ces bêtes sont admirables d'observation et de mouvement. Un lion du troisième registre a un regard d'une intensité de vie peu commune. Diverses nuances de chamois pour les robes des félins, et le vert pour les plantes, sont les principales couleurs employées. Une végétation naturaliste très délicate avec des bêtes à bon Dieu rouges, pointillées de noir, et des mouches de toute finesse, accompagnent ces colloques et ces combats d'animaux. Ces peintures, par l'absence d'ombre comme par le traitement des animaux et des plantes, ne peuvent se rattacher qu'à l'école orientale pré-mongole dont elles représentent probablement les spécimens les plus anciens qui nous soient parvenus. Les six chevaux qui complètent le rectangle de cette page sont du début du xve siècle [1].

* *

Cette influence chinoise [2] qui se manifeste ainsi sur les plus anciennes miniatures persanes connues, vient à l'appui de la tradition d'après laquelle l'art de la peinture a été introduit en Perse, de Chine. Firdoussi, qui dans son *Livre des Rois* a mis en vers persans les traditions sassanides [3], dit : « Quand tu sors de ton sommeil, regarde le monde qui est comme une soie ornée de peintures qu'y fit Mani en Chine ».

Mani, le fondateur du manichéisme, qui imagina de concilier les doctrines chrétiennes et mazdéennes et qui introduisit la peinture en Perse, y est né en 216 et a été mis à mort par Behram en 275 [4]. La qualité de peintre de Mani n'est pas une légende, du moment qu'au témoignage d'Ephrem d'Edesse, qui florissait moins de cent ans après la mort de Mani, celui-ci peignait en couleurs sur rouleau, des démons et des anges [5].

1. La page entière a été reproduite par Sarre et Martin dans *Die Ausstellung von Meisterwerken Muhammedanischer Kunst in München,* 1910, pl. 6.

2. M. R. Kœchlin fait ressortir que les fouilles de Samarra et de Suse apportent une nouvelle preuve des rapports artistiques de l'Asie Antérieure avec la Chine à l'époque Tang (viie-ixe siècles), des fragments de céramique chinoise ayant été mis au jour dans la première de ces places, et des imitations de potiers locaux, dans toutes les deux. *A propos de la Céramique de Samarra.* Extrait de la revue *Syria,* 1926, pp. 235 et 241-242.

3. J. Mohl, *op. cit.,* t. I, préface, pp. xix et xxi.

4. *Tables chronologiques* de Bevan et Burkitt.

5. Franz Cumont, *Mani et les origines de la miniature persane (Revue archéologique),* 1913, II, p. 85.

Aali, qui ne fait que reproduire des sources persanes, devient lyrique lorsqu'il parle de Mani : la parole seule manquait aux êtres que peignait le maître des maîtres, et il savait figurer par le dessin le vent qui souffle et l'eau qui fuit...

On a soutenu que dans les vers précités de Firdoussi, il fallait entendre par l'expression Chine le pays de Samarkand et le Turkestan chinois [1]. Si Firdoussi applique plus d'une fois les noms de Chine et de Chinois à la Transoxiane et aux Turks, le Céleste Empire était connu des Persans et il est souvent visé de façon non équivoque. Ainsi lorsque ce poète parle de *brocart* ou de *soie de la Chine,* on ne peut s'aviser d'entendre par ces expressions des produits de Transoxiane. Il doit en être de même lorsqu'il est question de *peinture sur soie* faite en *Chine.* Au surplus, même en acceptant cette interprétation, comme il faut supposer l'acclimatation en Transoxiane ou dans le Turkestan oriental, de l'école chinoise de peinture, nos conclusions n'en seraient pas modifiées. Le Bouddhisme avait d'ailleurs pénétré non seulement dans le Turkestan mais aussi dans l'Iran oriental [2], où il n'a pu manquer d'être un puissant véhicule d'influence chinoise [3].

Des deux principales civilisations étrangères que la Perse musulmane a connues, la chinoise et la byzantine, c'est la première qui a laissé dans le domaine de l'art des marques indélébiles, tandis que la seconde semble n'avoir exercé qu'une influence localisée dans le temps et l'espace et représentée par l'école de Bagdad. Les canons de la peinture chinoise sont ceux de la miniature persane jusqu'au jour de la décadence complète de cette dernière, marquée par l'adoption de la technique européenne. Aussi le plus grand éloge que les auteurs orientaux décernent à un miniaturiste, consiste à le comparer aux peintres de Chine. Firdoussi fait dire au Kaïsar écrivant à Khosrou : « Il n'y a dans aucun palais une peinture chinoise belle comme toi [4] ». Aali dit que la peinture de Behzad était célèbre dans le monde, comme celle des *peintres de Chine,* et les épithètes qu'il décerne à Mani, culminent dans l'expression « peintre de Chine [5] ».

1. E. Blochet, *Les Origines de la peinture en Perse* (*Gazette des Beaux-Arts*), 1905, t. II, p. 128,

2. E. Blochet, *Les Peintures,* p. 237, en note.

3. Il est intéressant à ce point de vue de constater des influences bouddhiques très marquées sur une miniature de l'Album de Baïsounkour Mirza, reproduite dans Sarre et Martin, *op. cit.,* pl. 8 *b.*

4. J. Mohl, *op. cit.,* t. VII, p. 231.

5. Nizami, dans son poème sur Alexandre, rapporte un concours entre peintres chinois et byzantins, lequel se termine à la confusion des Célestes. Faut-il en chercher l'explication dans ce fait que ce poète est originaire de Guindjé, en pays arménien, où l'influence byzantine devait se faire fortement sentir au xiie siècle ?

Ce fait que « les Persans donnent le nom de *kar-i-tchini*, « travail
chinois » aux peintures anciennes, à celles de l'époque timouride et aussi
quelquefois à celles du règne des Mongols [1] » est particulièrement significatif, et il n'est pas possible de diminuer la portée de cette appellation en
la considérant comme « une figure de rhétorique » ou « une épithète
qui a perdu son sens originel ». Une expression équivalente, celle de
nighar-khané-i-Tchin, galerie de peintures de Chine, est d'un emploi courant
pour désigner les collections de peintures. Sâdi l'emploie dans la préface
de son *Gulistan* et en raison de la date de cette œuvre (1258), elle ne peut
se rapporter qu'à l'époque pré-mongole.

Les expressions stéréotypées, les clichés, ont commencé par être des
figures imagées et vivantes. D'ailleurs une preuve matérielle et indiscutable
de cette influence est fournie par le grand nombre de peintures chinoises
que comptent certains recueils du xve et même du milieu du xvie siècle [2].
Ceux du xve renferment aussi des copies d'après le chinois.

Il faut remarquer que les principaux motifs de la décoration persane et
musulmane, tels que le lotus et le nuage stylisés, sont également empruntés
à la Chine [3]. Erjenk, communément confondu avec Mani et que Firdoussi mentionne en faisant suivre son nom de l'épithète de Chinois [4], semble être le
grand maître de l'enluminure décorative, opposée à la peinture à personnages.

Firdoussi ne fait allusion à Erjenk qu'à propos des ornements en couleurs de lettres missives [5], lesquels relèvent de l'enluminure décorative, et
à une époque aussi basse que le xviie siècle, Evlia Tchélébi [6] cite Erjenk
au sujet des boiseries d'un palais et de la corporation des peintres en bâti-
ment.

⁎⁎

Il est intéressant d'être fixé sur l'ouvrage que les peintures de Yildiz
illustrent. Une miniature qui, à raison de son sujet, produit de prime abord
l'impression de ne pas appartenir à cette série, représente un souverain sur

1. E. Blochet, *Les Peintures,* p. 237 en note.
2. Voir pp. 52 et 53.
3. Cf. Arménag Bey Sakisian, *La Reliure persane du* xive *au* xviie *siècle* dans les *Actes du Congrès
d'Histoire de l'Art,* Paris, 1921, I, p. 344 et *La Reliure turque du* xve *au* xixe *siècle,* dans la *Revue de
l'Art,* mai 1927, pp. 278, 279 et fig. 4.
4. J. Mohl, *op. cit.,* t. VI, p. 246 et t. VII, p. 213.
5. *Ibidem,* t. VI, pp. 246 et 553 ; t. VII, p. 213.
6. Evlia Tchélébi, *op. cit.,* t. I, p. 607 et t. II, p. 246.

son trône entouré de personnages au torse nu (fig. 8). Un examen plus attentif permet de constater que c'est pourtant la même palette, à une écharpe rose près, qui a servi; on retrouve même, sur la robe intérieure du souverain, le bleu de Sèvres, caractéristique de cette série. Ces personnages cuivrés représentent des Hindous avec leur radjah, et nos peintures se rapportent à une traduction persane de *Kélilé et Déminé*, c'est-à-dire des fables indiennes de Bidpay, ce qui explique la grande place qu'y tiennent les animaux.

D'après la tradition sassanide, conservée par Firdoussi[1], c'est un envoyé d'Anouchirvan qui rapporta des Indes ce livre d'apologues que l'on tenait en extraordinaire estime et dont il est dit dans le *Livre des Rois* qu'il «montre le chemin de la science et de la raison». Il a été traduit en persan sous les Samanides dans la première moitié du xe siècle et mis en vers par le poète Roudeki[2].

Sous Behram Chah le Ghaznévide (1118-1152), une seconde traduction des Fables de Bidpay a été faite par Aboul Méali Nasr Oullah. Rieu, dans son *Catalogue of the Persian Manuscripts in the British Museum*, la place vers le milieu du xiie siècle. C'est précisément cette version dite *Behram Chahi*[3], qu'illustrent ces miniatures que nous pouvons dater, suivant toute vraisemblance, de la seconde moitié du xiie siècle.

La figure 4, qui se rapporte, d'après son texte, à une formule magique pour se rendre invisible, surprise par des voleurs, et la figure suivante, qui représente une scène analogue, appartiennent au même ouvrage.

Le texte des peintures étant connu, un rapprochement avec les Fables de Bidpay illustrées, de l'école de Bagdad, n'est pas sans intérêt.

Il existe des manuscrits arabes et même persans de ces Fables qui appartiennent incontestablement à l'école abbasside. Marteau et Vever[4] reproduisent d'après un manuscrit persan de 1236 des animaux d'un caractère primitif avec des arbres stylisés. Ils donnent en couleurs une scène à person-

---

1. J. Mohl, *op. cit.*, t. VII, pp. 361-362.

2. Firdousi, traduction Mohl, t. VI, p. 365. Nasr, dont il est question dans ce passage, est Nasr II, qui a régné de 913 à 942.

La Fontaine, qui sept cents ans après le poète persan Roudeki, a utilisé ces apologues, écrit : « Je dirai par reconnaissance que je dois une partie de mes Fables à Bidpaï, sage Indien. »

3. Husseïn Danisch Bey, qui a occupé pendant de longues années la chaire d'Histoire de la Littérature persane à l'Université de Stamboul, a bien voulu collationner les passages qui figurent sur les miniatures avec la version Behram Chahi et en a reconnu la concordance, à des différences de leçon près : pp. 55-56, 64, 128, 189, 215 et 244 de l'édition de Téhriz de 1305 de l'Hégire.

4. *Op. cit.*, pl. XLIV.

nages indiens[1], de même date, qui semble aussi se rattacher à l'école occidentale par la place que l'or et le jaune tiennent dans les costumes.

Que le *Kélilé et Déminé* de l'école de Bagdad de la Bibliothèque de Munich, soit du XIVᵉ siècle ou antérieur, le contraste entre son chien à la proie[2] et celui de la Bibliothèque de Yildiz (fig. 1), est frappant; l'asymétrie et le naturalisme caractérisant le second. D'ailleurs par ses qualités de composition et de dessin, cette miniature représente la production d'une école ayant atteint un haut degré de perfection.

Deux *Kélilé et Déminé* arabes de l'école de Bagdad, appartenant à la Bibliothèque Nationale, doivent remonter à la première moitié du XIIIᵉ siècle[3]. Trois reproductions d'après l'un d'eux, donnent une idée exacte de leurs peintures. La première (fig. 11), représente l'attaque du taureau par le lion; c'est le même sujet que celui de la figure 1 de Yildiz, mais quelle différence dans la manière de le traiter! Nous sommes ici en présence d'une œuvre primitive. Les arbres sont stylisés, on sent la recherche de la symétrie. Le sol est représenté d'une façon schématique, par une bande de terre, sur laquelle sont posés les animaux, et il n'y a pas place, comme sur la miniature de Yildiz, pour les deux renards qui observent de loin le résultat de leurs machinations. La seconde (fig. 12), qui montre les deux rusés compères nez à nez, présente les mêmes caractères, ainsi que la troisième (fig. 13), sur laquelle se voient des corbeaux alignés; comme le chien à la proie de Munich, ces figures sont intéressantes à opposer à l'illustration de l'album de Yildiz[4].

Pour ce qui est des couleurs, le lion est jaune et or, et le taureau, blanc tacheté de noir. Les renards ont comme un collier d'or au cou, et les corbeaux sont gris-bleu et noirs.

Dans les miniatures du recueil de Yildiz, l'or n'est employé, comme nous l'avons vu, que pour le ciel, concurremment avec le lapis-lazuli; tandis qu'une prédilection pour l'emploi de l'or se manifeste dans l'école de Bagdad, opposée à l'école orientale du XIIᵉ siècle.

Au point de vue calligraphique également, il existe une grande différence entre les manuscrits de l'école de Bagdad et les textes de nos peintures. Le *neskhi* des manuscrits arabes ou persans relevant de cette école, ne manque

---

1. *Op. cit.,* pl. III.
2. Schulz, *op. cit.,* vol. II, pl. 10.
3. Arabe 3465 et 3467. Les figures sont d'après ce dernier manuscrit.
4. Voir aussi pour les peintures de ces *Kélilé et Déminé* arabes, Blochet, *Les Enluminures,* pl. VI à IX.

certainement pas de caractère, comme on peut le voir sur les figures 11, 12 et 13; mais l'écriture des miniatures de Yildiz est d'un *neskhi* linéaire parfait.

On connaît l'avance considérable de la Perse orientale, dans l'évolution de l'écriture, sur les provinces occidentales[1] et B. Moritz constate, en termes généraux, qu'à la fin du xiie siècle, l'écriture ronde (par opposition au coufique) atteint son plus haut point de perfectionnement[2].

A défaut de manuscrits enluminés d'origine certaine, on en est réduit à des hypothèses sur les centres probables de cette école orientale. Elle a dû avoir comme foyers, dans la seconde moitié du xe siècle, Boukhara et Samarkand qui étaient devenus sous les Samanides « un centre de civilisation, d'études, d'art et d'érudition pour une grande partie du monde musulman »[3]; aux xie et xiie siècles, Merv, capitale des Grands Seldjouks, sans compter Hérat et Nichapour[4]. Le choix de Ghazna, en pays afghan, comme capitale par les Ghaznévides[5], présente un caractère artificiel que souligne Baber[6], et si la cour brillante de Mahmoud et de ses successeurs a dû attirer des artistes, il semble douteux que cette ville ait été le centre d'une école.

Les considérations sur lesquelles se base l'attribution de ces peintures à une école orientale pré-mongole, sont confirmées par un événement hautement significatif. Il résulte de la préface en prose, d'Abou Mansour ibn Abd-er-Rizzak, au Livre des Rois, que Nasr ibn Ahmed, souverain samanide de Boukhara (913-942), ayant fait traduire de l'arabe en persan le livre de *Kélilé et Déminé*, que le poète aveugle Roudeki mit en vers, « des Chinois lui ajoutèrent des peintures, pour que toute personne éprouvât du plaisir à le voir et à le lire[7] ».

1. Cf. S. FLURY, *Le décor épigraphique des monuments de Ghazna*, Syria, t. IV, 1925, 1er fascicule, p. 75.

2. *Encyclopédie de l'Islam* de HOUTZMA et BASSET, Leyde, Paris, 1913, p. 396.

3. S. LANE POOLE, *The Mohammadan Dynasties*, p. 131.

4. Voir p. 5.

5. MARTIN, *op. cit.*, vol. II, pl. 40 et 41, donne comme de *l'école ghaznévide* des miniatures d'un manuscrit de 1262 appartenant à M. Dyson Perrins. La dynastie des Ghaznévides ayant pris fin en 1186, en dehors de toute autre considération, il ne peut forcément pas être question de l'école ghaznévide.

6. « Gazna n'est qu'une place de très médiocre importance, et il paraîtra toujours étrange que des souverains qui avaient en leur pouvoir l'Hindoustan et le Khorassan, aient fait leur capitale d'une ville aussi peu importante. » (*Mémoires de Baber*, traduits sur le texte djagataï, par A. PAVET DE COURTEILLE, Paris, 1871, t. I, p. 304).

7. BLOCHET, *Notice sur les Manuscrits Persans et Arabes de la Collection Marteau*, Paris, 1923, pp. 218 à 220, texte et traduction du passage.

Ces peintres faisaient partie de la suite d'une princesse chinoise qui s'était rendue à Boukhara pour épouser Nouh, le fils de Nasr ibn Ahmed[1].

La persistance de ces prototypes chinois dans les illustrations des mêmes fables est évidente, ainsi que leur influence sur la peinture en général de la Perse orientale, Hérat et le Khorassan faisant partie des possessions samanides.

Ce n'est donc pas en vain, comme le pense M. Blochet, qu'on chercherait « dans les Primitifs de l'art persan, le souvenir de l'influence de la technique des peintures chinoises du *Kalila et Dimna* de Roudaghi. »

On retrouve l'école orientale sous la domination mongole, comme l'école mongole elle-même subsiste, au xve siècle, sous les souverains turcomans de Tebriz.

Un petit manuscrit persan des Fables de Bidpay, copié à Bagdad, est d'une importance exceptionnelle à ce point de vue, étant daté de 1279-80[2]. Ses miniatures, toutes de la même main, se rattachent nettement à celles de Yildiz. On n'y voit aucune influence de la technique abbasside, comme les plis stylisés des vêtements; les branches fleuries des fonds se retrouvent dans la série de Yildiz; la scène du scieur de bois et du singe, et celle de l'oiseleur, en gros-vert et bonnet rouge, rappellent les figures 3 et 2 de Yildiz. Je donne (fig. 14 et 15) deux colloques entre lions et renards, d'après ce manuscrit.

Un simple rapprochement de ces illustrations de 1280 avec celles du Hariri Schefer de 1237, copié par un artiste originaire de Wasit[3] en Mésopotamie, suffit à faire ressortir une révolution qui ne peut s'expliquer que par la conquête mongole de Bagdad, laquelle se place précisément entre ces deux dates, en 1258. La chute de Bagdad n'est donc antérieure que d'une vingtaine d'années au manuscrit des Fables de Bidpay.

Les apports chinois ont toutefois presque disparu sur ces peintures, qui sont certainement postérieures d'une centaine d'années à leurs prototypes

---

1. YAKOUT, *Modjam-al-bouldan*, III, p. 447. Référence de M. BLOCHET. Voir sa *Conquête des Etats Nestoriens de l'Asie Centrale, etc.*, 1926, p. 41, note 2, extrait de la *Revue de l'Art Chrétien*, 3e série, t. V, n°s 1 et 2.

2. Bibliothèque Nationale, Fonds Persan, 376.

3. Cette ville était située à égale distance de Bagdad et de Bassora, d'où son nom d'ailleurs.

de Yildiz. Il est intéressant de constater que si dans la scène du scieur de bois, le singe est très bien rendu, le mouvement est presque absent chez l'homme, à l'encontre de ce que nous avons constaté sur la figure correspondante de Yildiz. Par contre, sur la page du chameau, que deux fauves déchirent et dont un renard boit le sang, il y a un grand réalisme.

On ne voit guère sur ce manuscrit pour rappeler l'école de Bagdad que les brassards de quelques personnages. Les semis et les plantes des fonds, réalisent déjà, en très fin, la végétation de l'école mongole.

Le recueil de Yacoub Beg des Turcomans du Mouton Blanc, au Vieux-Sérail, renferme aussi des peintures qui se rapportent à l'école orientale. Ce *mourakka* est un des plus beaux qui nous soient parvenus [1]. Une série de miniatures de grand format illustrent des pages détachées d'un *Chahnamé* dont le texte est d'un *neskhi* primitif. L'une d'elles représente Keyamours, le premier roi du monde, sur un trône taillé dans des rochers, avec des léopards au premier plan ; une autre, Zal enfant, nu et rose, dans l'aire du *simourgh*, devant lequel son père Sam, se prosterne. Sur une troisième page, une rivière bleue sépare Roudabé, la princesse de Caboul, et sa suite, de Zal qui, au premier plan, tire un échassier.

Par l'effet d'ensemble ces peintures se rattachent à celles des Fables de Bidpay que nous avons placées à la fin du xɪɪ siècle. La végétation y a la même finesse d'Extrême-Orient et sur la rivière de la scène de Zal et Roudabé, frise une écume chinoise. Par contre, sur plus d'une de ces pages paraissent des coiffures mongoles à bords relevés. Il faut en conclure que ces peintures de *Chahnamé* représentent la survivance de l'école orientale sous la période mongole.

Il existe au Musée du Louvre, provenant du legs Marteau, trois pages d'un *Chahnamé* mongol vraisemblablement du début du xɪᴠ. Deux de ces peintures (fig. 34 et 37), représentent Alexandre, et la première est une œuvre de l'école orientale. La terre y est bistre avec des parties noires, les arbres et les buissons sont délicatement traités. Le contraste frappant entre la tête d'Alexandre sur cette miniature — très fine, avec un chapeau or à

[1]. Il renferme en dehors de peintures chinoises et musulmanes -- les premières en original ou en copie — un portrait du Sultan Mehmed II, par un artiste d'Occident. Le Conquérant de Constantinople se détache de profil sur un fond or, la barbe finement indiquée, l'oreille cassée par le turban blanc qui entoure un bonnet rouge. Il est en robe verte et en manteau à col de fourrure marron. Ici le fond or semble directement inspiré par les mosaïques byzantines que l'on voyait encore à Constantinople à cette époque et c'est là, suivant toute vraisemblance, une œuvre de Gentile Bellini. L'analogie est grande d'ailleurs avec la célèbre toile du peintre vénitien d'après ce Sultan, actuellement à la National Gallery. Yacoub Beg (1479-1490), occupait précisément le trône de Tebriz, pendant le séjour de Bellini à Constantinople.

grands bords relevés — et celle du héros sur la seconde peinture, traduit les différences entre l'école de la Perse orientale, et l'école mongole à ses débuts, influencée par celle de Bagdad. Avec l'invasion mongole, des peintres de la Perse orientale ont porté leur art vers les capitales mongoles de la Perse occidentale, où leur technique triomphera d'ailleurs.

CHAPITRE III

L'ÉCOLE DE BAGDAD AU XIIIe SIÈCLE

L'une des plus anciennes écoles de peinture musulmanes, dont les œuvres nous soient parvenues, est celle des Califes arabes de Bagdad. Il n'est toutefois pas possible de la classer comme iranienne et elle reste, en tout cas, en marge de l'évolution de la miniature persane.

On aurait pu la considérer comme totalement étrangère si, à la suite d'un grand événement politique, la conquête de la Perse par les Mongols et l'établissement de leur capitale dans la Perse occidentale à Bagdad, cette école n'avait aussi influencé les débuts de l'évolution de la peinture persane sous les Mongols.

Les artistes de l'école de Bagdad — que l'on est porté à considérer comme des chrétiens [1] — ne sont donc pas à proprement parler des primitifs de l'école persane.

L'influence byzantine est caractéristique des peintures de la période abbasside [2], presque toujours à grande échelle [3], et se traduit par la place importante que tient l'or dans leur coloris, et l'usage des nimbes, employés sans discernement, même pour des têtes d'animaux [4]. Il faut observer aussi que très souvent ces peintures illustrent des ouvrages traduits du grec.

Si on excepte l'or, la palette de cette école est plutôt terne, quoique de beaucoup de charme. Un rouge mat, variété de pourpre, en est caractéristique.

La peinture abbasside, de même que la miniature byzantine [5], emploie le

1. Cf. STANLEY LANE POOLE, *The Art of the Saracens in Egypt*, London, 1886, p. 253 en note, et BLOCHET, *Notices*, en note sous les pages 216-217.

2. MARTEAU et VEVER, *op. cit.*, pl. I et XXXVIII, d'après un Dioscoride de 1222; MARTIN, *op. cit.*, vol. II, pl. 9 à 12 d'après le Makamat de Hariri de 1237. Voir aussi pour les reproductions de ce dernier manuscrit BLOCHET, *Les Enluminures*, pl. X à XIII.

3. Les petites dimensions des peintures du *Kélilé et Déminé* de la collection Marteau (Bibliothèque Nationale, Sup. Pers. 1965) étaient imposées par le format exigu du manuscrit.

4. On voit dans les miniatures du *Kélilé et Déminé* de la collection Marteau (Bibliothèque Nationale, Sup. Pers. 1965) un corbeau et un singe nimbés. Une peinture d'un manuscrit de GALIEN, de la Bibliothèque de Vienne, reproduite par MARTIN, présente aussi des oiseaux nimbés, *op. cit.*, pl. 14.

5. Cf. J. EBERSOLT, *La Miniature Byzantine*, Paris et Bruxelles, Van Oest, 1926, pp. 3, 11, 20, 33 et 74.

noir comme valeur tonale. L'adoption par les Abbassides de cette couleur, par opposition au drapeau blanc des Ommiades, n'expliquerait que le noir des étendards et de la robe des prédicateurs dans le Hariri de Schefer[1]. On retrouve le noir dans les pleines pages enluminées d'un coran des Suleyhides du Yémen remontant à 1026[2], soit d'époque abbasside, si ce n'est de la Mésopotamie. Il faut peut-être voir là aussi une influence byzantine, que confirme le caractère général de ces enluminures (fig. 16 et 17).

Mais le trait le plus frappant chez ces artistes mésopotamiens est une grande largeur dans la manière de traiter leurs sujets, ce qui leur a permis d'atteindre quelquefois à des effets d'expression, de mouvement et de vie qui rendent impropre l'application à ces peintures de la dénomination de *miniaturiste*. On peut s'en rendre compte à la Bibliothèque Nationale d'après le groupe admirable de huit personnages[3] du Hariri Schefer de 1237 (fig. 18), ainsi que par le mouvement d'un guerrier à chameau, la tête d'un mort (fig. 19 et 20) et l'expression extraordinaire d'un homme à turban rouge du Hariri de Saint-Waast[4].

On rencontre, exceptionnellement il est vrai, des têtes expressives et des portraits d'âme[5] dans les écoles persanes proprement dites, telle cette tête méditative de derviche de M. Doucet (fig. 94). Aussi l'opposition la plus profonde entre les écoles persanes et celle de Bagdad, réside-t-elle dans ce fait que les peintres mésopotamiens ont emprunté aux Byzantins les ombres[6]. C'est ce qui fait que certains personnages drapés abbassides semblent détachés de manuscrits byzantins. Cette technique avait été transmise à la miniature byzantine par l'antiquité. Par contre les écoles persanes proprement dites, sous l'influence de l'art chinois, ne connaissent qu'un dessin linéaire qui rend seul le modelé, avec des couleurs appliquées à plat.

La stylisation est aussi un trait distinctif des peintures abbassides. Le

1. Bibliothèque Nationale Ms. Arabe 5847, fol. 19 recto et 84 verso.

2. Musée de l'Evkaf de Stamboul, n° 25.

3. Ms. Arabe 5847, fol. 103 recto. Ce volume a été illustré par Yahia bin Mahmoud de Wasit.

4. Ms. Arabe 3929, fol. 41 rec., 78 et 123 rec. Voir aussi pour les illustrations de ce Ms., BLOCHET, *Les Enluminures*, pl. II et III. Je citerai encore, comme œuvres caractéristiques de cette école, la page des Makamat de Hariri de 1237, qui représente une librairie (MARTIN, *op. cit.*, vol. II, pl. 11 et BLOCHET, *Les Enluminures*, pl. X) et deux sanguines d'un *Makamat* de Hariri du British Museum (MARTIN, *op. cit.*, vol. II, pl. 8).

5. MARTEAU et VEVER, *op. cit.*, pl. X, en couleurs.

6. Cf. Jean EBERSOLT, *La Miniature Byzantine*, Van Oest. Il y est question p. 3 d'ombres et de rehauts blancs, p. 11 d'ombres, p. 20 de distribution savante d'ombres et de lumières, p. 33 de modelé et enfin p. 74 de *pénombre verte*.

fait que les imbrications des vêtements ne sont que les ombres des plis *stylisées*, en est un exemple frappant. Ces ombres stylisées se retrouvent d'ailleurs sur les rideaux et même sur la mer[1].

Les réalisations de cette école qui nous sont parvenues sont presque toutes du commencement du XIIIe siècle.

Il faut observer que tous les manuscrits datés, le sont du XIIIe siècle ; ceux qu'on fait remonter au XIIe, ne l'étant pas. La date de 1222, relevée[2] sur une miniature abbasside de la Bibliothèque Nationale[3], correspond également à la première moitié du XIIIe siècle. Elle est donnée en toutes lettres et en coufique sur un fond noir représenté par un bateau. Les coques des navires sont invariablement peintes en noir dans la miniature musulmane, ce qui rend la poix dont on devait les calfater extérieurement.

Le Musée du Louvre possède, grâce à M. Mutiaux, une belle page à paons, se rattachant à l'école de Bagdad, sur laquelle se vérifient quelques-unes des caractéristiques que je viens d'indiquer (fig 21). La stylisation y est frappante. Le bleu et le lie de vin, employés non pas à plat, mais en deux tons, tiennent lieu d'ombres.

M. Martin a essayé de faire remonter au XIIe siècle les illustrations[4] d'un Traité des Automates hydrauliques de Djéziri, dont faisait précisément partie la peinture de M. Mutiaux. Ce traité achevé en 1206, ayant été composé pour un dynaste de la Haute Mésopotamie qui a régné dans le premier quart du XIIIe siècle[5], on est obligé, tout d'abord, de ramener au XIIIe siècle, même son exemplaire le plus ancien. Si l'inscription proto-colaire[6] dont parle M. Martin était effectivement au nom de Noureddin-Mohammed, elle ne pourrait avoir aucun rapport avec le Traité des Automates, du moment que ce prince est mort en 1185, soit vingt et un ans avant l'achèvement de l'ouvrage. Enfin au moins trois[7] des illustrations de ce manuscrit portent une inscription au nom et titres d'un sultan Mameluk du Caire, Es-Salih Salah ed-Dunia ved-Din qui a régné de 1351 à 1354, ce qui date ces peintures du milieu du XIVe siècle[8].

1. Bibliothèque Nationale, Ms. Arabe 3929, fol. 155 verso.

2. H. DERENBOURG, *Les Manuscrits arabes de la collection Schefer*. Journal des Savants, juin 1901, p. 383.

3. Ms. Arabe 6094. Reproduction dans BLOCHET, *Les Enluminures,* pl. V.

4. MARTIN, *op. cit.,* pl. 1 à 4 et MARTEAU et VEVER, *op. cit.,* pl. II, XXXIX, XL, XLI et XLII.

5. Es-Salih Noureddin Mohammed des Ortokides de Hisn-Kaïfa, 1200-1222.

6. *Ausstellung der Meisterwerken Mohammedanischer Kunst,* Munich, 1910, pl. 3.

7. MARTEAU et VEVER, *op. cit.,* pl. XXXIX ; MARTIN, *op. cit.,* pl. 2 ; SCHULZ, *op. cit.,* pl. 4.

8. Voir la discussion approfondie de la question dans BLOCHET, *Notices sur les Manuscrits Persans et Arabes de la Collection Marteau,* note des pages 210 à 217.

On assiste donc à une survivance de l'école de Bagdad, qui avait rayonné dans la vallée du Nil.

Quelques-unes de ces pages, dispersées dans diverses collections, suggèrent d'ailleurs l'Egypte par le sujet, et surtout par les *calices*, meuble héraldique[1] particulier aux Mamelouks d'Égypte et de Syrie, qui se retrouvent sur deux feuilles de ce manuscrit (fig. 22)[2].

M. Martin, lui-même, pense au Caire au sujet de cette peinture. Il estime en outre que la page aux paons du Louvre est dans *l'ancien style égyptien*.

Les feuillets à miniatures d'un *Kélilé et Déminé* persan, légués par M. Marteau à la Bibliothèque Nationale[3], sont situés par M. E. Blochet au milieu du XIIe siècle et à la cour des Sultans Ghaznévides. Cette attribution est basée sur des fragments d'une préface du traducteur, Aboul Méali Nasr Oullah, dont il résulterait que l'ouvrage était « offert à un officier de la cour du Sultan ghaznévide Behram Schah », d'où la conclusion qu'on est en présence de « l'exemplaire même[4] ». Or ce sont là incontestablement des œuvres de l'école de Bagdad et M. Blochet lui-même reconnaît qu'elles appartiennent « au cycle de l'art mésopotamien[5] ». En effet, on retrouve sur ces petites compositions, les caractéristiques de cette école jusqu'à un personnage avec une expression extraordinaire de surprise[6]. Elles font l'effet d'œuvres primitives de cette école et on y constate cette *horreur du vide*, qui se manifeste dans l'enfance de certains arts, comme dans la sculpture chinoise sous les Han et les Wei du Nord. L'artiste se croit tenu de remplir les vides de sa composition par des branches de fleurs[7].

Si on peut faire remonter ces miniatures jusqu'au XIIe siècle, il est par contre impossible d'admettre qu'elles soient l'œuvre d'un artiste de l'école orientale, de Ghazna[8] dans l'espèce, surtout lorsqu'on tient compte des illus-

---

1. Cf. Yacoub Artin Pacha, *Contribution à l'étude du blason en Orient*, Londres, 1902. Le calice que l'on rencontre sur les blasons mamelouks à partir du XIIIe siècle est assez fréquent dans la première moitié du XIVe siècle. Yacoub Artin Pacha en mentionne trois, avec figures, aux noms de différents personnages de cette dernière époque : n°s 48, 60 et 97.

2. Marteau et Vever donnent cette page en couleurs. *Op. cit.*, pl. II. Schulz, *op. cit.*, pl. 2, reproduit la seconde figure à calices.

3. Sup. Persan, 1965.

4. E. Blochet, *Les Peintures des Manuscrits Persans de la Collection Marteau à la Bibliothèque Nationale*, Monuments Piot, t. 23, 1918-1919, pp. 132, 145, 150.

5. *Ibidem*, p. 142.

6. Sup. Persan, 1965, fol. 15 verso.

7. E. Blochet, *Les Peintures des Manuscrits Persans de la Collection Marteau*, pl. 13. Voir aussi Blochet, *Les Enluminures*, pl. XVIII.

8. C'est dans cette ville, capitale de Mahmoud le Ghaznévide, que Firdoussi a composé, en partie tout au moins, au début du XIe siècle, son poème épique, le *Livre des Rois*.

trations si différentes et à influence chinoise des mêmes *Fables* (fig. 1 à 9), dont les prototypes chinois remontent, comme nous venons de le voir, au xe siècle et aux Samanides, ces patrons des Ghaznévides.

Une hypothèse, qui concilierait la dédicace à un officier de la cour de Ghazna, avec le caractère abbasside des miniatures, serait celle d'une copie des *Fables* de Bidpay *et de leur préface*, exécutée et historiée en Mésopotamie peu après leur traduction par Aboul Méali Nasr Oullah ; mais il n'est même pas nécessaire d'y recourir.

Il résulte, en effet, d'une publication postérieure de M. Blochet[1] que le passage de la préface consacré aux éloges de Fakhir ibn Abd-el-Wahid — lequel fait conclure cet auteur à un « exemplaire de présentation » — non seulement ne donne pas ce personnage comme un officier de Behram Chah, mais contredit formellement une telle hypothèse. En effet, Aboul Méali lui applique entre autres éloges hyperboliques celui de « point vers lequel se tournent pour réciter leurs grâces, les habitants du *Kouhistan* et de l'*Irak* ». Il s'agit donc d'un personnage de la Perse proprement dite, or au milieu du xiie siècle, sous Behram Chah, les possessions ghaznévides se limitaient depuis un siècle déjà à l'Afghanistan et aux Indes[2]. Il n'existe donc aucune raison pour placer en pays afghan, à Ghazna, une œuvre qui appartient manifestement à l'école de Bagdad et à la Perse occidentale.

Quoique cette école occidentale prenne fin avec la chute de Bagdad au pouvoir des Mongols en 1258, on doit lui rattacher les œuvres postérieures de pays comme l'Égypte, ayant relevé de son influence, et que l'invasion mongole n'a pas atteints[3]. C'est un phénomène analogue à celui que l'on constate pour l'école mongole au xve siècle et pour l'école timouride à Boukhara au xvie.

Aucune œuvre ne nous est parvenue de la peinture sous les Fatimides d'Égypte (969-1171). Nassir-i-Khosrev, le célèbre voyageur persan du xie siècle, à qui on doit des renseignements si précieux sur l'Égypte sous les Fatimides, est muet au sujet de la peinture. Il note seulement en 1049, que sur le trône en or du Calife on « avait représenté des scènes de chasse, des cavaliers faisant courir des chevaux et d'autres sujets[4] ».

Cette peinture devait relever de l'école de Bagdad, comme le confirmerait

1. *Notices sur les Manuscrits persans et arabes de la Collection Marteau*, p. 199-200.
2. S. Lane Poole, *The Mohammedan Dynasties*, p. 288.
3. Outre les illustrations du *Traité des Automates*, dont il a été question plus haut, voir Walter Schulz, *op. cit.*, vol. II, pl. 10 et 11, figures de Fables de Bidpay.
4. *Sefer Nameh de Nassirl Khosrau*, p. 157-158.

l'histoire du vézir d'un Calife Fatimide du xie siècle, Mostanser Billah, faisant exécuter des fresques avec des *effets de lumière* à des peintres de Bassorah et de l'Irak [1].

1. Cf. MARTIN, *op. cit.*, vol. I, p. 4.

CHAPITRE IV

L'ÉCOLE MONGOLE DU XIVᵉ SIÈCLE

La conquête de la Perse par les Mongols, « cette horde de Turcs impies qu'on nomme Tatars », pour nous servir des expressions de Yacout [1], s'achève en 1258 par la prise de Bagdad, la capitale des Califes. L'unité de la Perse était refaite pour un siècle par ces envahisseurs qui n'embrasseront l'islamisme, c'est-à-dire la religion des vaincus, qu'en 1295 sous Ghazan. Il est difficile d'affirmer que la qualité de non-musulmans des conquérants ait particulièrement favorisé la représentation de la figure humaine, traditionnelle en pays persan, et pratiquée même sous les Abbassides. Les premiers califes Ommiades de Syrie avaient été jusqu'à frapper des monnaies à figure humaine [2], ce qui constitue une infraction flagrante et publique à la proscription musulmane des images [3].

Les Mongols ne représentent pas, par eux-mêmes, un facteur artistique en Perse [4], et la principale caractéristique de l'école mongole [5], opposée à celle de Bagdad, est l'influence de la peinture chinoise, avec sa technique linéaire qui exclut les ombres.

Cette influence s'est exercée à la fois directement par des œuvres et des artistes chinois, et d'une façon indirecte par l'école pré-mongole de la Perse orientale dont les miniaturistes et les peintures ont reflué vers l'ouest de la Perse unifiée, où les Mongols établirent leurs capitales successives.

La seule civilisation dont les Mongols aient subi le contact était celle du Céleste Empire et, suivant toute vraisemblance, des artistes chinois avaient

1. Barbier de Meynard, *Dictionnaire géographique de la Perse.*

2. Telles sont notamment les dinars de type byzantin d'Abd-el-Mélik et les pièces en argent du même calife, à effigie sassanide.

3. Voir Introduction, pp. V et VI.

4. M. A. Waley, parlant des Mongols de Chine dit : « Ils étaient simplement des gendarmes. Ils n'ont pas exercé plus d'influence sur le développement de la civilisation chinoise, que les préposés à la porte du British Museum n'influent sur les études des gentlemen qui travaillent à l'intérieur ». *An introduction to the study of Chinese painting,* Londres, 1923, p. 237.

5. Je me suis expliqué au Chapitre I sur le caractère des *écoles* de la miniature persane.

suivi les Mongols en Perse[1], de même que nous savons pertinemment que les envahisseurs avaient à leur service des fonctionnaires chinois.

La branche des Mongols de Perse, les *Ilkhans*, reconnaissait en outre la suzeraineté des Grands Khans, qui sous le nom de dynastie Yuan, régnaient en Chine (1248-1370).

Le prince-moine arménien Héthoum, qui résida auprès de Ghazan, écrit en 1307 : « Et vraiement len voit venir de cely pais (royaume de Cathay) toutes choses estranges et merveilleuses et de subtil labeur, que bien semblent estre la plus subtil gent du monde dart et de labour de mains[2]. »

Ibn-el-Wardi, géographe de la première moitié du XIVe siècle, soit de pleine époque mongole, estime que les Chinois sont les gens les plus habiles qui existent pour exécuter des œuvres d'art, des peintures et des dessins; il prétend même que les peintures et les dessins de n'importe quel Chinois sont supérieurs à tout ce que l'on fait chez les autres peuples[3]. M. Blochet explique cette préférence par la perfection des détails dans les œuvres chinoises, le génie des Musulmans étant plus porté à l'analyse qu'il n'est capable de synthèse[4].

Pour illustrer en passant l'importance de l'art chinois pour l'étude des œuvres musulmanes, je citerai un exemple se rapportant aux arts plastiques. Une coupe en argent, à inscription coufique niellée, et décorée en haut relief d'un personnage jouant d'un instrument de musique, est donnée par le Catalogue officiel du Kaiser Friedrich Museum de Berlin[5], d'après sa technique en ronde-bosse, comme du Xe ou du XIe siècle; tandis qu'un simple rapprochement, avec le Maharaja gardien de l'Est de la Porte de la Grande Muraille au Nord de Péking[6], qui date de 1345, ramène la coupe en question à la seconde moitié du XIVe siècle.

Cette influence chinoise est d'ailleurs antérieure aux Mongols, même dans

---

1. « On dit que Houlagou Khan amena en Perse une centaine de familles d'artisans et d'ingénieurs chinois, en 1256 environ ». Stephen W. Bushell, *L'Art Chinois*, trad. d'Ardenne de Tizac, Paris, 1910, p. 22.

2. *Le Livre de la fleur des hystoires de la terre de Orient.* Communication de M. Vermeylen, *Actes du Congrès d'Histoire de l'Art*, Paris, I, p. 334.

3. E. Blochet, *Les Peintures*, p. 69.

4. Cette explication tend à reconnaître implicitement l'influence chinoise sur la miniature persane, que M. Blochet traite toutefois aujourd'hui d'opinion d'amateur, après avoir considéré les miniatures timourides comme l'œuvre de Chinois ou de « Turks ou même d'Iraniens qui étaient allés étudier les procédés de la peinture en Chine », ce qui d'ailleurs est manifestement inexact.

5. *Führer Durch das Kaiser Friedrich Museum Amtliche Ausgabe*, Berlin, 1910, p. 497 et pour la reproduction, p. 484. Martin a également reproduit cette coupe dans *A History of oriental carpets before 1800*. Vienne, 1908, fig. 24.

6. Stephen W. Bushell, *op. cit.*, fig. 24.

la Perse occidentale. Sous le Califat, au xe siècle Mésoudi, considère déjà
les Chinois comme les plus habiles des peintres et comme sans rivaux[1].
Des monuments antérieurs aux Mongols, sur lesquels on retrouve le dragon
chinois, attestent cette influence. La porte d'Alep, à Diarbékir, est ornée de
deux dragons affrontés aux corps noueux[2] qu'accompagne une inscription
datée de 1183-84, et on connaît les deux superbes dragons, d'un type analogue, de la porte du Talisman à Bagdad, surmontés d'une inscription au
nom du Calife abbasside Nasir, datée de 1221[3].

Il semble qu'aux débuts de la période mongole, après le bouleversement
de l'invasion, l'art persan ait tâtonné et cherché sa voie. Des manuscrits de
la fin du xiiie et du commencement du xive siècle, sont ornés de miniatures
faites pour déconcerter. C'est notamment le cas du *Ménafi-el-Haïavan*,
Traité d'Histoire Naturelle de 1295 acquis par Pierpont Morgan, et de la
version arabe de l'*Histoire des Mongols* de Rachid-ed-Din, datée de 1314,
et que se partagent le Royal Asiatic Society et l'Université d'Edimbourg.

Il faut voir avec M. Blochet[4], dans Caïn et Abel[5] du premier de ces manuscrits, une copie d'une enluminure de Bible. L'effet nettement étranger que
produisent aussi Adam et Ève (fig. 23) ne peut pas s'expliquer différemment.

L'Histoire des Mongols de 1314 renferme également des peintures étrangères et qui ne peuvent être que l'œuvre d'artistes non iraniens, peintures
qui ne semblent d'ailleurs pas avoir influencé le développement de l'art
persan. Ce caractère est plus particulièrement frappant dans les compositions
dont les sujets sont bouddhiques ou hindous comme celle du *Plat jeté par
Bouddha dans le Gange*, des *Combats des héros du Mahabharata* et de
l'*Arbre sacré de Bouddha*[6]. Ce manuscrit renferme aussi des portraits d'em-
pereurs de Chine, qui sont des copies fidèles de dessins chinois[7]. On se trouve
en présence d'œuvres étrangères, même si le copiste est un Persan.

A la différence de ces portraits, le dessin rehaussé représentant une
fantasia chinoise[8] (fig. 25), qui est passé avec la collection Goloubew au
Museum of Fine Arts de Boston est un travail authentique de Chine. Une
réplique de cette composition à cavaliers se développant en éventail, rehaussée

1. Cf. E. Blochet, *Les Peintures*, p. 240.
2. Cf. *Amida,* par Max van Berchem et J. Strzygowski, 1910, Heidelberg, Paris, p. 82, fig. 30.
3. G. Migeon. *Manuel d'Art musulman*, 1927, t. I, fig. 93.
4. *Les Peintures*, p. 12.
5. Martin, *op. cit.*, vol. II, pl. 21.
6. *Ibidem*, pl. 27, 30 et 31.
7. *Ibidem*, vol. I, fig. 9.
8. Marteau et Vever, *op. cit.*, pl. V en couleurs.

d'or, de bleu, de rouge et de noir, figure dans le recueil de Yacoub beg.
Les chiens manquent dans ce dessin qui ne vaut pas son pendant. Étant
donnée la date de la formation de ce recueil, ces dessins rehaussés ne peuvent pas être postérieurs au xv⁵ siècle.

A côté des influences ou des manifestations d'Europe et d'Extrême-Orient,
un manuscrit de la première moitié du xiv⁵ siècle, le Hariri de 1334, conservé
à la Bibliothèque de Vienne, se rattache directement à l'école de Bagdad avec
les plis stylisés des vêtements[1], quoique certaines figures aient le type mongol aux yeux bridés[2]. Il serait d'ailleurs plus exact de considérer ces peintures comme une survivance de l'école abbasside sous les Mongols, les
caractéristiques de cette école, comme les ombres stylisées, n'ayant pas été
adoptées par la miniature mongole.

Déjà dans le manuscrit Pierpont Morgan de 1295, on rencontre des illustrations qui par le réalisme du dessin appliqué aux animaux, aux arbres et
aux plantes, ont rompu avec l'école abbasside. La sauterelle et le faucon en
sont des exemples remarquables (fig. 26 et 27)[3].

La stylisation et le réalisme puissants des deux éléphants de la figure 24,
en font une œuvre exceptionnelle, mais qui a bien son point de départ dans
l'école abbasside.

Il semble bien que les productions caractérisées les plus anciennes de
cette école soient contenues dans un recueil de pièces calligraphiques et de
miniatures, du Vieux-Sérail, réunies pour Baïsounkour Mirza[4] (+ 1433). On
connaît la grande influence que ce fils de Chah-Rokh a exercée sur le développement des arts du livre à Hérat, au commencement du xv⁵ siècle[5].

Les dimensions des pages de cet album, soixante-huit centimètres sur
cinquante, ont été déterminées par ces tableaux mongols, qui ayant une
dizaine de centimètres seulement de moins en longueur et en largeur, sont
au nombre des plus grandes peintures sur papier connues[6]. Elles doivent se

1. MARTIN, *op. cit.*, vol. II, pl. 15 et 16.
2. *Ibidem*, pl. 15.
3. Voir aussi *ibidem*, pl. 26.
4. N° 37083. Quoique l'album ne renferme pas d'indication expresse à cet effet, cela résulte d'une
page de concours de calligraphie, auquel Baïsounkour prend part, de pages calligraphiques signées par
des artistes qui prennent le titre de *baïsounkouriens,* de nombreux dessins de Mohammed-el-Khayam, que
nous savons attaché à sa cour, enfin de pièces calligraphiques signées par Baïsounkour même.
5. Voir pp. 42, 43 et 44.
6. Une peinture timouride, de cinquante centimètres sur soixante-six, qui tient une double page du
Recueil de Yacoub Beg, représente un jeune prince assis sous une tente, entouré de dix personnages, le
tout se détachant sur un fond d'arbres, de végétations et de fleurs. Deux personnes de la suite portent
des bonnets mongols. A côté du vert, du bleu foncé et du rouge, on peut relever, comme couleurs caractéristiques de cette peinture, le jaune, le lilas et le cramoisi.

situer au début du xive siècle. Les sujets épiques tiennent une grande place dans ces tableaux qui comportent un nombre restreint de figures et qu'aucun texte n'accompagne. Ils représentent des cavaliers luttant contre le *div*, le dragon ou le lion ; le phénix monté, le Prophète entouré d'anges, un couple royal sur son trône, etc.

La palette, en dehors de l'or, du blanc et du noir, comporte trois rouges, le bleu, le jaune, le vert, quelques violets et le marron.

Ce recueil a été exposé à Munich en 1910, et une des peintures de cette série, reproduite (fig. 28)[1]. Elle représente un cavalier qui en poursuit un autre, la lance dans les reins. La silhouette affaissée du vaincu est d'une grande acuité d'observation. Le premier cavalier est en cuirasse et caparaçon or, et carquois bleu. Le fuyard porte une armure verte et or, et son cheval, un caparaçon rouge et blanc en damier. La parenté avec certaines œuvres de la même école de la fin du xve siècle est frappante.

Par leur technique et leur coloris ces peintures constituent le point de départ de l'art dont l'épanouissement se place au Khorassan dans la seconde moitié du xve siècle.

Le même recueil de Baïsounkour renferme un arbre généalogique de souverains, portraiturés au trait dans des cercles, qu'accompagnent des inscriptions en caractères ouïgours. Deux de ces effigies sont en couleurs. Sans parler du type mongol, les coiffures de ces princes, ainsi que d'une princesse, sont identiques aux couvre-chefs mongols que nous connaissons par l'Histoire de Réchid-ed-Din de la Bibliothèque Nationale[2]. Un autre album, celui de Yacoub Beg, renferme aussi plusieurs pages détachées, représentant la cour mongole avec des princes et des princesses portant les mêmes coiffures caractéristiques.

Les miniatures du *Djami-et-Tevarikh* — Histoire des Mongols de Réchid-ed-Din — de la Bibliothèque Nationale[3], marquent une seconde étape par leur palette, leur décoration et le sens du paysage (fig. 29 et 30). La date de ce manuscrit manque malheureusement, mais on peut déduire du caractère archaïque de ces peintures — en tant que de l'école

---

1. L'original mesure trente-cinq centimètres sur cinquante-cinq. L'album a été exposé sous le numéro 649.

2. Manuscrit Sup. Persan, 1113.

3. M. PERCY BROWN reproduit d'après une *Histoire des Mongols* de la Bibliothèque d'État de Rampur une miniature analogue représentant la cour mongole mais sur laquelle les têtes, et particulièrement celles des femmes, sont d'un dessin beaucoup plus fin. Il faut supposer qu'il s'agit là d'une copie faite au xve siècle, dans la Perse orientale, d'une œuvre de la première moitié du siècle précédent. *Indian Painting under the Mughals,* Oxford, 1924, pl. 1.

mongole — et de détails de costume et de toilette, comme les coiffures à aigrette des princes[1], qu'on se trouve en présence d'une œuvre originale de la période mongole, qui ne peut se placer que dans la première moitié du xive siècle.

Réchid-ed-Din avait fondé à Tebriz un atelier dont l'administrateur devait « faire copier la *Djami-el-Tawarikh* et la *al Madjmoua*, en un seul volume sur du papier de Bagdad, de la meilleure qualité qui pût se trouver, de la dimension la plus grande qui se fît dans l'industrie... »[2]. Aussi M. Blochet attribue-t-il à Tauris et à une date antérieure à 1318 — année de la mort de Réchid-ed-Din et de la destruction de son atelier de copie — non seulement l'Histoire des Mongols de la Bibliothèque Nationale, mais en général les manuscrits de grand format de la première période mongole, comme le *Chahnamé* Demotte. Si à raison de son sujet et de son format, une telle attribution est plausible pour l'Histoire des Mongols, elle n'est cependant pas certaine, car non seulement on devait produire en dehors de cet atelier, mais les artistes qui y travaillaient ont dû, sans aucun doute, survivre à sa destruction. D'ailleurs des *djuz* (parties) de coran, grands in-folio, remarquables par leur enluminure et leur calligraphie, exécutés par ordre d'Ouldjaïtou et dont deux portent le nom de Réchid-ed-Din, ont été copiés à Bagdad et à Mossoul antérieurement à 1318.

Le Musée de l'Evkaf de Stamboul, la *Stadtbibliothek* de Leipzig et la Bibliothèque du Caire se partagent cinq de ces manuscrits, qui sont au nombre des plus beaux corans qui nous soient parvenus[3].

Tous mentionnent l'ordre d'Ouldjaïtou, de son nom musulman Mohammed Khudabindé, dont les ascendants sont énumérés jusqu'à Djinghiz Khan[4]. Sur deux des corans du Musée de l'Evkaf, les noms des deux vézirs Réchid-ed-Din et Saad-ed-Din[5], accompagnent celui du souverain.

Les enluminures sont quelquefois d'un suprême bon goût, comme la page à décor géométrique, en pourpre bleu et or, du Musée de

1. Ces coiffures se retrouvent sur un plat émaillé de Sultanabad, à deux personnages de la collection J. Doucet. H. Rivière, *La Céramique dans l'Art musulman*, Paris, 1913, pl. 71, en couleurs.

2. Blochet *Notices sur les Manuscrits de la Collection Marteau*, p. 15.

3. Le coran de Leipzig de 1306-1307, dont la date et le lieu d'origine se distinguent, en caractères microscopiques, sur la planche 96 de Schulz, et le n° 334 du Musée de l'Evkaf, daté de 1307-1308, sont de Bagdad. Le coran n° 599 du Musée de l'Evkaf, daté de 1306-1307, est de Mossoul *la bien gardée*. « *Moussoul-el-Mahroussé* ».

4. Voir Schulz, *op. cit.*, vol. II, pl. 94.

5. Ces noms sont donnés sous la forme protocolaire de Khadjé Réchid-el-Hak ved-Deuvlé ved-Din, et de Saad-el-Hak ved-Deuvlé ved-Din.

l'Evkaf (fig. 32)[1]. Quant à l'écriture *sulus* — à l'encre d'or cernée de noir, ou en lignes or et noir alternantes, cernées respectivement de noir et d'or — elle est du plus grand style[2]. Ces volumes, quoique sans figures, constituent un monument de l'art du livre persan dans les premières années du xive siècle, et ne sont pas datés de Tebriz.

Logiquement l'Histoire des Mongols de la Bibliothèque Nationale devrait être postérieure à la version arabe de 1314, du même ouvrage, dont l'illustration[3] représente, en partie tout au moins, l'œuvre d'artistes étrangers ; la miniature persane semblant chercher son orientation à cette date. Les miniaturistes de Perse transposant presque toujours leurs copies, l'hypothèse d'une réplique, même de la seconde moitié du xive siècle, est à écarter.

Le Trésor du Vieux-Sérail possède un *Djami-et-Tevarikh*[4] daté de 1318 (Djémazi-ul-evel 717), à miniatures teintées, sur lesquelles on retrouve les princes mongols à aigrettes, ainsi que des peintures du type de celles de la version arabe de 1314[5]. Les dessins coloriés de princes mongols, qui se trouvent datés par le texte, corroborent l'attribution à la première moitié du xive siècle du manuscrit de Paris.

La gamme des peintures[6] du manuscrit de la Bibliothèque Nationale, qui s'oppose à la palette terne de l'école de Bagdad, s'est enrichie de demi-tons. A côté des bleus, de l'or, du jaune, du cramoisi, du lilas et des verts foncés, apparaissent des nuances telles que le mauve clair, le gris-bleu, le vert jeune pousse et le rose pâle.

Comme motifs de décoration, sans parler du dragon et du phénix chinois[7] qu'on voit sur les trônes et les robes, on constate le décor floral naturaliste[8] et les bordures de tapis dérivées des caractères coufiques[9] (fig. 29), que l'on retrouve à Hérat pendant tout le cours du xve siècle.

1. Voir aussi Schulz, *op. cit.*, notamment la planche 95 pour le coran de Leipzig, et les planches 100 et 103 pour celui du Caire.

2. Corans nos 400 et 344 du Musée de l'Evkaf. Voir pour la graphie, qui semble identique, les planches 96 et 99 de Schulz, qui se rapportent au coran de Leipzig. Le calligraphe signe sur les corans de Stamboul : Ali bin Mohammed, bin Zeïd, bin Mohammed, bin Abdullah el-Alevi, el-Husseïni.

3. Voir Martin, *op. cit.*, vol. I, fig. 9, 12 à 15 et vol. II, pl. 27 à 32.

4. N° 47916.

5. Par exemple les figures reproduites dans le haut des planches 27 et 3o de Martin.

6. Blochet, *Les Peintures*, pl. XIII à XX ; *Peintures de Manuscrits Arabes, Persans et Turcs de la Bibliothèque Nationale*, fig. 5 à 10 ; *Histoire des Mongols de Rashid-ed-Din*, Gibb Memorial, vol. XVIII, 2 pl. I à XIII et XVI ; *Les Enluminures*, pl. XXIII à XXVIII ; Martin, *op. cit.*, pl. 43.

7. Blochet, *Les Peintures*, pl. XIII, représentant Djinguiz Khan et pl. XVI ; Martin, *op. cit.*, pl. 43, figure de gauche donnée comme Ogotay.

8. Blochet, *Les Peintures*, pl. XVI, XVIII, XIX et XX ; Martin, *op. cit.*, pl. 43, fig. de droite.

9. Blochet *Histoire des Mongols de Fadl Allah Rashid-ed-Din*, pl. III et IX.

Le sens de la nature et du paysage, qui fait un des charmes de la miniature persane, existe déjà dans ces peintures. Les plantes et les fleurs traitées
d'une façon réaliste, les arbres en fleurs (fig. 29), le platane aux feuilles multicolores, le mariage du cyprès vert profond et d'une floraison claire — une
des plus gracieuses trouvailles des miniaturistes persans — se trouvent déjà
réalisés [1]. Même les rochers spongieux, qui affectent la forme de têtes animales, se rencontrent sur une de ces peintures.

Un *Livre des Rois*, inachevé et non daté, est aussi une des œuvres capitales de cette série mongole. On est toutefois obligé d'admettre qu'il est postérieur à l'*Histoire des Mongols* de la Bibliothèque Nationale, si on tient compte
de l'évolution dont témoignent ses compositions. (Fig. 31, 33, 35 et 36 [2].)
La différence de graphie est également sensible entre les deux manuscrits [3].

Différents artistes ont dû collaborer à ce volume, dont les feuillets ont
été dispersés. Une page qui figure un combat de cavaliers à cuirasses et
caparaçons [4] est apparentée à la miniature de 1314 représentant les héros
du Mahabharata [5]. Une poursuite de cavalerie, d'un mouvement épique,
illustre dignement les chants de Firdoussi (fig. 31). Elle appartient au Musée
du Louvre, à la suite du legs Marteau. Trois miniatures de ce *Livre des
Rois*, probablement de la même main, sont particulièrement caractéristiques
de l'époque mongole par les types [6]. La première qui appartient à M. H.
Vever représente Sindokht découvrant la correspondance amoureuse de sa
fille Roudabé (fig. 33), la seconde Behram Gour à la chasse, monté sur un
chameau, avec Azadé évanouie, ayant laissé échapper sa harpe (fig. 35), et
la troisième Zal et Roudabé, la princesse de Caboul. Zal, qui n'a pas voulu
se servir comme échelle de soie des cheveux de la princesse, se hisse vers
sa fenêtre, avec une corde passée aux créneaux de la tour (fig. 36).

Grâce à la générosité de G. Marteau, le Musée du Louvre possède deux
autres miniatures du même manuscrit, dont l'une (fig. 37), représente
Iskender (Alexandre) sur son trône, entouré de sa cour [7]. Il est intéressant

---

1. Blochet, *Histoire des Mongols*, pl. II, III, IV, IX et X ; *Les Peintures*, pl. XIV ; *Peintures de Manuscrits arabes, persans et turcs de la Bibliothèque Nationale*, fig. 7 et 10 ; Martin, *op. cit.*, pl. 44, figure de droite.

2. Voir aussi Schulz, *op. cit.*, vol. II, pl. 20 à 29.

3. Voir d'une part Blochet, *Peintures de Manuscrits arabes, persans et turcs de la Bibliothèque Nationale*, pl. 5, 6, 7 et 10, et *Les Peintures*, pl. XVIII ; d'autre part, les figures 31 et 33 à 37 du présent volume.

4. W. Schulz, *op. cit.*, vol. II, pl. 20. La lutte d'Ardechir et d'Ardevan.

5. Martin, *op. cit.*, vol. II, pl. 30.

6. On retrouve chez les Tatars modernes, en particulier le type de la planche 27 de Schulz.

7. Cette peinture est reproduite en couleurs dans *Le Musée du Louvre depuis 1914*, Demotte, t. II, pl. 62. En rapprocher les planches 21 et 24 de Schulz, qui appartiennent à la même série.

de relever sur cette page des réminiscences de l'école de Bagdad, comme les ombres de la tenture qui drape le trône et l'auréole qui entoure la tête d'Alexandre[1].

Les miniatures d'un précieux manuscrit de la fin du xive siècle, daté de Bagdad, le *Khadjou Kirmani* de 1397 du British Museum[2], correspondent à une nouvelle étape dans l'évolution de l'école mongole (fig. 38 et 39)[3].

La période mongole proprement dite s'étend en effet jusqu'au début du xve siècle. La famille mongole des Djélaïrides, qui détenait en réalité le pouvoir sous les derniers Ilkhans, en leur succédant après le premier tiers du xive siècle, fit sa capitale de la ville de Bagdad qui est ainsi restée mongole pendant tout le xive siècle, et même au début du xve, malgré la conquête passagère de Timour en 1393. Un des derniers souverains de cette dynastie, Sultan Oveïs (1419-1426), passe même pour une des têtes couronnées ayant pratiqué avec succès la peinture[4].

La parenté de ces miniatures du *Khadjou Kirmani* avec les peintures timourides s'explique par la transmission à l'école de Hérat des traditions de l'école mongole, mais c'est une erreur manifeste de les attribuer à l'école timouride, comme l'a fait M. Martin. Il est intéressant à ce point de vue de noter les types mongols des figures[5].

L'une[6] de ces peintures est signée au trait rouge sur un vitrail gris-argent, *Djunéïd Nakkach* (le peintre), es-sultani. Le titre *es-sultani* que prend cet artiste, implique qu'il était au service de Sultan Ahmed le Djélaïride, qui avait Bagdad pour capitale, et dont le règne, agité et plus d'une fois interrompu, se place entre les dates extrêmes de 1382 et 1410[7].

Les scènes s'animent dans ces tableaux et se placent souvent au milieu d'un paysage vivant (fig. 38 et 36).[8] Le vermillon et le cramoisi y tiennent une grande place, ce qui sur certaines pages est d'un effet peu heureux.

Ce n'est pas le cas de la figure 38 dont le coloris est clair et bon. Un

1. Voir pour l'autre pp. 16-17 et fig. 34.

2. Add. 18113. Ce volume porte sur une rosace peinte dans le goût du xve siècle khorassanien, l'ex-libris d'*Aboul Feth Behram*. Il s'agit de Behram Mirza, frère de Chah Tahmasp, comme cela résulte du *mouralcka* du Vieux-Sérail (n° 37085) de 1543-44, au nom de ce prince, dont l'ex-libris est conçu en termes identiques : *Katabkhané-i-chehriyar Aboul Feth Behram djem iktidar*.

3. Voir aussi Martin, *op. cit.*, vol. II, pl. 45 à 50.

4. Cf. Aali, *op. cit.*, p. 67. Huart, *op. cit.*, p. 336, le donne, par erreur, comme contemporain de Tamerlan.

5. Martin, *op. cit.*, vol. II, notamment la planche 47.

6. *Ibidem*, pl. 46.

7. Stanley Lane-Poole, *op. cit.*, p. 247 et 248.

8. Voir aussi Martin, *op. cit.*, vol. II, pl. 45 et 49.

semi régulier et très fin, en bleu sur fond blanc, est émaillé de buissons de roses et de lys rouges. Des nénuphars fleurissent à la surface de la rivière placée au premier plan. Les troncs des arbres, à feuillage conique, s'allongent élégamment comme les tailles des personnages. Une femme en bleu et à écharpe mauve, endormie au pied d'un arbre, au clair de la lune, est surprise par un couple.

Le chemin parcouru au cours du xive siècle par l'école mongole est si grand que telle page de Djunéïd Nakkach[1] fait pressentir par sa composition, sa souplesse et ses têtes expressives, une des plus belles œuvres de l'époque séfévie, le *Khosrev et Chirnie* de Mirek, qui se place vers le milieu du xvie siècle (1540) (fig. 142).

Le combat de deux cavaliers à pied, au milieu d'un paysage rocheux et boisé, se distingue par son grand caractère. Les chevaux caparaçonnés s'affrontent et se défient, prêts à prendre part à la lutte de leurs maîtres (fig. 39).

On retrouve, sur ces miniatures aussi, le décord floral naturaliste à influence chinoise, et les bordures de tapis à lettres coufiques, d'origine mésopotamienne[2].

Le Musée de l'Evkaf de Stamboul possède un Nizami de 1399, illustré de paysages du plus haut intérêt. Le scribe est de Behbéhan de Kuh Guilouy, localité du Sud-Ouest de la Perse, et il y a tout lieu de croire que le volume est aussi originaire de cette ville, ce qui le rattacherait à l'école occidentale. Ces paysages sont du même type, mais leurs couleurs varient. Dans celui qui est reproduit (fig. 40), une colline centrale jaune, flanquée au second plan de deux hauteurs, ocre et violet foncé, se détache sur un fond bleu. Une rivière, dont l'argent est très oxydé, serpente au flanc de la colline du milieu, et des canards y prennent leurs ébats au premier plan. On y remarque des palmiers à double régime qui indiquent que le paysage se rapporte à la Perse méridionale. Des lianes en or très contournées sont d'un grand effet décoratif; enfin, des oiseaux, disposés avec une naïve symétrie, sont perchés sur les arbres. Ces miniatures, toutes de la même main, représentent l'œuvre aussi charmante que rare d'un paysagiste qui ne nous a malheureusement pas transmis son nom[3].

1. *Ibidem*, pl. 45.
2. MARTIN, *op. cit.*, vol. II, pl. 46 et 47.
3. Voir MARTEAU et VEVER, *op. cit.*, la planche LVI de 1417, apparentée à ces paysages, mais de la Perse orientale. La coiffure des personnages de la planche VII, qui se rapporte au même manuscrit, rapprochée des turbans de la planche LV, dont l'origine timouride et de la première moitié du xve siècle est certaine, ne laisse pas de doute à cet égard.

Enfin il faut rattacher au xive siècle finissant quelques rares miniatures de petit format et d'une grâce extrême, sur lesquelles les tailles s'allongent pour obtenir un effet d'élégance, comme sur les peintures de Djunéïd Nak-kach (fig. 38).

Les têtes sont fines et expressives et des arbres à longs troncs se détachent sur des fonds dorés. L'or passé et les couleurs de la figure 41 sont d'une harmonie exceptionnellement délicate. Une miniature de cette série, dont le mauvais état ne permet pas la reproduction, offre cette particularité que la même feuille est ornée d'une enluminure d'un style antérieur au xve siècle, avec une inscription où paraît le nom du « prince des poètes et des savants Messire Ahmédi ».

Il existe aussi des œuvres contemporaines de l'école timouride, faussement attribuées à cette dernière, et qui représentent la survivance de l'école mongole au xve siècle.

En effet, les Turcomans n'avaient pas tardé à reconquérir la Perse occidentale, dont ils avaient été dépossédés par l'invasion de Tamerlan, et ce sont même ces princes Turcomans du Mouton Noir et du Mouton Blanc [1] (*Kara Koyounlou* et *Ak Koyounlou*) que l'Occident connaissait sous le nom de Chah de Perse, et dont Venise recherchait l'alliance contre le Grand Turc.

Les Turcomans ont d'ailleurs poussé leurs armes jusqu'à Hérat et un ambassadeur vénitien, Ambrosio Contarini parle en 1474 d'une peinture de la résidence du Chah Ouzoun Hassan, à Ispahan, représentant la décapitation du Sultan Abou Saïd de Hérat. Le fils du Chah, Ougourlou Mohammed, traînait avec une corde le Sultan au lieu du supplice [2] (1468).

Comme conséquence de ce dualisme —— la lignée de Tamerlan régnant sur la Perse orientale — dans la seconde moitié du xve siècle, Tauris, la capitale [3] des Turcomans, a été une rivale de Hérat [4]. Lorsque le poète Binaï, l'adversaire de Mir Ali Chir, se voit obligé de quitter Hérat, c'est à la cour de Yacoub Beg (1479-1490) qu'il se rend [5]. C'est dans la capitale

---

1. Les voyageurs italiens du xve siècle considèrent les Turcomans du Mouton Noir et du Mouton Blanc comme des *partis* et les comparent aux Guelfes et aux Gibelins. *Travels of Venitiens in Persia*. Hakluyt Society, 1873. Josafa BARBARO p. 85 et Caterino ZENO p. 42.

2. *Ibidem*, Ambrosio CONTARINI, p. 131.

3. *Ibidem*, « Dans cette ville (Tauris) a vécu Sultan Hassan Bey et, après lui, Yacoub Sultan, son fils ». *The Travels of a merchant in Persia*, p. 156.

4. Voir p. 37, note 1 et p. 89 pour la production à Tebriz à la fin du xve siècle de deux artistes Khorassaniens : le calligraphe Soultan Ali Mechhedi et le peintre-calligraphe Cheikh Mohammed.

5. Baber, traduction PAVET DE COURTEILLE, *op. cit.*, I, p. 406.

du même souverain que florissaient les trois célèbres calligraphes [1], innovateurs en *nestalik*. Leur graphie *déformée* s'opposait à celle de leur illustre contemporain khorassanien, Soultan Ali Mechhédi, lequel restait fidèle au style classique.

Il n'est pas étonnant, dans ces conditions, que des traditions locales en matière de miniature aient pu se conserver dans la Perse occidentale jusqu'à l'avènement des Séfévis.

C'est à l'école mongole que se rattache l'Histoire du Conquérant du Monde de Djuveïni de 1438, avec une miniature de grande allure, représentant des cavaliers qui attaquent une forteresse [2]. Les coiffures d'une autre page de ce volume ne laissent pas de doute à cet égard.

Le plus remarquable des manuscrits de style mongol du xve siècle est le *Chahnamé*, Livre des Rois, des Derviches Tourneurs (*Mevlévi*) de Galata [3]. Il est au nom de Sultan Ali Mirza « le plus juste des sultans de la terre, le plus vertueux des descendants du Prophète, le Maître de l'Épée et de la Plume, celui qui est victorieux par la réunion de la Science et de l'Action, l'ornement du Sultanat et du Khalifat [4] ».

M. Martin voit dans ce personnage Mirza Ali, qui gouvernait le Ghilan vers la fin du xve siècle. Ces épithètes ne peuvent, de toute évidence, s'appliquer au seigneur de cette province du sud-ouest de la mer Caspienne, pas plus d'ailleurs que les noms ne concordent. Mirza Ali de Ghilan ne porte pas chez les chroniqueurs musulmans le titre de Sultan, mais celui de *Hakim*, qu'on peut traduire par gouverneur ou seigneur ; en outre le titre de Mirza signifie prince lorsqu'il est placé après le nom, or le gouverneur de Ghilan s'appelle Mirza Ali et non Ali Mirza.

Il existe à la fin du xve siècle un Sultan Ali Mirza [5] qui est l'aîné des frères de Chah Ismaïl. La famille des Séfévis, fixée à Ardébil et qui rattachait ses origines à Mahomet, jouait, sous le couvert de la religion, un rôle

---

1. Abd-ur-Rahman Kharesmi et ses deux fils Abd-ul-Rahim Enisi et Abd-ul-Kérim. Huart, *op. cit.*, pp. 257 et 258, traduit ce passage d'après la compilation de Habib Effendi, qui reproduit Aali.

Le Musée de l'Evkaf de Stamboul possède (n° 1562) un manuscrit daté de 1456 au nom du prince du Mouton Noir, Pir Boudak Behadour Khan de Chiraz, calligraphié par Abd-ur-Rahman el-Kharesmi. Un petit manuscrit signé Abd-ur-Rahim el-Kharesmi et daté de Tebriz, capitale, appartient à ma collection.

2. Bibliothèque Nationale, Sup. Pers., 206. Blochet, *Les Enluminures*, pl. XLI.

3. Ce volume est exposé au Musée de l'Evkaf de Stamboul. Volé à la Bibliothèque des Derviches Tourneurs, il a été vendu à un diplomate étranger. Lorsqu'il a été récupéré, un grand nombre de miniatures, que j'estime au minimum à une vingtaine, manquaient, parmi lesquelles, celles qui avaient été publiées. Sept peintures de ce manuscrit sont entrées depuis dans la collection H. Vever.

4. Musée de l'Evkaf, Ms. n° 3079.

5 Munédjim Bachi l'appelle toujours Sultan Ali ou Ali Padichah. Cf. *op. cit.*, vol. II, pp. 166 et 188.

politique bien avant de monter sur le trône de Perse dans la personne de Chah Ismaïl, le plus jeune des frères de Sultan Ali Mirza. Les ambitions politico-religieuses que décèlent les allusions à la Plume et à l'Épée, à la Science et à l'Action, s'expliquent d'elles-mêmes pour Sultan Ali Mirza, chef de la famille de Cheikh Safi.

L'identification de ce personnage situe le manuscrit, suivant toute vraisemblance, dans la région de Tebriz, et en tous cas dans la Perse occidentale, et la date de la seconde moitié du xvᵉ siècle, Sultan Ali Mirza ayant été tué en bataille, près d'Ardébil, en 1493.

L'illustration[1] de ce Livre des Rois, à laquelle différents artistes ont collaboré, frappe par les coiffures mongoles, la grande échelle des figures sur une partie des peintures (fig. 42), et le sens du paysage, que nous avions déjà relevés dans le *Djami-et-Tevarikh* de la Bibliothèque Nationale.

Sur une page d'un sentiment moderne, trois personnages sont endormis dans un jardin envahi par une luxuriante végétation, constellée de fleurs rouges et jaunes (fig. 43).

Sur une autre peinture, deux cavaliers traversent un bois, dont les arbres vert foncé se détachent sur un fond gris-mauve ; un cours d'eau gris-argent court au premier plan. Les personnages sont habillés dans une gamme rouge et la robe d'un des chevaux est noire[2].

Une troisième miniature comporte trois grandes taches de couleur : la mer gris-argent, la terre gris pâle et le ciel bleu. Deux cavaliers et une amazone traversent l'eau.

On rencontre aussi dans ce manuscrit des prés d'une extraordinaire fraîcheur où paissent des chevaux.

Le Nizami Goloubew de 1463 représente également la survivance de l'école mongole au xvᵉ siècle, comme suffisent à l'établir quelques-unes de ses peintures[3].

Celles des miniatures de ces deux manuscrits, qui ne sont pas caractéristiques de l'école mongole, s'expliquent par une évolution sur place et surtout par l'influence de l'école de Hérat. En effet, dans la première moitié du xvᵉ siècle, les Timourides ont maintenu leur domination dans le sud de la Perse occidentale[4], ce qui apparente déjà de façon intime l'art du Fars

---

1. Voir MARTIN, *op. cit.*, pl. 65 et MARTIN, *Oriental Carpets*, fig. 81-83.
2. MARTIN, *op. cit.*, vol. II, pl. 66.
3. W. SCHULZ, *op. cit.*, vol. II, notamment les planches 36 et 37.
4. Cf. LANE POOLE, *op. cit.*, p. 268.

et de sa capitale Chiraz, avec celui de Hérat. Dans la seconde moitié du siècle non seulement Chiraz est englobée dans les possessions turcomanes avec toute la Perse occidentale, mais l'influence de l'école timouride, qui brille de tout son éclat au Khorassan, continue à se faire sentir. La cour de Tebriz attire même des artistes de Hérat, comme le calligraphe Soultan Ali Mechédi [1] et le peintre-calligraphe Cheikh Mohammed [2].

1. Cela résulte de pièces calligraphiques très nombreuses, signées par Soultan Ali avec l'épithète *Yacoubi*; il emploie plus rarement le surnom de *Rustemi*, et quelquefois le nom d'origine de *Tebrizi*. Ce calligraphe a donc été attaché à la cour de Yacoub Beg (1479-1490) et à celle de Rustem (1491-1496) des Turcomans du Mouton Blanc, et s'est, en conséquence, fixé à Tebriz pour un certain temps. Il date de 1477 une pièce signée de Tebriz, et de 1482, une autre sur laquelle il prend l'épithète de *Tebrizi*.

Le recueil du Vieux-Sérail (n° 37084) dans lequel figurent ces œuvres de Soultan Ali, ainsi que des vers signés par d'autres calligraphes, tels Cheikh Mohammed et Abd-ur-Rahim, qui s'intitulent également *Yacoubi,* est celui que je désigne sous le nom d'Album de Yacoub Beg.

2. Voir p. 89.

CHAPITRE V

DÉVELOPPEMENT HISTORIQUE
DE L'ÉCOLE DE HÉRAT AU XVe SIÈCLE

L'école timouride proprement dite, qui a fleuri sous les descendants de Tamerlan, embrasse le xve siècle jusqu'à la fin du règne de Husséïn Baïcara, et se localise dans le Khorassan, province persane située en deçà de l'Oxus, dont Hérat était la capitale, et Merv, Belkh, Mechhed et Nichapour les villes principales. Hérat et le Khorassan représentent, pour l'art du livre, le *quattrocento* persan. On peut s'en convaincre grâce aux nombreux manuscrits qui nous sont parvenus datés de Hérat, ou attribuables de façon certaine au Khorassan à raison, soit du calligraphe qui les a copiés, soit du souverain pour lequel ils ont été exécutés[1].

Il est vrai que c'est en Transoxiane, c'est-à-dire en pays turco-tatare, que se lève l'étoile de Tamerlan, et qu'il fait, dès 1370, sa capitale de Samarkand, ville située au delà de l'Oxus, frontière naturelle qui, à l'époque sassanide comme sous les Séfévis, sépare l'Iran et le Touran. Mais Tamerlan appartient au xive siècle, et son fils et successeur Chah-Rokh, qui était gouverneur du Khorassan à la mort de son père, établit sa capitale à Hérat, dès les premières années du xve siècle, pour toute la durée de la dynastie. Il est probable, d'ailleurs, que l'attachement à l'orthodoxie musulmane et le piétisme étroit[2] du fondateur de la dynastie des Timourides, ne devaient pas favoriser la représentation des êtres animés, défendue par la religion musul-

---

1. Chargé, à la fin de 1917, du classement des manuscrits du Musée de l'Evkaf de Stamboul, autres que les corans, j'ai pu exposer, dans les vitrines réservées à l'école de Hérat, une douzaine de volumes du xve siècle, soit pour leurs miniatures ou enluminures, soit pour leurs reliures.

2. A la prise de Bagdad en 1393, Tamerlan faisait répandre tout le vin existant dans la ville et briser les récipients qui contenaient la liqueur prohibée. MUNÉDJIM BACHI, *op. cit.*, vol. III, p. 45. L. Cahun fait de Tamerlan un gentilhomme, un marquis, et le nourrit de romans de chevalerie, quand celui-ci ne parle dans ses mémoires que de la lecture de livres de piété. Par contre l'épithète de *maître du Livre,* soit du Coran, qu'il lui donne, résulte d'une traduction erronée de l'expression *sahib kran,* qui signifie *maître des conjonctions stellaires,* c'est-à-dire du destin. M. Cahun est d'ailleurs un guide captieux et ce n'est pas seulement le caractère et le type de Tamerlan qui sont déformés dans son travail. Il aboutit à un travestissement complet de la société musulmane, sans compter que la littérature et l'art persans du xve siècle, sont passés à l'actif des Turks et du Turkestan. Cf. *Introduction à l'Histoire de l'Asie, Turcs et Mongols des Origines à 1405.* Livre V.

mane. Nous savons toutefois pertinemment, par le témoignage de Baber[1], que l'expédition de Tamerlan aux Indes — laquelle se place dans les dernières années du xive siècle — avait été représentée en peinture dans un grand kiosque qu'il avait fait élever au Bagh-i-Dil-Kucha, jardin aux environs de Samarkand[2]. Mais ce fait qu'aucun livre à miniatures du xve siècle, exécuté à Samarkand ou à Boukhara, ne nous est parvenu, confirme que c'est bien la province persane du Khorassan qui est le berceau de la miniature timouride et non le Turkestan. Le manuscrit des Tables Astronomiques d'Abd-ur-Rahman el-Soufi[3], au nom d'Oulough Beg, paraît, suivant toute vraisemblance, avoir été exécuté à Samarkand. Mais ses figures au trait, légèrement teintées en bleu, rose, vert et gris, dans une manière très chinoise, représentant les constellations, constituent à peine une exception.

Oulough Beg s'identifie avec la Transoxiane dont il a été gouverneur pendant près de quarante ans, tandis qu'il a eu un règne agité et éphémère comme successeur de Chah-Rokh. Ses encouragements aux études astronomiques données à Samarkand, où était son célèbre observatoire, ne semblent guère laisser de doute sur l'origine transoxianienne de ce volume.

L'organisation politique de l'empire de Timour favorisait la multiplication des centres artistiques. Tandis qu'un Mirza, ou prince du sang, régnait dans la capitale de l'empire, simultanément d'autres Mirzas gouvernaient, sous sa suzeraineté, de grandes provinces qui étaient de véritables États, et tenaient des cours. Ces gouvernements étaient même héréditaires comme la couronne impériale.

Ainsi, pendant le règne glorieux de Chah-Rokh, premier successeur de Tamerlan, qui embrasse de 1405 à 1447 presque toute la première moitié du xve siècle, Oulough Beg gouverne la Transoxiane, avec Samarkand comme capitale, de 1409 à 1446[4]. Baïsounkour Mirza, le fils préféré de Chah-Rokh et de son épouse, est lieutenant impérial à Hérat même, jusqu'à

1. *Mémoires de Baber, op. cit.,* t. I, p. 98-99.

2. Cette tradition des peintures murales se conserve chez les Timourides, Sultan Abou Saïd Mirza (1452-1467) avait fait faire à Hérat, au Palais de la Joie, des peintures représentant ses combats et ses faits d'armes (*Mémoires de Baber,* t. I, p. 429-430) et Baber lui-même avait élevé à Kaboul, à la porte du Jardin des Platanes, une Salle des Peintures (*Ibid.,* t. II, p. 88).

3. Fonds Arabe n° 5036. Voir Blochet, *Peintures de Manuscrits arabes, persans et turcs,* pl. 11 ; Blochet, *Les Peintures,* pl. XXX et XXXIII, et *Les Enluminures,* pl. XXXVIII à XL. G. Migeon, *Manuel d'Art musulman,*1927, t. I, fig. 29.

4. Munédjim Bachi, *op. cit.,* vol. III, pp. 59 et 61.

sa mort survenue en 1433, et le valeureux Ibrahim Sultan gouverne Chiraz et la province de Fars de 1414 à 1434-35[1].

Un des plus anciens et des plus beaux manuscrits timourides est représenté par l'Anthologie de 1410 au nom d'Iskender Sultan, passée de la bibliothèque Yates Thompson[2] dans la collection Gulbenkian. Iskender, fils de Chah-Rokh, a occupé le trône de Chiraz[3], aussi est-ce dans cette ville que ce monument de l'art timouride a dû être exécuté[4]. Iskender Sultan qui s'était révolté contre son père, est tombé prisonnier, et a été aveuglé par son frère en 1412.

L'influence de l'école mongole qui apparaît nettement sur plus d'une de ses miniatures — par exemple sur Khosrev combattant le lion, et la cour de Khosrev (fig. 44 et 45) — corrobore les origines occidentales du volume. Une autre considération est déterminante : on retrouve le calligraphe de ce manuscrit, *Mahmoud bin Murtéza* el Husseïni, en 1429 à Chiraz, au service d'Ibrahim Sultan, pour lequel il a copié un manuscrit où il prend le titre d'*es-sultani*[5].

Les pleines pages enluminées du début et la décoration générale du manuscrit réalisent déjà les caractéristiques de l'enluminure timouride du xve siècle[6]. Le décor animal, les fleurs naturalistes, se retrouvent sur ces pages quelquefois ornées de manières de cachets carrés ou en cercle, à inscriptions coufiques rectilignes[7].

La lutte de Khosrev contre le lion, sous les yeux de Chirine, de beaucoup de caractère, est, dans l'état actuel de nos connaissances, le prototype de ce sujet (fig. 44). La princesse arménienne, placée au second plan, admire le courage du chosroés. Une tente à décor de branchages et d'animaux sert de fond, avec

---

1. Quoique d'après S. Lane-Poole, Ibrahim Sultan ait été gouverneur du *Loristan*, Aali (*op. cit.*, p. 26) dit expressément qu'il fut titulaire du sultanat de Fars à partir de 1413-14 ; ce que confirment des œuvres qui nous sont parvenues, comme la pièce calligraphique de 1420, signée par ce prince et datée de Chiraz (v. p. 45), et un manuscrit, également de Chiraz, de 1429, copié par le calligraphe Mahmoud bin Murteza et sur lequel les titres de sultan et même de calife sont donnés à ce prince.

2. Voir *Illustrations from one hundred Manuscripts in the Library of Henry Yates Thompson*, Londres, 1912, vol. ***.

3. Munedjim Bachi, *op. cit.*, vol. III, p. 70.

4. La ville de Samarkand, à laquelle M. Yates Thompson attribue ce manuscrit (H. Yates Tompson, *op. cit.*, p. 9), aurait dû être écarté absolument, même si le volume ne portait pas le nom d'un prince timouride de Perse.

5. Bibliothèque Milli de Stamboul, fonds Feïzoullah Effendi, n° 489.

6. H. Yates Tompson, *op. cit.*, notamment les pleines pages reproduites à la pl. XXIX et les décorations des pl. XXII et XXIII.

7. *Ibidem*, pl. XXIX. Ces cachets rappellent des marques carrées de porcelaine chinoise, à caractères archaïques.

un platane et des arbres en fleurs, à cette belle peinture dont les personnages, comparés aux compositions postérieures, sont en petit nombre. L'élan du lion, soulevé sur ses pattes de derrière, est arrêté par l'effort de Khosrev.

Adam et Ève (fig. 46) sont placés dans un paysage à rochers spongieux, leur nudité étant couverte au-dessous de la ceinture par des feuilles en deux verts. Le type d'Adam, qui porte la barbe, est très aryen. Tous deux ont des nimbes d'or vert, en forme de poire.

A la différence des peintures qui précèdent, la bataille des partisans de Medjnoun et de Leïla, et la partie de polo (fig. 47 et 48) sont d'un caractère timouride plus accusé. Le premier sujet est traité de façon identique, à la disposition des chameaux près, dans un petit volume de 1411, par conséquent de même date, du Bristish Museum[1] (fig. 82). Medjnoun assiste au combat du haut de la colline, appuyé contre le tronc d'un arbre et les bras croisés. La similitude s'étend d'ailleurs également à la graphie et à la décoration des deux manuscrits.

Dans les miniatures du manuscrit Gulbenkian, comme dans celles du Bristish Museum, les visages ont une expression fine avec des yeux étroits et le regard en coulisse.

Sous Chah-Rokh se place le *Miradjnamé* de la Bibliothèque Nationale, récit de l'ascension du Prophète, écrit en turk et en caractères ouïghours à Hérat en 1436[2]. Il est d'une extraordinaire richesse de coloris, quoiqu'une certaine monotonie résulte de la présence sur toutes ses peintures[3] du Prophète, monté sur la jument *Bourak*, à tête de femme, et guidé par l'ange Gabriel[4].

L'aile de l'ange Gabriel, dans la scène où il annonce à Mahomet son ascension (fol. 3 v.), est peinte en sept couleurs, dont deux verts, du lilas clair, du jaune, du cramoisi et du bleu. J'ai été frappé à la Pinacothèque de Munich de la similitude que présentent des ailes d'anges de Rembrandt avec celles du manuscrit de Hérat[5].

1. Add. 27261.

2. Sup. Turc, 190.

3. BLOCHET, *Les Peintures*, pl. XXI-XXIX; *Les Enluminures*, pl. XXXIV-XXXVI; *Peintures des Manuscrits arabes*, etc., pl. 12-14.

4. Ce manuscrit a été acheté à Constantinople par Antoine Galland, le premier traducteur des *Mille et une Nuits*, pour vingt-cinq piastres, soit à peine soixante-quinze francs de l'époque. Cf. *Journal d'Antoine Galland pendant son séjour à Constantinople* (1672-1673), publié par Ch. Schefer, Paris, 1881, pp. 29, 44 et 105.

5. On sait que le British Museum et le Louvre possèdent des copies à la plume par Rembrandt, dont quelques-unes rehaussées, d'après des miniatures indo-persanes. Cf. Fried. SARRE, *Rembrants Zeichnungen nach Indisch-Islamischen Miniaturen*, Berlin, 1904. Il ne serait pas impossible que Rembrandt ait également connu d'anciennes miniatures persanes dont il aurait transporté le coloris sur quelques-unes de ses toiles.

Une miniature (fol. 19 v.) offre quatre verts différents : vert clair, vert-bleu, vert-cyprès et vert jeune pousse ; mais la richesse de la palette timouride s'affirme d'une façon exceptionnelle dans une scène (fol. 42 r.) qui représente Mahomet serrant la main d'un archange et où l'on voit des rideaux violet, cramoisi, or, bleu-indigo, jaune-canari et vert feuille, qui s'harmonisent dans une gamme puissante.

Sur une page, reproduite figure 53, Mahomet et l'ange Gabriel se tiennent devant le bassin de Kevther. Quatre couleurs dominent dans cette peinture : le gris de l'eau, presque noir par l'oxydation de l'argent, le bleu et l'or des coupoles et des panneaux, et le cramoisi des rideaux.

Le peintre anonyme du *Miradjnamé* a obtenu un effet paradisiaque dans la représentation d'un jardin de houris[1]. Un arbre or à fleurs blanches relevées de pourpre, se profile sur un fond bleu clair à semi, et un ruisseau d'argent ondule au premier plan. Les houris ont des coiffures faites de feuilles, ou des oiseaux posés sur la tête. L'ange Gabriel, et Mahomet sur la jument *Bourak*, traversent dans les airs le jardin fleuri[2]. Je donne une composition analogue dont l'état de conservation est meilleure (fig. 49).

La Bibliothèque du Vieux-Sérail possède un manuscrit des œuvres du poète Khorassanien Attar, au nom de Chah-Rokh, daté de 1438. Quoique ce volume ne soit pas illustré, son extraordinaire reliure en fait un monument de l'art graphique timouride sous Chah-Rokh. Le plat droit est orné d'un paysage peuplé d'animaux empruntés à la nature, comme cerfs, singes, canards sauvages ; ou à la fable chinoise, tels que dragons et *kilins* (fig. 50). A l'intérieur, le médaillon central, en cuir brun foncé découpé sur fond gros bleu, représente deux *kilins* séparés par un arbre. Le rabat (fig. 54 et 55), avec des lions fantastiques chinois à l'extérieur, une lionne de style réaliste et une frise de singes à l'intérieur, est peut-être plus merveilleux encore que le plat droit.

Baïsounkour Mirza, lieutenant de Chah-Rokh à Hérat, a exercé une influence prépondérante sur l'art du livre. Né en 1397, il devait mourir à la fin de 1433[3]. Ce prince qui, d'après les chroniques, s'adonnait à la boisson et vivait dans une perpétuelle griserie[4], avait réuni au service de sa *bibliothèque* quarante artistes : calligraphes, peintres, enlumineurs et

---

1. Folio 49 recto.

2. Il est intéressant de comparer à l'illustration du *Miradjnamé*, l'ascension du Nizami de Chah Tahmast (fig. 153), postérieure seulement d'un siècle, et si différente des compositions de Hérat. Le gros bleu et l'azur triomphent sur cette page séfévie.

3. *Extraits de la Chronique persane d'Hérat,* par BARBIER DE MEYNARD, Journal Asiatique, 1862, p. 273.

4. MUNÉDJIM BACHI, *op. cit.,* vol. III, p. 67.

relieurs. Il faut entendre par *kitabkhané*, maison du livre, le lieu où il se confectionnait plutôt que celui où il était conservé, l'atelier du livre plutôt que la bibliothèque. Les manuscrits au nom des souverains musulmans portent, presque sans exception, la formule « Pour le Trésor de... ».

Des épithètes hyperboliques décernées par Aali à la bibliothèque de Baïsounkour, je ne retiendrai que celles de « galerie d'images » et d'«école renommée[1] ». Calligraphe lui-même[2], et passionné pour les arts du livre, il comblait de places et d'honneurs ceux qui excellaient dans leur art, et il assurait leur indépendance. Aali exagère d'une façon manifeste lorsqu'il fait remonter à cette époque, non seulement la vogue de la calligraphie *nestalik*[3], des marges sablées d'or, et des pages enchâssées dans des marges rapportées, mais aussi celle des figures et de l'enluminure. Ce qui est exact, c'est que les arts du livre prennent sous les auspices de Baïsounkour Mirza un nouvel essor dans le premier tiers du XVᵉ siècle, à Hérat. C'est, sans contredit, dans cette ville, si ce n'est sous le gouvernement de Baïsounkour que le style *nestalik* revêt un caractère réellement artistique et atteint sa perfection ; que le procédé du *zérefchan*, c'est-à-dire des feuilles ou des marges sablées de flocons d'or, apparaît, et que, grâce à la technique des marges rapportées, appelée *vassali*, des effets délicieux de polychromie sont obtenus, les marges de chaque page de texte pouvant être d'une couleur différente.

Un volume à miniatures du Musée de l'Evkaf de Stamboul[4], daté de 1431, est au nom de ce prince et conserve sa reliure originale. Ses illustrations sont du plus haut intérêt. L'une représente, devant une caravane arrêtée, une femme nue, à longue chevelure déployée, se détachant sur un fond de rochers spongieux (fig. 56) ; une autre montre un cavalier traînant un prisonnier avec une corde au cou (fig. 52). On remarque dans ces miniatures, à côté d'une grande finesse d'exécution et d'une échelle très réduite des figures — lesquelles sont des caractéristiques de l'école timouride du XVᵉ siècle, opposée à l'école mongole du siècle précédent — la technique

1. Aali, *op. cit.*, p. 28 et Munédjim Bachi, *op. cit.*, vol. III, p. 66.

2. Sa qualité de peintre, malgré un passage d'Aali (*op. cit.*, p. 67), ne me paraît pas certaine, surtout qu'il existe un autre Baïsounkour Mirza, frère aîné de Hosséïn Baïcara, qui était calligraphe et peintre, au témoignage de Baber. *Op. cit.*, I, p. 148.

3. Ce style de calligraphie proprement persan, inventé à Tebriz, vers la fin du XIVᵉ siècle, par Mir Ali l'Ancien, se caractérise par l'opposition des pleins et des déliés.

4. Nº 1454. C'est un exemplaire du *Tchehar Mékalé* d'Arouzi-i-Samerkandi, composé au XIIᵉ siècle et qui constitue une source précieuse pour l'histoire de la littérature persane. L'auteur était attaché à Ala-ed-Din Hosséïn des Afghans de Ghor, auquel l'incendie et la destruction de Ghazna a valu le surnom de *Djihan Souz*, l'incendiaire du monde.

d'origine chinoise[1] du pointillé sur les contours des collines[2], une verdure très claire tirant sur le jaune (fig. 57), des tapis avec bordures à nœuds dérivés des lettres coufiques stylisées, autant de traits distinctifs du xve siècle, surtout par rapport au siècle suivant. Une bouteille bleu et blanc, décorée d'un dragon, rappelle la Chine pour le cas où l'on serait tenté de l'oublier.

Le recueil du Vieux-Sérail formé pour Baïsounkour Mirza[3] renferme deux spécimens de l'écriture de ce prince, dans un grand *sulus*[4] de beaucoup de caractère, signé « Baïsounghour fils de Chah-Rokh, fils d'*Emir Timour Ghurghan* », c'est à-dire de Tamerlan, ainsi qu'un certain nombre de pièces calligraphiques à ses noms et titres ou dont les auteurs font suivre leur signature de l'épithète de *Baïsounghouri*, le Baïsounkourien, tel Djafer qui était le directeur de sa bibliothèque. Il s'agit là de calligraphes plus spécialement attachés à sa personne et qui entretenaient avec lui des rapports de client à patron. Une page qui conserve le souvenir d'un concours de calligraphie, n'est pas la pièce la moins curieuse de ce recueil.

Un jour Baïsounkour a demandé au calligraphe Ahmed Roumi[5] de transcrire une ligne en *sulus* ; au-dessous il a tracé les mêmes mots et invité quatorze autres calligraphes à en faire autant. A partir de ce moment, la compétition avec le Mirza devenant manifeste, on sent que ces artistes, qui étaient doublés de courtisans, se sont efforcés à rester au-dessous d'eux-mêmes, pour ne pas surpasser leur maître et seigneur. Chacun a apposé sa signature en regard de la ligne qu'il avait écrite. Immédiatement après Baïsounkour vient Mohammed el-Khayam[6], qui était en même temps dessinateur et miniaturiste, et dont ce recueil renferme un certain nombre d'œuvres authentiquement signées. Djafer est naturellement aussi au nombre des concurrents.

Pendant que Baïsounkour Mirza était lieutenant impérial à Hérat même, son frère, le valeureux Ibrahim Sultan, gouvernait, après Iskender Sultan, la province de Fars et sa capitale Chiraz[7], un des grands centres artistiques

1. On peut voir ces contours pointillés sur un paysage de Kin-Yan, peintre de la seconde moitié du xe siècle. *La Peinture Chinoise au Musée Guimet*, par Tchang Yi-Tchou et J. Hackin, n°7 du catalogue, 1910.

2. Dans la miniature timouride ce pointillé figure aussi sur les peintures du Ms. de 1410 au nom d'Iskender Sultan.

3. Voir p. 27, note 4.

4. Une pièce calligraphique en *nestalik*, signée par Baïsounkour, figure dans le *mourakka* de Behram Mirza.

5. Aali dit qu'Ahmed Roumi était connu comme calligraphe en titre de Baïsounkour Mirza. *Op. cit.*, p. 24.

6. Voir pp. 60 et 61.

7. Voir p. 40, note 1. J. Barbaro, ambassadeur de la Seigneurie de Venise auprès de Hassan Bey (Ouzoun Hassan), dit que la ville de Chiraz a une population innombrable et qu'elle est pleine de marchands, étant sur la route de Hérat et de Samarcand ; qu'elle contient deux cent mille maisons ou plus et que la sécurité y est assurée. Barbaro ajoute que Hérat, quoique très grande, n'égale pas le tiers de Chiraz. Cette description se place entre 1574 et 1578. Hakluyt Society, *Travels to Tana and Persia*, Londres, 1873, p. 74.

de la Perse. Tous ces princes avaient non seulement le goût des œuvres d'art, mais mettaient la main à la pâte. L'album de Baïsounkour renferme une belle page calligraphique signée avec force expressions d'humilité par « Ibrahim Sultan [1], fils de Chah-Rokh, fils de Timour Ghurghan », datée de l'année 1420 et de Persopolis [2], Fars, c'est-à-dire de Chiraz.

Si l'art du livre de Chiraz [3] — cité évocatrice, entre toutes, de la Perse occidentale — affirme son originalité et s'oppose à celui du Khorassan dans la seconde moitié du xvᵉ siècle ; il n'en est pas de même sous la domination timouride, c'est-à-dire dans la première moitié du siècle, où cet art ne se distingue que par des nuances de celui de Hérat [4].

L'ambition des princes de la famille de Timour engendra des luttes intestines pour la couronne et leurs règnes furent généralement de courte durée ; aussi dans la seconde moitié du xvᵉ siècle, ne m'occuperai-je que de Hosséïn Baïcara, en fait le dernier souverain timouride du Khorassan, son fils, Bédi-ez-Zéman [5], n'ayant fait que passer sur le trône de Hérat.

Il faut distinguer deux périodes dans la vie de ce prince. La première est celle de *candidat à un trône*. C'est une vie de privations, à la tête d'une bande de partisans, dans les déserts de Khiva et de Kiptchak, à l'affût d'un coup. Elle se prolonge pendant une douzaine d'années de 1457 à 1470, avec quelques brèves interruptions, comme la première conquête de Hérat en 1468, qui ne dure qu'une année. Suivant l'expression pittoresque des chroniqueurs, c'est la vie de « cosaque », *d'aventurier* [6], que son ancêtre Tamerlan avait aussi connue. Par contre de 1470 à 1506, on

1. Aali rapporte (*op. cit.*, p. 26) l'anecdote suivante au sujet d'Ibrahim Sultan. Après avoir copié une pièce calligraphique de Yakout Moustasami, il l'aurait signée du nom de l'illustre calligraphe et envoyée au Bazar. Personne n'ayant douté de l'authenticité de l'écriture, elle aurait été estimée son poids de pierres précieuses et vendue en conséquence.

2. *Istakhr* en persan. Les ruines de Persopolis sont à proximité de Chiraz, qui est la capitale de la province de Fars, l'ancienne Perside.

3. J'ai pu consacrer à Chiraz une vitrine du Musée de l'Evkaf, laquelle réunit une douzaine de volumes, principalement du xvᵉ siècle, exposés pour l'enluminure, la miniature ou la reliure.

4. Voir pour sa reliure et ses enluminures le Ms. daté de 1429, Chiraz, au nom d'Ibrahim Sultan, de la Bibliothèque Milli de Stamboul (Fonds Feïzoullah Effendi, nᵒ 489); et au Musée de l'Evkaf, le *Mesnévi* de Chiraz daté de 1435, nᵒ 3282, dont la reliure est à phénix et dragons. Les deux pages d'enluminure d'un manuscrit de 1456 (Musée de l'Evkaf nᵒ 1562) à encadrements à *fond noir*, coupé de fonds d'or, au nom du prince Pir Boudak (Aboul Feth Pir Boudak Béhadour Khan) des Turcomans du Mouton Noir, par conséquent de Chiraz, sont très intéressantes à ce point de vue. C'est Abd-ur-Rahim el-Kharezmi qui est le calligraphe de ce volume.

5. Bédi-ez-Zéman Mirza exerçait le pouvoir souverain en commun avec son frère Mouzaffer Mirza. Baber, *op. cit.*, I, 388.

6. Pavet de Courteille, *Dictionnaire Turk oriental*, Paris, 1870.

assiste au règne ininterrompu d'un grand souverain qui relève les villes, améliore le sort de ses sujets, protège les savants et les artistes. Il est secondé par une figure exceptionnelle dans la société musulmane, l'émir-poète Ali Chir Névaï[1]. Les réunions de sa cour, où le vin coulait à flots, sont restées légendaires en Orient, et le plus grand éloge qu'on puisse faire d'une fête, consiste à la comparer à celles de Hosséin Baïcara[2].

Il est mort à la tête de son armée, en marche contre Cheïbani Khan, au printemps 1506. Il a été enseveli dans la ville de Hérat[3], sa capitale, où il était né, qu'il avait embellie pendant son long règne et à laquelle son nom reste indissolublement lié[4].

Nous devons au Grand Mogol Baber, contemporain de Hosséin Baïcara et lui-même descendant de Tamerlan, de pouvoir préciser sa physionomie physique et morale[5].

Baïcara est le nom du grand-père de Sultan Hosséin, mais les chroniqueurs l'appliquent à ce dernier comme nom patronymique. Baber l'appelle toujours Sultan Hosséin Mirza, le titre de *Mirza*, prince en persan, étant pris par tous les membres de la famille de Timour.

« Sultan Hucein-Mirza était un homme aux yeux étroits, à la stature de lion. Au-dessous des reins ses membres étaient grêles. Quoique avancé en âge et ayant la barbe blanche, il portait des vêtements de soie de couleur voyante, rouge et verte. Il se coiffait d'un bonnet d'agneau noir ou bien d'un *kalpak*. Parfois, les jours de fête, il se rendait à la prière, ayant un petit turban à trois plis, tout lâche et roulé négligemment, dans lequel était plantée une plume de *karkara* (sorte de grue).

« Par suite d'une douleur qu'il ressentait dans les jointures, il ne pouvait pas faire la prière. Il n'observait pas non plus le jeûne. »

« Pendant six ou sept ans à partir de son avènement au trône, il marcha dans les voies de la pénitence; ensuite il s'adonna à la boisson[6]. Durant près de quarante années qu'il fut pâdichah dans le Khoraçan, il ne se

1. Voir pp. 62-64.

2. Cette comparaison revient constamment sous la plume d'Évlia Tchélébi, voyageur turc du XVIIᵉ siècle.

3. BABER, *op. cit.*, vol. I, pp. 364 et 405.

4. A telle enseigne que Tavernier donne la ville de Hérat comme bâtie par Hosséin Mirza. *Les six voyages de M. J. B. Tavernier en Turquie, en Perse et aux Indes*, Paris, MDCCXXIII, t. I, p. 491.

5. BABER, *op. cit.*, pp. 366 et 367.

6. Voir ARMÉNAG BEY SAKISIAN, *A propos d'une coupe à vin en agate au nom du Sultan Timouride Hosséin Baïcara*. Syria, 1925, fasc. 3. Deux très beaux portraits de l'école de Hérat et de la seconde moitié du XVᵉ siècle, représentent des personnages tenant des coupes semblables à celle de Hosséin Baïcara. Fig. 61 et MARTEAU et VEVER, *op. cit.*, pl. CXLIII.

passa pas de jour qu'il ne bût après la prière de midi; mais jamais il ne touchait au vin dans la matinée. Suivant son exemple, ses enfants, ses soldats et les habitants des villes s'abandonnaient sans contrainte au plaisir et à la débauche. Brave et plein de cœur, il paya souvent de sa personne, le sabre à la main, ou plutôt il n'y avait pas de combat où il ne s'escrimât avec beaucoup de valeur. De tous les descendants de Timour Beg il n'y en a jamais eu un qui maniât le sabre comme Sultan Huceïn Mirza. Ce prince avait des dispositions pour la poésie : il avait même composé un *divan* où il se servait de la langue turque sous le pseudonyme de *Haçan*[1]. »

Deux portraits de Husséïn Baïcara, dont l'un en « cosaque » et l'autre en souverain du Khorassan, nous sont heureusement parvenus. Le premier, qui le représente, à cheval, est une des rares œuvres de Behzad, authentiquement signées (fig. 58), et doit se placer vers 1468. Le second, sur lequel Husséïn Baïcara respire la noblesse, l'élégance et le raffinement, et qu'on peut dater de 1485 environ[2], est un chef-d'œuvre du portrait en Perse, à la fin du XVe siècle (fig. 59). Ce n'est toutefois qu'une ébauche, comme l'indique le fond du dessin teinté en vert d'eau. Quelques taches d'or ont été aussi placées sur la ceinture et le poignard, et un peu de rouge sur les arabesques du collet. Tous les deux sont donnés comme représentant Sultan Husséïn Mirza, par des inscriptions auxquelles il faut faire crédit. On se rend facilement compte d'ailleurs que le personnage est le même, quoiqu'il soit imberbe à cheval. Il faut remarquer, en outre, la concordance des deux dessins, tant celui du prétendant que du sultan, avec le portrait que trace Baber de ce prince. L'effigie du souverain timouride, qui appartient à M. L. Cartier, représente la plus haute expression de l'art du quattrocento persan, et il n'est que juste qu'elle perpétue les traits de son plus généreux protecteur.

Une princesse à couronne et diadème, tenant délicatement des fleurs d'une main (fig. 60), au sujet de laquelle on a parlé avec raison d'élégance florentine, se rattache certainement au portrait de Sultan Husséïn[3].

L'album de Chah Tahmasp, à la Bibliothèque de Yildiz, conserve le portrait inachevé, en bleu et vert, d'un fils de Husséïn Baïcara, Chah Gharib Mirza, qui s'est consacré à la poésie (fig. 62). Baber écrit : « Chah Garib

---

1. C'est une erreur de lecture, il faut *Husséïni*.

2. Sultan Husséïn Mirza est mort en 1506, âgé de soixante-huit ans. MUNÉDJIM BACHI, *op. cit.*, vol. III, p. 73. Confirmation dans BABER, *op. cit.*, vol. I, p. 364.

3. L'album de 1543-44 du frère de Chah Tahmasp, Aboul-Feth Behram Mirza, renferme une copie faite par ce dernier du portrait de cette princesse en robe minium à grandes fleurs de lotus, et en souliers noirs. Il signe « a figuré Behram el-Husséïni ». Si Behram Mirza s'est essayé dans la miniature, on ne peut pas dire qu'il y ait réussi.

Mirza, qui était contrefait, ne payait pas de mine, mais n'en était pas moins bien doué. Si son corps était impotent, sa parole était pleine de force. *Garib* était son surnom poétique. Il avait composé un *divan* où se trouvaient des vers turks et des vers persans...[1] ».

A défaut de manuscrits à miniatures au nom de Sultan Husséïn Mirza, je citerai un *Mesnévi*[2] copié pour lui et daté de Hérat 1482, dont la reliure mérite d'être rapprochée de celle de 1438 au nom de Chah-Rokh (fig. 50). Le revers du plat droit représente, en cuir découpé brun rouge sur fond bleu sombre, tout un paysage animé de singes, de biches et de renards, avec une frise d'encadrement à vol de canards (fig. 63). A l'intérieur du rabat s'étale, découpé dans le cuir, sur des rinceaux de fleurs, un dragon chinois. On ne sait ce qu'il faut admirer le plus : le bon goût dans la richesse, la souplesse et la fantaisie dans le dessin, ou le fini dans l'exécution?

La Bibliothèque Nationale conserve bien les œuvres poétiques de ce Sultan[3] datées de Hérat 1485, en un volume à son propre nom, dont la forme protocolaire est Sultan Husséïn Behadour Khan, comme dans le manuscrit précédent du Musée de l'Evkaf; mais les miniatures[4] de ce divan sont l'œuvre d'un ouvrier possédant le style de l'époque et non celle d'un artiste. Aussi est-ce faire injure à Behzad que d'y voir des productions de son pinceau. Ce divan est, par contre, tout à fait remarquable par ses enluminures marginales sur fond de couleur, dont les motifs ont déjà atteint un complet épanouissement et qui, en très petit et très fin, réalisent les marges de l'époque de Chah Tahmasp le Séfévi[5].

Les conclusions sur la place de l'école Timouride dans la peinture persane, exposées plus haut, vont à l'encontre des idées qu'a émises M. E. Blochet sur ce qu'il appelle l'école du Turkestan[6].

Je transcris les passages les plus saillants de sa thèse : « Il est incontestable qu'il y eut dans le Turkestan, dès une époque ancienne, des écoles de

1. BABER, *op. cit.,* t. I, p. 371.
2. Musée de l'Evkaf de Stamboul, n° 1537.
3. Sup. Turc, n° 993.
4. BLOCHET, *Les Peintures,* pl. XXXIV; *Les Enluminures,* pl. XLIV et XLV.
5. On peut s'en faire une idée, quoique incomplète, par les planches XLIV et XLV visées dans la note précédente. Les reproductions y sont malheureusement émargées.
6. Si M. Blochet a, depuis, totalement répudié la théorie du Turkestan (v. p. 50, note 1), plus d'un auteur semble ignorer ce revirement, ou maintenir la première manière de voir de M. Blochet (E. KUHNEL., *La Miniature en Orient,* la rubrique des planches 23 à 47 et les légendes des planches 28-32, 46 et 47; G. MIGEON, *Manuel d'Art Musulman,* t. I, 1927, notamment le titre du paragraphe VII du chapitre I, et les pages 136, 138 et 139). La réfutation de cette théorie conserve donc son actualité.

miniaturistes qui atteignirent presque à la perfection de leur art et dont les élèves se répandirent dans toute la Perse. »... « Il y eut certainement dans le Turkestan une vie artistique d'une intensité telle qu'on s'en fait difficilement une idée; elle atteignit son apogée le jour où tous les pays du Touran furent réunis sous le sceptre des Timourides ».... « les artistes vivant dans les écoles du Turkestan étaient soit des Chinois, soit des Turks ou même des Iraniens qui étaient allés étudier les procédés de la peinture en Chine. »... « les mosquées élevées à Ispahan et à Ardebil par les Safévis, ne diffèrent pas sensiblement de celles qui furent bâties dans la Transoxiane par Timour et ses successeurs; quant aux peintres, on sait par l'auteur de la chronique, ou plutôt du panégyrique, de Schah Abbas I, le Tarikh-i-Alem Araï Abbassi, que la plupart d'entre eux venaient du Turkestan, très probablement de ces écoles de Samarkand et de Boukhara qui avaient été si florissantes sous les Timourides [1] ».

Dans son ouvrage sur la miniature persane, paru en 1912, M. Martin semble avoir la même conception que M. Blochet de l'école timouride, Samarkand et Boukhara étant considérés par lui comme « les sources premières de la peinture persane [2] ».

Je crois avoir établi que l'école timouride se place à Hérat, dans le Khorassan, c'est-à-dire en pays persan, et non au Turkestan. A la question de savoir d'où venaient ces artistes, le phénomène des migrations artistiques, aux changements de dynasties et de capitales, fournit *a priori* une réponse. Ces artistes devaient être originaires de la Perse occidentale où se placent les capitales des Mongols. Effectivement Aali nous apprend que le directeur de la bibliothèque de Baïsounkour est le calligraphe Djafer de *Tebriz*, élève du fils de Mir Ali de *Tebriz*, l'inventeur de l'écriture *nestalik*, et que la plupart des autres calligraphes de la bibliothèque ont également eu pour maître Mir Ali de Tebriz ou les élèves de ce dernier [3].

Pour apprécier à sa juste valeur cette migration de calligraphes, sans compter les liens existant entre peintres et scribes qui sont des collaborateurs, il ne faut pas perdre de vue qu'en Perse, comme en Chine, la calligraphie est un art qui a le pas sur la peinture.

Une preuve plus concluante encore est celle que fournit Behzad, le plus grand nom de la miniature persane, qui a illustré le règne de Husséïn

1. *Les Origines de la Peinture en Perse, Gazette des Beaux-Arts*, 1905, t. XXXIV, pp. 123 et s.
2. MARTIN, *op. cit.*, vol. I, p. 28.
3. AALI, *op. cit.*, pp. 28 et 29.

Baïcara à Hérat. Nous savons par Aali, que Behzad était l'élève de Pir Séid Ahmed de *Tebriz*.

C'est le mouvement qui se produit, à l'avènement des Séfévis, de Hérat vers l'ouest — par conséquent en sens inverse de celui qui avait eu lieu après la conquête timouride — que l'auteur de l'Alem Araï Abbassi doit avoir en vue et qui a été pris par M. Blochet pour une émigration des écoles du Turkestan[1]. Behzad quittant Hérat, après la chute des Timourides, pour la Cour des Séfévis est l'exemple le plus illustre de cette migration du commencement du xvie siècle.

Enfin si, suivant les expressions de M. Blochet, « les mosquées élevées à Ispahan et Ardébil par les Safévis ne diffèrent pas sensiblement de celles qui furent bâties dans la Transoxiane par Timour et ses successeurs », ce sont celles de Samarkand qui ont eu pour modèle les monuments de Perse et H. Saladin a pu écrire : « malgré la diversité d'origine de ses souverains musulmans, l'art persan subit une évolution régulière, non seulement dans la Perse propre, mais même dans le Turkestan, qui en dépendit toujours au point de vue architectural; ce n'est pas en effet dans les tribus nomades du Turkestan qu'il peut avoir jamais été question de trouver des architectes. On sait que lorsque Tamerlan voulut embellir Samarcande, il dut emprunter à la Perse ses meilleurs architectes et les monuments qu'ils y élevèrent ne sont pas les moindres titres de gloire de l'architecture persane[2] ».

---

1. Ces lignes étaient rédigées depuis près de deux années, lorsque j'ai eu connaissance d'un mémoire de M. Blochet, où il répudie complètement sa théorie du Turkestan, comme on peut en juger par les extraits qui suivent : « Ces peintres (des écoles de Hérat) ne trouvèrent rien, à Samarkand, à Boukhara, à Tachkent, quand la fantaisie des princes shaïbanides leur eut fait passer l'Oxus, ni une tradition décorative, ni un motif ornemental. »... « Quand le dernier de ces Persans fut mort, quand la porte de son atelier fut définitivement close, il ne resta, au delà de l'Oxus, aucune formule artistique, d'origine turke, qui aurait été antérieure au commencement du xvie siècle, et qui aurait survécu à l'apport étranger de la technique persane. »

« L'art, dans la Transoxiane, fut un éclair qui dura cinquante années; il ne se rattache à aucune tradition antérieure, à aucune évolution postérieure; il y fut une mode d'importation qui disparut avec ceux qui l'importèrent... » Cf. *Les Peintures des Manuscrits Persans de la Collection Marteau à la Bibliothèque Nationale*. Monuments Piot, t. XXIII, Paris, 1918, pp. 191 et 192.

M. Blochet est d'ailleurs revenu si complètement sur sa manière de voir qu'il ne veut même pas reconnaître l'influence chinoise sur la peinture persane.

2. H. Saladin, *Manuel d'Art Musulman, L'Architecture*, Paris, 1907, p. 313.

CHAPITRE VI

CARACTÉRISTIQUES DE L'ÉCOLE DU LIVRE DE HÉRAT

L'école de miniature timouride, sur le développement de laquelle nous venons de jeter un coup d'œil, a fleuri incontestablement dans le Khorassan, c'est-à-dire dans la province extrême-orientale de la Perse[1]. Avec le contraste de ses plaines fertiles, de ses montagnes élevées, de ses grands déserts, et même de ses bois, cette contrée[2] représente en raccourci la Perse.

Nous avons vu que le Khorassan avait été, bien avant les Timourides, un grand centre de culture et un terrain particulièrement propice à un développement artistique[3]. Baber, fondateur de la dynastie des Grands Mogols de l'Inde, et descendant de Tamerlan comme Husséïn Baïcara, parle de Hérat, où il a séjourné en 1506-1507, dans ces termes : « J'étais possédé du plus vif désir de voir Hérat, cette ville incomparable dans tout l'univers, pour l'embellissement de laquelle Sultan Husséïn Mirza n'avait négligé ni dépenses, ni soins, et qui, sous le régime de ce prince, avait gagné en splendeur dix ou plutôt vingt pour un[4] »... « Ville de luxe où l'on trouve toutes les ressources imaginables pour passer la vie gaîment et où toutes les jouissances d'une existence recherchée et délicieuse s'offrent pour ainsi dire d'elles-mêmes[5]. » Enfin, cette autorité exceptionnelle ajoute : « Par un rare privilège, sous le règne de ce prince, le Khorassan et surtout la ville de Hérat regorgèrent d'hommes d'un mérite incomparable. Quiconque s'occupait d'une spécialité concentrait toute son activité sur les moyens d'y parvenir à la perfection[6] ».

Les possessions timourides, qui comprenaient également la Transoxiane, pays situé plus à l'est, devaient, par leur situation géographique, faciliter les rapports avec la Chine et les contrées limitrophes relevant de sa civili-

---

1. Le nom de cette province signifie en pehlévi, d'après Sir John Malcolm, province de l'est. *Histoire de la Perse*, t. 1, p. 243.

2. Sir John Malcolm, *op cit.*, t. III, p. 309 et t. 1, p. 2.

3. Voir p. 5.

4. Baber, *op. cit.*, vol. 1, p. 428.

5. *Ibidem*, p. 431.

6. *Ibidem*, p. 401.

sation. En effet, la période timouride est marquée par une nouvelle vague d'influence chinoise. Pendant que les Mongols dominent en Perse dans la seconde moitié du XIIIe et au XIVe siècle, en Chine, le trône de Khan Baligh (aujourd'hui Péking) est également occupé par les grands Khans Mongols qui sont même les suzerains des *Ilkhans*[1] de Perse. Vers la fin du XIVe siècle, les Mings succèdent aux Mongols en Extrême-Orient. Il faut peut-être voir là une raison politique nouvelle des rapports qui persistent entre la Perse et la Chine, débarrassées toutes deux de la domination mongole.

Sans parler de la tour de porcelaine qu'Oulough Beg, gouverneur de la Transoxiane, avait fait venir de Chine à Samarkand[2] et de ses relations avec la Mongolie et le Thibet, dont un ambassadeur lui porte des présents en 1421[3], il y a échange d'ambassades entre Chah-Rokh et la cour de Chine. L'ambassade de Chah-Rokh, qui part en 1419 pour rentrer en 1422, est d'autant plus significative, qu'elle se compose des envoyés spéciaux des princes timourides, parmi lesquels figure le peintre Ghias-ed-Din, comme représentant de Baïsounkour.

Les documents graphiques conservés au Trésor du Vieux Sérail, notamment les grands recueils de Baïsounkour Mirza et de Yacoub Beg, sont décisifs dans cette question des influences extrême-orientales pendant la période timouride.

Les peintures et les dessins chinois étaient non seulement connus et appréciés en Perse au XVe siècle, mais recherchés et collectionnés. L'album du Turcoman du Mouton Blanc Yacoub Beg[4] (1479-1490) compte plus de quatre-vingts peintures chinoises originales ou en copies; un autre recueil, qui en forme en quelque sorte le supplément[5], en renferme quarante, sans compter les dessins.

Ces œuvres, pour la plupart de la période Ming, sont certainement de provenance timouride et il faut y voir peut-être des dépouilles de la campagne victorieuse d'Ouzoun Hassan, père de Yacoub Beg, contre Sultan Abou Saïd, souverain timouride du Khorassan[6] :

1. Khans provinciaux.
2. *Extraits de la Chronique persane de Hérat,* par BARBIER DE MEYNARD, *Journal Asiatique,* 1862, p. 288.
3. MUNÉDJIM BACHI, *op. cit.,* vol. III, pp. 60 et 61.
4. N° 37084. Il mesure trente-trois centimètres sur cinquante, et certaines peintures remplissent toute la page et débordent.
5. N° 47985.
6. Voir p. 34.

Au siècle suivant, le *mourakka* à l'ex-libris de Behram Mirza[1], frère de Chah Tahmasp, qu'un chronogramme date de 1543-44, compte aussi près d'une vingtaine de peintures chinoises, que des inscriptions calligraphiées et enluminées désignent comme des « travaux des maîtres de Cathay ».

On trouve dans ces recueils, outre des œuvres purement chinoises, des copies d'après des peintures et des dessins du Céleste Empire, et des compositions dans le style chinois, en couleurs et en noir.

L'une des copies les plus remarquables du recueil de Yacoub Beg représente le cortège d'une princesse chinoise à cheval, qui se déroule sur une double page de plus de soixante centimètres. La princesse et sa suite sont censées cheminer de nuit — on voit des étoiles et un croissant au firmament — aussi leur marche est-elle éclairée par des porteurs de luminaires : cierge, lampe, torche et lanterne. Les expressions des têtes sont d'un réalisme frappant. La princesse a une couronne à fleurs de lys, une seconde dame à cheval porte une aigrette en éventail, à branches fleuries. Les coiffures des hommes sont des bonnets de fourrure mouchetés ou tigrés. Le cramoisi, le vert, deux bleus, le jaune et deux bruns composent la palette de cette inoubliable caravane.

Elle fait involontairement penser à la fille d'un empereur de Chine qui se rendit vers le milieu du xe siècle à Boukhara pour y épouser un prince samanide. La princesse chinoise avait, par les peintres qui l'accompagnaient, marqué la première influence de l'Extrême-Orient sur la miniature persane[2], que nous puissions constater sur des œuvres qui nous sont parvenues.

Une autre peinture de la même série, dont il existe plusieurs répliques dans cet album, représente un jeune couple lisant sur un divan. Le vert-pâle, le mauve-foncé et le bleu dominent dans cette composition.

Si on excepte des attributions ne présentant manifestement aucun caractère d'authenticité, on ne rencontre pas de signature d'artiste sur ces miniatures. Toutefois, une copie d'après le chinois, d'un personnage à âne, dans un *mourakka* de la Bibliothèque de Yildiz, est signée : l'esclave Kadimi, peintre. (fig. 64). L'homme est en robe verte décorée de quelques animaux dorés ; sa ceinture est également d'or et son bonnet rose. Des éléments cramoisi et orangé entrent dans le costume. L'âne est en deux gris.

L'influence de ces copies — sur lesquelles on peut démêler d'ailleurs des

1. N° 37085. Il mesure trente-cinq centimètres sur quarante-huit.
2. Voir pp. 14 et 15.

apports persans, comme les *roumis* et leurs composés, sans parler de la vivacité générale de leur palette — est manifeste, du moment qu'il existe toute une série de peintures musulmanes qui s'y rattachent directement.

Ainsi trois femmes et un homme qu'un arbre sépare, peints sur soie dans la même gamme, représentent une œuvre persane. Une des femmes a un bandeau à la vierge et l'homme est en turban. On saisit ici sur le vif la dérivation.

Sur une autre peinture de la même famille, toujours sur soie, un arbre sépare un couple. La femme est en robe jaune, décorée d'un dragon or, et en coiffure mauve; le jeune homme en robe bleu foncé à fleurettes or et turban blanc, Au pied de l'arbre est posé un vase bleu et blanc à dragon. Le jaune tient une place importante dans cette double série.

Entre les miniatures chinoises et persanes réunies dans ces recueils, on relève des différences autres que celles des types et des costumes. Le mouvement disparaît chez les Persans, d'autre part, tandis que l'asymétrie caractérise les œuvres chinoises, la recherche de l'équilibre est évidente dans leurs dérivés persans.

Un grand nombre de dessins *de style chinois*, à décor végétal et surtout animal — fantastique ou naturaliste — nous sont parvenus par les recueils de Baïsounkour Mirza et de Yacoub Beg. Ils ont trouvé des applications décoratives, principales ou accessoires, notamment dans les reliures, enluminures[1], miniatures et tapis[2], de l'époque timouride ou du xvie siècle séfévi. Aussi est-on en droit de parler d'une *école décorative chinoise*, au Khorassan, au xve siècle[3]. Les même artistes qui exécutaient des dessins et des miniatures dans le style persan composaient aussi dans ce style chinois. Nous possédons les œuvres authentiquement signées dans les deux genres de Mohammed ibn-Mahmoud Chah el-Khayam, qui produisait sous Baïsounkour Mirza, par conséquent dans le premier tiers du xve siècle[4].

La similitude avec le chinois est quelquefois si grande dans cette école que les hésitations sont permises et les confusions possibles. Le recueil de

---

1. Le Musée du Louvre en possède un très beau spécimen provenant du legs Marteau. Les marges, à flocons d'or sur fond vert, de cette page enluminée, sont ornées de quatre phénix en rouge, bleu, vert et or. Reproduite dans le *Musée du Louvre depuis 1914*, Demotte, 1920, pl. 70.

2. Il n'est pas sans intérêt de constater que c'est précisément sur les tapis du Khorassan que le décor animal s'est principalement maintenu jusqu'à nos jours.

3. On peut voir dans le Recueil de Baïsounkour Mirza deux médaillons centraux polylobés, l'un à deux phénix, l'autre à lion et dragon qui semblent bien destinés à servir de modèles. On peut en dire autant des photographies de rosaces à arabesques, probablement d'après l'album de Baïsounkour Mirza du Vieux-Sérail, que contient le Recueil 273/15 de la Bibliothèque du Musée des Arts Décoratifs.

4. Voir pp. 44 et 60, 61.

Yacoub Beg renferme des études de chiens-loups dans des attitudes diverses. L'un de ces dessins qui mesure environ quinze centimètres sur cinquante (fig. 65)[1], avec un cerf en course, a été reproduit comme une œuvre persane. Or une page teintée en vert et rose et qui représente ces mêmes bêtes enchaînées, accompagnées de gardiens, ne semble pas laisser de doute sur les origines chinoises de ces dessins. Dans l'espèce, la discrimination peut d'ailleurs être établie par une autre considération. La laideur, qu'elle soit réaliste ou fantastique, répugne aux artistes persans; or quelques-unes des bêtes de cette série sont simplement hideuses.

Cette influence chinoise à l'époque timouride est particulièrement frappante dans la reliure, que décore la faune fabuleuse d'Extrême-Orient. Les singes sont aussi caractéristiques des reliures de l'école de Hérat, et il faut en chercher l'explication dans la position de cette ville, qui était le point de transit le plus important du commerce entre l'Inde et la Perse[2]. Ces animaux se retrouvent d'ailleurs, non loin du Khorassan, dans la partie orientale de l'ancienne Principauté de Kaboul[3].

Nous avons constaté ces influences sur une couverture de Chah-Rokh et une autre de Hussëïn Baïcara, respectivement des années 1438 et 1482 (fig. 50, 54, 55 et 63). Je ne puis m'empêcher de mentionner une troisième reliure de 1446[4], apparentée aux précédentes (fig. 51). Le médaillon central intérieur porte, découpés sur un fond gros-bleu, des rinceaux de fleurs havane clair, sur lesquels se détachent deux phénix chinois dorés, du dessin le plus pur et le plus élégant. Comme harmonie de couleurs et pureté de lignes, c'est la composition la plus parfaite qui se puisse concevoir. Ces artistes se sont surpassés dans ces intérieurs de reliure, lesquels, protégés par les plats, se prêtaient à l'emploi du lapis-lazuli[5] et à un travail délicat de découpage.

J'en arrive ainsi à une autre caractéristique de cette merveilleuse école du livre de Hérat, la *polychromie*, qui peut servir souvent de critérium pour distinguer les manuscrits de la Perse orientale.

---

1. La Bibliothèque du Musée des Arts Décoratifs conserve (recueil 273/17) la photographie du dessin reproduit par cette figure.

2. *Extraits de la Chronique persane de Hérat*, par Barbier de Meynard, *Journal Asiatique* 1860, p. 467.

3. Baber, *op. cit.*, pp. 292 et 309.

4. Musée de l'Evkaf de Stamboul, n° 1543.

5. Le bleu outremer était obtenu par du lapis-lazuli broyé, et nous savons par le diplôme de Behzad, du 24 avril 1522, que des laveurs de lapis-lazuli étaient attachés à la bibliothèque de Chah Ismaïl, que ce miniaturiste était appelé à diriger.

La polychromie s'applique aux feuilles, aux marges, et même à l'écriture. Dans la première moitié du xve siècle, lorsque les pages sont d'une seule pièce, on constate l'emploi de papier chinois de différentes couleurs, parmi lesquelles de délicieuses nuances, telles que le mauve rosé, le gris-bleu et le vert tendre, sont une fête pour les yeux. Ce papier, sur lequel sont dessinés, au trait d'or, des paysages, des fleurs ou des arbres chinois, est d'un poids tel qu'on croirait manier, non pas un livre, mais un bloc de métal. Je connais quatre manuscrits sur ce papier : les œuvres poétiques d'Attar,[1] au nom de Chah-Rokh, de l'année 1438, conservées à la Bibliothèque du Vieux-Sérail[1], et, au Musée de l'Evkaf, un autre exemplaire de ces œuvres au nom du même souverain, ainsi que deux corans[2].

La technique plus savante, appelée *vassali*[3], des pages enchâssées dans des marges rapportées, permet au texte de se détacher sur un fond blanc ou neutre, la marge de couleur faisant contraste. Ces marges sont d'ailleurs, presque toujours, tachetées de flocons d'or, ou décorées au trait d'or.

Le procédé des marges ou des pages sablées ou poudrées d'or, dit *zérefchan*, est déjà pratiqué à Hérat, sous Chah-Rokh, comme le prouvent les manuscrits à papier de couleur chinois, et il atteint, au début du xvie siècle, une régularité et une finesse qui sont propres à cette école.

L'école de Hérat a appliqué l'or et les couleurs, même à la calligraphie, et elle compte, au xve et dans la première moitié du xvie siècle, un certain nombre de *ringué-névis*, c'est-à-dire de calligraphes en couleurs. Il semble que l'écriture en couleurs ait été mise en vogue par les calligraphes-découpeurs, auxquels il était facile de se servir de papiers coloriés, pour y découper les lettres qu'ils reportaient sur une autre feuille.

L'album de la Bibliothèque de Yildiz, formé pour Chah Tahmarp, renferme un découpage en caractères *sulus* verts et blancs, signé du fameux Abdullah-*el-Hérévi*, c'est-à-dire de Hérat, qu'Aali donne comme le premier et le plus parfait des découpeurs. Une page calligraphique en noir et au calame du même Abdullah, de l'année 1431, date également de la première moitié du xve siècle le découpage.

---

1. C'est probablement à ce volume que M. Martin fait allusion en parlant d'un manuscrit du Vieux-Sérail de Constantinople qui serait considéré comme contenant deux kilogrammes d'or. C'est la qualité spéciale du papier, glacé par un enduit, qui en fait le poids, les flocons très ténus d'or battu qui couvrent les pages n'ajoutant pas sensiblement au poids des feuilles.

2. Musée de l'Evkaf n°s 1624, 203 et 2295.

3. M. Huart traduit cette expression par *cartonnage*. Cf. *Calligraphes et Miniaturistes de l'Orient musulman*, p. 236.

Soultan Mohammed Khindan, mort en 1543, célèbre dans la spécialité de la calligraphie en couleurs, était l'élève du calligraphe de Husséïn Baïcara, Soultan Ali Mechhédi, lequel devait faire aussi usage d'encres de couleur. L'album de Yildiz contient une page d'écriture bleue sur jaune, signée simplement el-Mechhedi, et qui, suivant toute vraisemblance, est de Soultan Ali Mechhedi, assez célèbre pour employer ce nom d'origine d'une façon absolue.

Le même recueil renferme deux pages de Mohammed Moumin bin-Abdullah, fils d'un calligraphe de la cour de Husséïn Baïcara, l'une en caractères *sulus*, or, bleu et rouge, alternant par ligne et datée de 1518, l'autre rouge sur fond gros bleu. Une page rose sur fond gros bleu est signée Mohammed Kassim et il s'agit certainement là de Mohammed Kassim ibn Chadi-Chah, l'élève de Mir Ali de Hérat[1]. Enfin dans le *mourakka* de Behram Mirza, on voit une pièce calligraphique or sur blanc signée par Mir Ali et datée de 1532-33.

Non seulement des pages détachées, mais des volumes entiers, ont été composés par le procédé du découpage. Un exemplaire de grand luxe des œuvres poétiques de Husséïn Baïcara, provenant de la Bibliothèque de Sainte-Sophie est, d'un bout à l'autre, en caractères découpés, dont les couleurs varient par ligne. Les pages elles-mêmes sont de couleurs différentes, et les marges recouvertes de flocons d'or. Les vignettes qui enluminent ce divan sont des chefs-d'œuvre de finesse et de bon goût, caractéristiques du style timouride, à Hérat, à la fin du xv siècle. Je donne (fig. 66), l'enluminure de la page initiale avec quelques lignes de texte.

Ce manuscrit, aujourd'hui au Musée de l'Evkaf[2], et qui porte le cachet de Sultan Sélim I, a certainement été apporté à Constantinople par Bédi-ez-Zéman[3], le fils et successeur de Husséïn Baïcara, qui y est mort de la peste, précisément sous ce souverain.

---

1. M. Martin (*op. cit.,* vol I, pp. 100 et 108 et vol. II, pl. 246), non seulement confond en une seule et même personne le *calligraphe* Khorassanien Kassim Chadi-Chah, le *dessinateur* Kassim Iraki et le *miniaturiste* Melik Kassim de Chiraz, mais fait de ces trois artistes amalgamés, un *enlumineur,* métier étranger à tous les trois. C'est le *muzéhib,* enlumineur, qui peint les arabesques en or et en couleurs tandis que le *tarrah,* dessinateur, comme Kassim Iraki (ou pour en citer de plus connus, Chah Kouli et Kémal) est un miniaturiste qui ne se sert pas de couleurs et dessine en noir, à la plume ou au pinceau. Le point de départ de la confusion de M. Martin se trouve dans Huart, *op. cit.,* p. 33.

Voir la compilation en turc sur les calligraphes de Habib Effendi, *Khat ou Khatatan,* pp. 215 et 216 pour le calligraphe et le miniaturiste, et Aali, *op. cit.,* p. 65, pour le dessinateur.

2. N° 1448.

3. Cf. Arménag Bey Sakisian, *A propos d'une coupe à vin en agate au nom du Sultan Timouride Husséïn Baïcara,* Syria, 1925, fasc. 3, p. 279.

Ce tour de force calligraphique a été attribué[1] par Habib Effendi au célèbre Abdullah de Hérat. Cet artiste, qui est antérieur à Hosséïn Baïcara, comme nous venons de le voir, doit être forcément écarté.

Les pages initiales enluminées et les vignettes présentent dans l'école de Hérat un caractère spécial, qui résulte principalement d'un emploi particulièrement heureux de la couleur noire, dont les artistes du Khorassan ont su tirer un maximum d'effet décoratif. On a voulu voir dans le noir, la Terre Noire, le bleu représentant le Ciel Bleu, « qui étaient les deux divinités principales des tribus turkes »[2]. C'est le bleu et l'or qui dominent dans ces enluminures, le noir n'y tenant qu'une place secondaire ; aussi, je pense que ces petits fonds noirs de décors floraux, comme ceux des robes, très fréquents dans les miniatures timourides et cheïbanides, n'ont aucun sens symbolique et ne sont là que pour un effet de couleur. Dans tous les cas, la bande d'encadrement à fond noir, du rectangle principal des pages enluminées de manuscrit, indique une origine quasi-certaine de Hérat au xve siècle et de Boukhara, ou de l'école de Hérat en Perse, au xvie siècle[3].

Une autre caractéristique des miniatures de cette école consiste dans l'emploi de têtes animales et humaines, comme motif de décoration dans les arabesques (fig. 118)[4]. Ces *grotesques* se rencontrent également dans les reliures de Hérat, en général sous forme de frise[5]. Sur une merveilleuse reliure de la Bibliothèque Nationale, provenant du legs Marteau, elles couvrent entièrement les plats (fig. 67).

Elles semblent avoir une origine byzantine ou arménienne. Un bassin en bronze[6] à sujets chrétiens, au nom d'un souverain éyoubite de Damas du milieu du xiiie siècle, appartenant au Prince d'Arenberg à Bruxelles, porte

1. M. Cl. Huart, qui traduit la compilation de Habib Effendi, dit que la Bibliothèque de Sainte-Sophie contient un *divan* de Hosséïn Baïcara, orné de découpures d'Abdullah. *Op. cit.*, p. 325. Les derniers feuillets de ce volume, et partant le nom du calligraphe, manquent. Comme Habib Effendi n'a pu connaître ce manuscrit que dépareillé, il est certain qu'il s'agit de sa part d'une simple attribution.

2. Cf. Blochet, *Peintures de Manuscrits arabes, etc.*, p. 7.

3. Voir pour le xve siècle : Martin, *op. cit.*, vol. II, pl. 242, d'un manuscrit de Hérat de 1434 ; fig. 66 du présent volume, d'après le *divan* de Hosséïn Baïcara du Musée de l'Evkaf ; Blochet, *Les Peintures*, pl. VIII, d'un divan de Hosséïn Baïcara de la Bibliothèque Nationale, de 1485. Pour le xvie siècle : Martin, *op. cit.*, vol. I, fig. 27 d'un manuscrit de 1520 ; Martin, *op. cit.*, vol. II, pl. 244, d'après un manuscrit de 1524 ; Blochet, *Peintures de Manuscrits arabes, etc.*, pl. 3, *Les Peintures*, pl. XI, d'après le Nizami de Boukhara de 1537-38, ainsi que les deux pages initiales du Sup. Pers. 1187 de la Bibliothèque Nationale, daté de Boukhara 1556.

4. Voir aussi Martin, *op. cit.*, pl. 239, enluminures d'un manuscrit du British Museum daté de 1411 ; pl. 241, marges à grotesques de la seconde moitié du xve siècle appartenant à M. Gulbenkian ; pl. 69, coupole de la tente de Tamerlan sur une miniature de 1467.

5. Musée de l'Evkaf, reliure n° 1553.

6. Sarre et Martin, *Austellung der Meisterwerken Muhammedanischer Kunst*, pl. 147.

en effet des médaillons décorés de rinceaux de grotesques. Des têtes
humaines et animales se rencontrent également dans les arabesques de
manuscrits arméniens[1] de la fin du XIIIe et du début du XIVe siècle. Or on
ne les connaît à Hérat qu'au XVe siècle.

1. Fac-similé du comte OUVAROFF, d'après des Bibles de la Bibliothèque d'Etchmiadzin, dans l'*Art au Caucase* de J. MOURIER, 2e édition, Bruxelles, 1907, pp. 81 et 82.

CHAPITRE VII

LES ARTISTES ET LES ŒUVRES A HÉRAT
AU XVᴱ SIÈCLE

La production, authentiquement signée, la plus ancienne du xvᵉ siècle, est celle de Mohammed, fils de Mahmoud Chah, *el-Khayam*[1]. Ce nom, illustré trois cents ans plus tôt par un poète épicurien et sceptique, doublé d'un mathématicien, de cette même province de Khorassan, indique qu'un des ascendants de cet artiste fabriquait des tentes. Lui-même était, en même temps que miniaturiste, calligraphe, et nous l'avons vu participer à un concours de Baïsounkour Mirza[2]. Cette dernière qualité nous vaut une autre précision : une page d'écriture de sa main est datée de 1409. Comme c'est aussi par l'album de Baïsounkour Mirza, mort en 1433, que nous connaissons le miniaturiste, on peut en conclure qu'il produisait dans le premier tiers du xvᵉ siècle.

Ce sont des dessins à la plume, relevés de taches d'or et de rouge, qui tiennent la plus grande place dans son œuvre. Ils représentent des cavaliers, des lions, et des hommes attaqués par des fauves. Les chevaux ont le cou très allongé, type du début du xvᵉ siècle. Les lions, à la crinière frisée, relevés d'or et de rouge, sont primitifs par rapport aux beaux félins de la seconde moitié du xvᵉ ou du xvıᵉ siècle, attribués communément à Behzad[3].

L'album de Baïsounkour renferme également deux œuvres en couleurs de Khayam, dont une excellente étude d'échassier au plumage gris, noir et rouge et au bec or.

Khayam a signé aussi deux copies de lions dont l'un d'après Abd-ul-Hay[4]. Le miniaturiste qui nous est ainsi révélé doit être, d'après le type à

1. Cette signature, très personnelle et toujours identique, est précédée de la formule d'humilité *Kemtérin-i-bindéghan,* le plus humble des esclaves.

2. Voir p. 44.

3. Voir Martin, *op. cit.,* pl. 86. La seconde figure seule porte une signature authentique, celle de Maître Mourad.

4. Mohammed el-Khayam lui donne le titre de *Khadjé.*

crinière frisée du lion, lequel nous est déjà familier, un contemporain de Khayam [1].

Aali mentionne incidemment *messire* Abd-ul-Hay « unique au monde pour l'écriture de chancellerie (*divani*) et la peinture ». Son maître, Simi de Nichabour, calligraphe doublé d'un poète et d'un enlumineur, résidait à Mechhed (Khorassan), et vivait dans la première moitié du XVe siècle [2].

Abd-ul-Hay avait laissé une très grande réputation. Le grand mogol Djihanghir dit en parlant d'un de ses artistes persans favoris : Si maîtres Abd-ul-Hay et Behzad étaient en vie, ils lui auraient rendu justice [3].

Le second félin, relevé d'or et de rouge à la différence du premier, et d'un type barbare, est copié d'après « maître Heybet, le peintre ». Je penche à considérer ce dernier comme antérieur d'une génération au moins à Khayam et par conséquent du XIVe siècle.

Enfin Mohammed-el-Khayam a signé une composition de style chinois figurant un dragon à corne, adossé contre un arbre, et menaçant deux phénix qui l'attaquent. Ce dessin au trait, d'une grande finesse, établit non seulement que ce sont des artistes persans qui se livraient à ces exercices dans le style chinois, mais situe encore cette série au Khorassan. Les dessins dans ce style sont presque toujours anonymes et celui-ci constitue une exception [4] aussi rare qu'authentique.

On peut citer, au nombre des plus beaux spécimens de cette série, une grande composition du recueil de Baïsounkour [5], où canards, cerfs, poissons et phénix se mêlent au milieu de floraisons de lotus, de *tchis* et de rubans (fig. 68 et 191) [6], et trois autres du recueil de Yacoub Beg, dont deux en

1. Une inscription calligraphiée et enluminée de l'album de Behram Mirza attribue à Abd-ul-Hay une page d'un *nestalik* primitif, ornée d'une miniature d'une exquise finesse. Un ange apparaît à la fenêtre d'un personnage, à petit bonnet, endormi. A droite on voit un jardin où coule un ruisseau. Le ciel gros bleu, à nuages d'or, est étoilé et des génies ailés, à bandeaux à la vierge, dont les ceintures festonnent à la chinoise, portent des objets tels que plateau, livre, couronne. Cette peinture, qui semble représenter un rêve, a quelque chose de paradisiaque et il est impossible que le dessinateur du lion copié par Khayam en soit l'auteur. Si la bonne foi de Behram Mirza ne fait pas de doute, l'attribution n'en est pas moins inexacte. Il ne faut d'ailleurs pas s'étonner, lorsqu'il s'agit d'un artiste du début du XVe siècle, que l'absence de sens critique aidant, on aboutisse au milieu du XVIe siècle à des identifications impossibles.

2. Aali, *op. cit.*, p. 30. Le prince timouride Ala-ed-Deuvlé, mentionné par Aali au sujet d'une anecdote se rapportant à Simi, vivait dans la première moitié du XVe siècle. Cf. E. de Zambaur, *Manuel de Généalogie et de Chronologie pour l'Histoire de l'Islam*, Hanovre, 1927. Tableau des Timourides.

3. Percy Brown, *op. cit.*, p. 82.

4. Voir p. 53 pour le miniaturiste Kadimi, dont nous connaissons une œuvre en couleurs de style chinois (fig. 64).

5. Elle mesure trente-huit centimètres sur cinquante-deux.

6. Les figures 68 et 191 représentent des dessins analogues du même recueil; la photographie de la première est conservée à la Bibliothèque du Musée des Arts Décoratifs.

forme d'éventail, à dragons, phénix et grues (fig. 69, 70 et 71)[1]. Je donne également le dessin d'un phénix d'après le premier de ces recueils (fig. 72).

Des dessins d'un caractère persan plus accusé, comme ceux des figures 74 et 75, qui appartiennent au *mourakka* de Baïsounkour Mirza, dérivent manifestement de cette série.

Une œuvre du même album, représentant la lutte du dragon et du phénix au milieu d'un paysage, est signé[2] Husséïn *Chirazi*, c'est-à-dire le Chirazin (fig. 73[3]). Cette indication semble exacte, car la même inscription, dans une graphie identique, se retrouve sur un autre dessin, qui est certainement de la même main : des singes au nez épaté et d'un type spécial, se retrouvent sur les deux compositions. La qualité de Chirazin de l'artiste ne contredit pas une production dans le style chinois, même à Chiraz, car dans la première moitié du xve siècle, cette ville fait partie des possessions timourides.

L'absence totale de sens critique avec laquelle les attributions sont en générale faites, ou les fausses signatures apposées, me porte à croire que, dans ce cas, on est en présence d'une indication exacte, sinon d'une signature, et que le nom de Husséïn Chirazi doit être ajouté à celui de Mohammed el-Khayam, comme dessinateur dans le style chinois.

Il faut rapprocher de ces deux noms celui de Soultan Ali Chustéri, qui a signé un héron au vol avec un poisson dans son bec (fig. 105), traité avec une grande maîtrise, dans le style chinois, mais postérieurement aux dessins précédents.

Behzad est le nom le plus fameux de miniaturiste musulman que les générations se soient transmis en Orient. Vers la fin du xvie siècle, l'historien des calligraphes et miniaturistes, Aali, pour faire entendre qu'un artiste a atteint la perfection dans son art, dit qu'il possède le *calame* de Behzad. Sur ce peintre qui a laissé une telle renommée, nous ne trouvons chez les chroniqueurs persans que des renseignements plutôt maigres. Khondémir[4], un contemporain, nous apprend que Behzad fut le protégé de Mir Ali Chir Névaï et de Sultan Husséïn Mirza. Mais c'est Mir Ali Chir, un

---

1. La Bibliothèque du Musée des Arts Décoratifs conserve les photographies des dessins reproduits par ces figures. Recueil 273/14.

2. La formule *kiar*, travail, qui précède le nom, est plus fréquente dans les attributions, mais la distribution des mots est celle d'une signature. Le même recueil contient une chasse au lion, non signée, avec des rochers à têtes humaines, qui est certainement de la même main.

3. La Bibliothèque du Musée des Arts Décoratifs conserve également la photographie de cette œuvre de Husséïn Chirazi. Recueil 273/14.

4. Cf. BLOCHET, *Les Peintures*, p. 175, note 2.

des émirs du Sultan, qui est le véritable protecteur de Behzad. Ali Chir est une figure exceptionnelle dans la société musulmane et grâce aux Mémoires de Baber on peut fixer sa physionomie. Expulsé de Hérat par Sultan Abou Saïd Mirza (1452-1467), il se retire à Samarkand, où il reste plusieurs années et rentre à Hérat lorsque Husséïn Mirza devient padichah[1] (1468). Né en 1441, il est mort en 1500, soit quelques années avant son souverain.

« C'était moins un des begs du Sultan Husséïn Mirza qu'un de ses amis. Dans leur enfance tous deux avaient été camarades d'école, et ils étaient restés très intimes. » « On sait tout ce qu'il y avait de distinction dans la nature d'Ali Chir Beg. Cette élégance de manières, que le public attribuait à l'orgueil de sa haute fortune, était innée chez lui, et il ne s'en départit pas un instant tout le temps qu'il demeura en disgrâce à Samarcand. C'était un homme d'un mérite incomparable. Depuis qu'on fait des poésies en langue turke personne n'en a fait d'aussi nombreuses et d'aussi excellentes que lui.... »

« Il réussissait aussi dans la musique où il a composé des choses charmantes. Il existe de lui de très jolies mélodies et des préludes. Les hommes de mérite et de talent n'eurent jamais un protecteur et un appui comparable à Ali Chir Beg... Ustaz (maître) Behzad et Chah Mouzaffer durent leur grande vogue comme peintres aux puissants encouragements qu'il leur prodigua. Il a été donné à bien peu d'hommes de faire le bien au même degré que lui. Il n'eut jamais ni fils, ni fille, ni femme, ni famille. Il parcourut la vie dans de merveilleuses conditions d'indépendance et d'allégement... » « Bien loin de rien accepter du mirza (Sultan Husséïn Mirza), il lui offrait chaque année des sommes considérables[2]. »

J'ajouterai qu'il s'est essayé aussi dans la peinture. W. Schulz reproduit de la collection Goloubew un lion, signé d'une écriture courante, Emir Ali Chir, nom qu'on retrouve calligraphié dans les enluminures des coins (fig. 113). Schulz en donne la fausse lecture d'*Ali-dschan* et attribue la miniature au xvie siècle. C'est là certainement une œuvre du protecteur de Behzad, qui portait lui-même le surnom de lion, *chir*, et partant du xve siècle.

Le Trésor du Vieux-Sérail de Stamboul[3] possède un portrait sur soie d'Ali Chir, représenté avec la barbe, en compagnie d'un jeune Mirza. Il est en turban blanc et bonnet vert; un manteau noisette laisse paraître par dessous une robe bleue. L'inscription, en caractères d'une extrême finesse, indique que c'est le portrait de « l'Émir sans pareil Nizameddin Ali Chir ».

1. BABER, *op. cit.*, pp. 383 et 44.
2. BABER, *op. cit.*, vol. I, pp. 382. 383, 384 et 381.
3. Recueil n° 37086.

Il est signé « le pauvre Ali ». Comme il existe une miniature très fine du xve siècle signée Soultan Ali[1] et que Mir Ali Chir était autant et plus que Husséïn Baïcara le patron de ce calligraphe, on peut se demander si ce dernier ne s'essayait pas aussi dans la peinture, et si le portrait en question n'est pas son œuvre.

Ce grand seigneur cultivé et raffiné, qui était l'arbitre des élégances[2] de son époque, aide à comprendre l'art et les artistes à Hérat au xve siècle.

Behzad, dont la réputation comme peintre était aussi grande que celle de Soultan Ali Mechhédi comme calligraphe, est apprécié et critiqué par Baber en ces termes : « artiste d'un talent très délicat, mais qui donnait un mauvais développement aux visages imberbes chez lesquels il exagérait les lignes du menton; quant aux visages barbus il les représentait très bien »[3]. Ne faut-il pas entendre par là que Behzad avait un talent réaliste et n'idéalisait pas les adolescents, à la beauté desquels Baber avoue avoir sacrifié[4]?

Dans ses *Éloges des Artistes* (1587), Aali donne maître Behzad de Hérat comme le premier parmi les peintres illustres. Sa peinture était célèbre par le monde, dit-il, comme celle des « peintres de Chine ». Aali indique en outre la généalogie artistique de Behzad et de ses élèves. Nous voyons ainsi que son maître immédiat était Pir Séïd Ahmed de Tebriz[5] et ses élèves directs, Cheikh Zadé du Khorassan pour la Perse orientale et Aka Mirek pour la Perse occidentale.

A ces indications je puis ajouter un portrait de Behzad (fig. 130), que j'ai découvert dans le précieux *mourakka*[6], recueil de pages de calligraphie et de miniature, appartenant à la Bibliothèque de Yildiz et qui nous a déjà fourni les peintures de l'école orientale du xiie siècle. Sur l'admirable reliure

---

1. Cette miniature représente deux cavaliers à coiffure mongole, caractérisés par la finesse et le mouvement, et fait partie du grand recueil formé vers la fin du xve siècle à Tebriz pour le prince Turcoman du Mouton Blanc, Yacoub Beg.

2. « Ali Chir Beg étant l'auteur de beaucoup d'inventions parmi lesquelles il y en avait de très bonnes, quiconque avait à son tour trouvé quelque chose de nouveau ne connaissait pas de meilleur moyen de lui donner de la vogue que de le surnommer *alichiri*... L'engouement général était tel, qu'Ali Chir Beg, dans un mal d'oreilles, ayant attaché un foulard autour de sa tête, les femmes adoptèrent l'usage de serrer fortement un foulard bleu autour de leur tête sous le nom de *façon d'Ali-Chir* ». Cf. BABER, *op. cit.*, I, p. 407-408.

3. Cf. BABER, *op. cit.*, I, p. 412.

4. *Ibidem*, I, p. 162.

5. Suivant les données fournies par Aali, le maître de Pir Séïd Ahmed de Tebriz était Djihanghir de Boukhara, lequel était l'élève de maître Gun. *Op. cit.*, p. 64.

6. Une annotation curieuse porte qu'au mois d'août 1682 (Chaban 1093), ce recueil illustré fut remis par le Trésor au Harem Impérial. Ces albums servaient donc aussi à désennuyer les belles captives reléguées dans les pièces du harem, dont l'exiguïté nous étonne au Vieux-Sérail.

de cet album, qui est du xvi⁰ siècle mais se rattache à l'école de Hérat, un fond laqué aux couleurs vives se marie de façon particulièrement heureuse avec des parties de cuir gaufré et doré.

Cette effigie de Behzad fait partie d'une série de portraits à types non moins individualisés, de dignitaires de la cour séfévie. La suscription la donne pour le « portrait de maître Behzad ». On peut difficilement concevoir type rendu de façon plus réaliste, et les deux portefeuilles qu'il porte ne laissent guère de doute sur sa profession.

Behzad est vêtu d'un manteau bleu turquoise et d'une robe noisette. Son turban séfévi à bâton rouge situe de façon certaine cette miniature au début du xvi⁰ siècle.

On est tenté de voir dans l'expression timide et gênée de ce personnage malingre, au cou étique, qui tend son portefeuille, l'empreinte du métier, dont la minutie et le caractère absorbant l'ont déshabitué de l'action, au point de lui rendre pénible la présentation de ses peintures.

L'œuvre de Behzad, même débarrassée des attributions fantaisistes ou intéressées, reste, il faut le reconnaître, quelque peu énigmatique. Cela tient au petit nombre de ses miniatures authentiques connues, sur une production qui a dû embrasser plus d'un demi-siècle et au cours de laquelle son style et sa technique ont évolué et se sont profondément transformés. Aussi est-ce surtout de la découverte de nouvelles miniatures qu'il faut attendre plus de clarté sur le caractère de sa peinture aux différentes périodes de son activité. On sait, par exemple, qu'il existait un *mourakka* dit de Behzad qui renfermait des œuvres du maître, et pour lequel Khondémir a écrit une introduction à sa louange[1].

La carrière de Behzad se partage entre deux grandes époques politiques et artistiques : celle du sultan timouride Husséïn Mirza, dit Husséïn Baïcara (1468-1506), dont Hérat, dans la Perse orientale, était la capitale; et une partie de celle des deux premiers chahs séfévis, Ismaïl et Tahmasp, qui avaient pour capitale Tebriz, dans la Perse occidentale (1511-1534).

Entre ces deux époques, se place une période intermédiaire, qui se rattache à la première. En effet, à la chute de la dynastie fondée par Tamerlan, Behzad est resté à Hérat[2] durant la domination éphémère de Mohammed Khan Cheïbani sur le Khorassan (1507-1510).

---

1. Cf. Mirza Mohammed Qazvini et L. Bouvat, *Deux documents relatifs à Behzad* (*Revue du Monde Musulman*, mars, 1914).
2. Témoignage de Sam Mirza, dans E. Blochet, *Notices sur les manuscrits de la collection Marteau*, p. 132, note 1.

Le principal manuscrit renfermant quelques pages signées de Behzad qui nous soit parvenu, est un petit volume daté de 1442 appartenant au British Museum (Add. 25900).

La première de ces miniatures (fig. 76) représente un combat à chameau des partisans de Medjnoun contre ceux de Leïla, qui illustre ce célèbre poème d'amour. Spectateur impuissant, Medjnoun y assiste du haut de la colline. La variété des positions des guerriers en bleu, vert et rouge, le groupement des chameaux, l'attitude et l'expression navrées de Medjnoun se détachant en bleu sur le fond or du ciel, enfin le visage angoissé d'un combattant desarçonné, l'expression craintive d'un fuyard, font de cette page, grande comme la main, un petit chef-d'œuvre.

La seconde (fig. 77) représente Behram Gour, sous les traits d'un cavalier de type mongol, en vert, à l'arc bandé, qui s'élance à l'attaque d'un dragon bleu et blanc, placé contre le tronc d'un arbre, dans un paysage couvert de rochers. La peinture est d'une extrême finesse, l'expression de tension du cavalier saisissante, et la composition harmonieuse et savante dans son ensemble.

Enfin une troisième page (fig. 78), également signée, représente une bataille de cavaliers d'un mouvement superbe. Deux chameaux et un porte-étendard tranchent sur les scènes de combat et mettent de la variété dans la composition. Les chevaux ont quelque chose de naïf, qui semble tenir à ce que Behzad leur fait un gros œil rond. Un cavalier blessé d'une flèche est renversé sur sa monture, la bouche ouverte avec une expression intense de douleur [1].

Deux autres pages du même manuscrit sont probablement aussi de Behzad : Medjnoun au désert entouré de bêtes sauvages et le dragon à sept têtes, monté par un homme. Des divs grimaçants se dressent devant lui et son visage exprime une grande frayeur. Au fond du paysage est placé un arbre de *vakvak* à floraison de têtes animales et humaines (fig. 79 et 81).

La signature des trois premières miniatures, ainsi conçue : « figuré par l'esclave [2] Behzad », est dissimulée entre deux colonnes de texte, comme on peut le distinguer sur les figures. Elle est calligraphiée, en caractères très fins, dans le style dit *nestalik*. Ces signatures qui se cachent en quelque

---

1. M. Gustave Soulier voit dans les cavaliers de cette miniature qui se retournent, à la mode parthe, pour décocher des flèches, un sujet qui a été copié par les artistes toscans. Cf. *Les influences orientales dans la peinture toscane*, p. 280.

2. *Abd,* esclave, est ici une expression d'humilité.

sorte, doivent être considérées toujours comme sincères, même si elles ne sont pas en caractères cursifs [1].

Quant à la date de ces peintures, qui sont l'œuvre d'un artiste en sa pleine maturité, quoique le manuscrit du British Museum soit de 1442, ce que nous savons de la carrière de Behzad nous oblige à les considérer comme de la seconde moitié du xve siècle. Elles ne seraient donc pas contemporaines du texte, pas plus d'ailleurs que les dernières miniatures de ce manuscrit, à turban séfévi, et forcément du xvie siècle [2].

Ces trois pages signées sont l'œuvre d'un artiste qui se caractérise par une extrême finesse de touche et un grand sens de la composition. Il possède en outre un don rare : celui d'harmoniser l'expression des personnages figurés avec l'action, alors que chez les miniaturistes orientaux, les situations les plus violentes ne se traduisent généralement par aucune émotion sur les visages.

Sur une scène dans un jardin de l'ancienne collection Goloubew [3], la signature de Behzad, à la formule qui la précède près, est très semblable à celle du manuscrit du British Museum [4]. C'est une page tout à fait caractéristique de la fin du xve siècle, avec au fond un grand platane au feuillage multicolore. Le personnage de gauche, au premier plan, d'un profil très réaliste, est un véritable portrait, de même d'ailleurs que toutes les têtes sont individualisées.

Si des illustrations de manuscrits on passe aux œuvres indépendantes de Behzad se rattachant à la Perse orientale, sa maîtrise s'y affirme d'autant plus qu'elles sont à plus grande échelle et de la fin de sa carrière à Hérat.

J'ai déjà parlé [5] de la superbe ébauche à la mine de plomb de Soultan Hussein Baïcara. Le portrait en couleurs de Mohammed Khan Cheïbani mérite d'en être rapproché (Pl. II, en couleurs). La signature calligraphiée,

1. Il ne faut pas transporter dans la Perse du xve et du xvie siècle notre conception moderne de la signature. En Orient elle n'était pas le nom que l'artiste appose par vanité d'auteur et intérêt mercantile, et dont la forme est par conséquent, sinon immuable du moins sujette à peu de changements. Les miniaturistes travaillaient sur commande et ne se préoccupaient pas de la postérité, pas plus que les collectionneurs n'avaient d'arrière-pensées spéculatives. Dans ces conditions, *l'indication du nom du miniaturiste* paraissait en général superflue. Lorsqu'elle est exceptionnellement donnée, c'est sous forme de signature ou d'inscription attributive.

2. Voir dans Martin, *op. cit.*, vol. 1, fig. 24, la reproduction d'une de ces miniatures à turban séfévi.

3. Marteau et Vever, *op. cit.*, pl. LXIX, fig. 87.

4. Le portrait équestre de Soultan Hussein Mirza par Behzad (fig. 58), présente une variante de sa signature, la lettre *h* n'ayant pas la forme en nœud que nous lui voyons sur les miniatures du manuscrit du British Museum de 1442.

5. Voir p. 47 et fig. 59.

« l'esclave Behzad », comme le nom du personnage représenté, sont donnés dans des cartouches enluminés, *réservés* sur le fond bleu de la miniature, et, par conséquent, forcément contemporains.

La désignation de « Cheïbek Khan », qui figure sur l'inscription, est le nom que les chroniqueurs donnent en général à Mohammed Khan Cheïbani[1].

Au printemps 1507, à la tête de ses Tatars-Uzbegs, il envahissait les états de Bédi-ez-Zéman, le fils de Sultan Hussëïn Baïcara, s'emparait de sa capitale Hérat et mettait ainsi fin au règne des descendants de Tamerlan.

Sa conquête ne devait toutefois pas être de longue durée car, en novembre 1510[2], Chah Ismaïl le Séfévi lui reprend le Khorassan. Le crâne du malheureux Khan vaincu, orné de pierreries, devait servir de coupe à vin au Sophi.

Le Grand Mogol Baber rapporte[3] qu'à Hérat Mohammed Khan Cheïbani retouchait les dessins de Behzad et l'écriture de Soultan Ali Mechhedi, le plus célèbre calligraphe de cette époque. Behzad nous représente précisément le conquérant Tatar Uzbeg, non pas dans un attirail guerrier, mais entouré, comme un miniaturiste ou un calligraphe, de portefeuilles, d'une écritoire et de godets. La bague d'archer au pouce rappelle seule le maniement des armes, qui devait lui être cependant plus familier que celui du pinceau et du calame. Behzad a voulu certainement flatter les prétentions artistiques de son nouveau maître, le dernier des grands guerriers de la descendance de Djinguiz[4].

La tête de ce portrait, aux prunelles réduites à deux points, au visage nu malgré un collier de barbe et des moustaches tombantes, est expressive et délicatement traitée. Mais ce qui frappe le plus, c'est la symphonie de quatre grandes taches de couleur : cramoisi, noir, bleu et vert, qui composent toute la palette, au blanc inévitable du turban près. Les deux premières, violentes, contrastent et éclatent. Faut-il voir là la recherche d'une adaptation du coloris au caractère fruste du personnage.

Abstraction faite de son intérêt historique, ce portrait, éminemment représentatif de la période intermédiaire, est une des œuvres les plus originales de Behzad.

Un dromadaire[5] du plus grand caractère (fig. 84), porte deux cartouches,

---

1. Par exemple, la Chronique de Munédjim-Bachi.

2. La date de la défaite de Cheïbani Khan, près de Merv-i-Chahidjan, est donnée par l'Histoire de l'ambassadeur de Nizam Chah. SCHEFER, *Chrestomathie persane*, t. II, 1885, p. 124.

3. BABER, *op. cit.*, t. II, p. 10.

4. S. LANE POOLE, *op. cit.*, p. 270.

5. Voir p. 130, note 2.

de la même main comme graphie et enluminure que ceux du portrait de Cheïbek Khan. L'une des inscriptions constitue une signature calligraphiée : « A figuré Behzad ». Le fond de la peinture elle-même est ici réservé en blanc, mais il faut admettre la sincérité des inscriptions que vient corroborer la qualité de l'œuvre.

Le dromadaire est entravé et enchaîné, et son conducteur en robe bleue, file sa quenouille, élevant un bras dans un geste classique. Cette miniature conserve, malgré la richesse de la couverture de l'animal — laquelle fait contraste avec sa robe bistre — une sobriété dans l'ensemble qui permet de la situer à la fin de la période timouride. La décoration florale naturaliste — or sur fond cramoisi — du milieu de la couverture, sa bordure à fond noir, sont autant de caractéristiques de l'école de Hérat au xve siècle. Toutefois, elles se retrouvent à Tebriz au commencement du xvie, transportées par l'exode vers l'ouest des artistes Khorassaniens[1].

Si les plus grands peintres séfévis de la première moitié du xvie siècle, tels que Mirek, Soultan Mohammed, Chah Kouli, sont les élèves ou arrière-élèves de Behzad, il est impossible, dans l'état actuel de nos connaissances, de parler d'une école de Behzad, du moment que cette pléiade séfévie présente des caractères qui ne se retrouvent pas dans les œuvres de ce maître, exécutées à Hérat, qui nous sont parvenues. Ce qui est plus curieux, c'est qu'on rencontre au Khorassan, à la fin du xve siècle, des artistes comme Kassim Ali, dont la production authentique constitue le chaînon reliant les derniers peintres timourides aux premiers artistes séfévis.

On peut donc dire que Behzad est le dernier et le plus conservateur des miniaturistes timourides. Toutes les œuvres, se rattachant au Khorassan et qui peuvent lui être attribuées d'une façon certaine, présentent les caractères du quattrocento persan.

Aali représente Behzad, non comme un génie isolé et créateur, mais comme le descendant de toute une lignée[2] d'artistes qui ont dû se transmettre des traditions. On en a la confirmation par un manuscrit du British Museum remontant à l'année 1411[3] qui renferme les modèles, malheureusement non signées, qui ont inspiré plus tard les compositions de Behzad. Le nom de Pir Seïd Ahmeh de Tebriz vient naturellement à l'esprit, mais cette hypothèse doit être écartée, car le volume est timouride par sa décoration,

1. Voir pp. 103 et 106-107.
2. Voir p. 64, note 5.
3. Add. 27261.

comme d'une façon plus générale, par sa similitude avec l'Anthologie d'Iskender Sultan.

La filiation est certaine entre la *Lutte de Behram Gour contre le Dragon*, décrite plus haut, et la même scène du manuscrit de 1411 (fig. 80). Le même dragon, ici gris argent bordé de blanc et or, est toujours placé contre un arbre dans la partie rocheuse du paysage. Les rochers, pointillés d'après une technique d'origine chinoise, ont un aspect spongieux. Le mouvement et l'expression du cheval sont identiques[1]. Nous retrouvons également le combat à chameaux (fig. 82). Medjnoun y assiste appuyé contre le tronc d'un arbre, habillé de blanc, les bras croisés, et la poitrine nue. Son expression est résignée et rêveuse, et il se détache sur un ciel d'azur. La disposition des combattants, beaucoup plus simple, est celle d'une poursuite ; l'un d'eux porte une robe vermillon tandis que les autres sont habillés de couleurs foncées et ternes. Les têtes de chameaux sont admirables de réalisme dans cette petite œuvre exquise.

Il n'est pas non plus sans intérêt de rapprocher du Medjnoun au désert que nous venons de voir (fig. 79), celui du manuscrit de 1411, ne serait-ce qu'à raison de l'écart des dates (fig. 83)

Nous devons conclure que Behzad, peintre réaliste et psychologue, a repris les compositions de ses devanciers en y mettant une note personnelle.

Aali, dans ses *Éloges des Artistes*, l'apprécie en ses termes : « Quoique Behzad soit le propre élève de Pir Séïd Ahmed de Tebriz, ce sont les hautes faveurs de Husséïn Baïcara et de Chah Ismaïl qui sont cause de sa vogue, de ses succès et de l'habileté de sa peinture. »

En Orient, plus qu'en Occident, c'est la faveur du prince qui encourageait les talents et consacrait les réputations artistiques. Sous ce rapport, Behzad est un privilégié de la fortune. Son nom est auréolé du dernier éclat des descendants de Tamerlan et de la gloire des premiers Séfévis.

Il n'est pas étonnant dans ces conditions que le nom de Behzad ait fourni aux écrivains et aux poètes orientaux une métaphore courante pour désigner la perfection picturale. Depuis le xvi° siècle, Behzad était un nom fameux mais il n'était bientôt plus que cela. L'oubli de l'œuvre du maître

---

1. Un Saint Georges combattant le dragon d'un primitif allemand de la fin du xv° siècle, entré ces derniers temps au Louvre, présente une analogie curieuse de mouvement et d'expression avec les figures 77 et 80. Le cheval allemand se soulève aussi sur ses jambes de derrière et il a un gros œil rond qui lui donne un air bête. Voir la reproduction dans l'article de M. Demonts, *Gazette des Beaux-Arts*, novembre 1922 et mai 1924.

avait été la rançon de cette gloire littéraire. Le fait que son nom est le plus souvent associé à celui de Mani, personnage du IIIe siècle, qui, d'après une tradition dont Firdoussi se fait l'écho, aurait introduit l'art de la peinture de Chine en Perse, en est la meilleure preuve.

A la fin du XVIe siècle, le nom de Behzad revient plus d'une fois sous la plume d'Aali, lorsqu'il fait l'éloge d'un artiste. Un manuscrit de 1614 sur l'architecte de la mosquée de Sultan Ahmed à Stamboul, Mehmed Agha, renferme une pièce de vers, *Kassidé*, qui fait tenir à Behzad le compas pour les plans de la mosquée, sans oublier Mani. Vers le milieu du XVIIe siècle, le Cheikh-ul-Islam Béhayi Effendi, s'écrie dans un *ghazel* célèbre : « Tu sais peindre le duvet et le grain de beauté du ravisseur de cœurs, Mais que peux-tu, ô Behzad, devant son charme et sa séduction ? » Enfin à une époque aussi basse que le XVIIIe, l'ambassadeur turc auprès de la Cour de France, Mehmed Effendi, ayant visité en 1721, la manufacture royale de tapisseries, trouve les personnages si bien représentés qu'il pense que « certainement Mani ni Behzad ne pourraient point atteindre à ce degré de perfection, même sur le beau papier de Catay »[1].

Pour tous ces auteurs[2] : historien, biographe, poète ou diplomate, le nom de Behzad n'est qu'un prétexte à une figure de rhétorique ou à une comparaison élégante, et ils ignorent son œuvre aussi complètement que celle de Mani.

⁂

Une conséquence de l'extraordinaire renommée de Behzad en Orient a été que des possesseurs de manuscrits enluminés ou de miniatures détachées, qu'ils jugeaient dignes de la réputation du maître, y ont apposé son nom.

C'était la plupart du temps une simple attribution et quelquefois une signature que l'on faisait précéder du correspondant arabe de *fecit*. Il est inutile d'ajouter qu'aucun discernement n'était apporté dans ces hommages naïfs à un maître dont on ne connaissait que le nom, ou dans ces tentatives transparentes de faux.

Les auteurs occidentaux, impressionnés par ce grand nom, tendent aussi à faire absorber et personnifier par Behzad, toutes les belles œuvres de la

---

1. Cf. *Relation de l'ambassade de Mehemet Effendi à la Cour de France en MDCCXXI*, écrite par lui-même et traduite du turc, Paris, MDCCLVII.

2. C'est à la littérature turque que ces citations sont empruntées, mais l'influence persane qu'elle a subie, jointe à ce fait que l'art turc dérive de la Perse, font qu'elles conservent toute leur portée.

fin du xve et du commencement du xvie siècle, car trop souvent on ne découvre comme critérium à leurs attributions, que la date et la qualité des miniatures.

M. Martin dans son ouvrage, d'une documentation iconographique exceptionnellement riche, illustre le chapitre consacré à Behzad et à son école, d'une soixantaine de miniatures et de dessins, dont plus de la moitié sont donnés comme de la main même du maître. L'œuvre attribuée ainsi à Behzad a un caractère hétéroclite et on se trouve certainement en présence des productions d'une demi-douzaine d'artistes, qui souvent n'ont rien de commun entre eux[1].

W. Schulz de son côté, se basant sur une attribution du Grand Mogol Djihanghir, considère les illustrations du *Zafernamé* de 1467, Histoire de Tamerlan, par Cherefeddin Ali Yezdi, comme une œuvre de Behzad, et pense que pour caractériser cet artiste il suffit de décrire les douze miniatures[2] en pleine page qui illustrent ce volume. Il va jusqu'à décrire comme de Behzad un effet de nuit où *le croissant mêle sa lumière à celle des torches,* et c'est à peine si un doute effleure son esprit sur une origine indienne possible de cette page[3]. S'il ne s'agit pas là d'une description poétique et si effectivement cette miniature comporte des effets de lumière, la paternité, non seulement de Behzad mais de tout autre miniaturiste persan, même du xvie siècle, serait à écarter.

Une discussion des principales attributions à Behzad s'impose dans ces conditions.

Le seul manuscrit, dont M. Martin donne des peintures comme *signées* de Behzad, est un *Heft-Peïker* de Nizami, qui se trouve actuellement au Metropolitan Museum of Art de New-York. Des deux scènes de ce manuscrit reproduites par cet auteur[4], celle de Behram Gour avec une des dames des Sept Climats (désignée par erreur comme Chirine), est une copie servile, au point d'engendrer une confusion, d'après une peinture (fig. 86)[5] du

---

1. Voir Martin, *op. cit.,* vol. II, la planche 67, les planches 70-71, 72-73 et 75 à 78 ainsi que les planches 81, 82, 83, 85, 88 et 91.

2. W. Schultz, *op. cit.,* vol. II, pl. 52, 53, 54 et 55. Martin, *op. cit.,* pl. 69.

3. *Ibidem,* vol. I, p. 107-108. L'absence de renvoi dans le texte aux planches visées, ne permet pas de trancher la question de savoir quelle est la miniature que W. Schulz a en vue par cette description. Le Grand Mogol parle de huit miniatures et non de douze d'où il faut conclure que quatre ont dû être ajoutées après coup aux Indes.

4. Martin, *op. cit.,* vol. II, pl. 67.

5. Cette figure donne une idée très imparfaite de cette miniature exquise, en gris et bleu dans un encadrement d'or, dont les têtes aux yeux bien fendus et entr'ouverts ont une exceptionnelle finesse d'expression.

manuscrit du British Museum de 1411, dans lequel nous avons trouvé des
prototypes d'œuvres de Behzad. La seconde scène, qui représente Behram
Gour chassant le lion, rappelle aussi beaucoup le même manuscrit : le
paysage et le type des cavaliers, à turban revenant sous le menton, se rapproche de la figure 82, tandis que le cheval du chah est identique jusqu'à
son expression naïve à celui de la figure 80.

Je donne une troisième miniature du *Heft Peïker* de New-York, ayant
pour sujet un exploit de chasse de Behram Gour (fig. 87), et qui est aussi
apparenté au manuscrit de 1411, malgré les hautes coiffures mongoles des
principaux personnages[1].

Le catalogue du Metropolitan Museum of Art établit que le *Heft Peïker*
de Nizami a été offert au Grand Mogol Akbar par le gouverneur du Pendjab en 1580 et qu'il contient cinq peintures qui sont toutes signées[2]. On
devine en effet le nom de Behzad, en caractères microscopiques, dans le
coin de droite de la scène de chasse au lion[3] et dans le coin de gauche de
la figure 87, côté du buisson. Cette signature, qu'aucune formule ni épithète
d'humilité n'accompagne, est différente de celle que nous avons vue dans le
manuscrit du British Museum et se rapproche de celle du portrait équestre
de Sultan Hussëïn Mirza. Il semble cependant que toute idée de supercherie
doive être écartée devant une signature dissimulée au point d'avoir échappé
à l'acquéreur indien du XVIe siècle[4], à M. Martin pour deux miniatures sur
cinq[5], et aux auteurs du catalogue de New-York, tant qu'ils n'ont pas eu
connaissance du travail de M. Martin.

Toutefois la différence de style entre ces miniatures et les figures 76, 77
et 78 est tellement grande qu'il faut admettre que les illustrations du *Heft
Peïker* représentent la première manière du maître, tandis que les peintures
du British Museum correspondent à la maturité de son talent.

1. Les coiffures mongoles, très spéciales, qui se rencontrent fréquemment sur les miniatures timourides, doivent s'expliquer non seulement par la présence de troupes mongoles dans les armées timourides,
mais encore par ce fait que ces couvre-chefs étaient en usage, à côté du turban, chez les descendants de
Tamerlan. Baber parlant d'Omer Cheikh Mirza († 1493-94) écrit : « Il portait le turban à un seul tour,
tandis qu'il était d'usage dans ce temps-là de le porter à quatre tours... L'été, à moins qu'il ne fût au
conseil, il ne portait la plupart du temps que le bonnet mongol ». *Op. cit.*, t. I, p. 13.

2. JACKSON AND YOHANNAN, *A Catalogue of Persian Manuscripts presented to the Metropolitan Museum
of Art by A. S. Cochran*, New-York, 1914, pp. 72 et 73.

3. MARTIN, *op. cit.*, pl. 67.

4. Une note à la fin du manuscrit se rapportant à son acquisition par le donateur et qui indique le
nombre des pages illustrées, les donne simplement comme « l'œuvre de maîtres », *Kiar-i-oustadan*. Cf.
JACKSON AND YOHANNAN, *op. cit.*, p. 74.

5. Cf. MARTIN, *op. cit.*, vol. I, p. 113.

« Le British Museum possède », dit M. Martin, un « superbe (*glorious*) manuscrit de Nizami (Or. 6810), daté de l'année 899 de l'Hégire, soit 1493 de l'ère chrétienne, avec dix-sept miniatures par Behzad (pl. 72, 73) et cinq par Mirek (pl. 94 et 95)[1] ».

J'ai pu étudier ce précieux manuscrit. Une pseudo-signature de Behzad est répétée sur la marge inférieure des pages illustrées (voir fig. 88 à 93 et 154), accompagnée quelquefois d'une signature de Mirek, aussi peu authentique. Mais un examen plus attentif m'a permis de découvrir[2], à côté de ces

[1]. *Op. cit.*, vol. I, p. 45.

[2]. Les lettres que M. Martin m'a adressées à la fin de 1924 et que je m'abstiens de qualifier, ne sont pas de nature à me faire changer un iota à ce que j'avais précédemment écrit au sujet de Kassim Ali. Ce qu'il appelle mes « attaques contre son ouvrage », et ma prétention d'avoir découvert Kassim Ali, le mettent hors de lui. Il m'écrit qu'il connaissait cette signature et que je m'approprie le savoir d'autrui. Or le nom de Kassim Ali *n'est pas mentionné* dans le chapitre qui traite du manuscrit Or. 6810 du British Museum, que M. Martin donne simplement comme illustré par Behzad et Mirek (*op. cit.*, p. 45). Même, une miniature qui est signée Kassim Ali, est reproduite (*op. cit.*, pl. 72), comme de Behzad, sans l'ombre d'une allusion à cette signature. Le nom de Kassim Ali qui ne figure pas dans le texte de l'ouvrage de M. Martin, n'apparaît pas davantage dans la *Liste des Peintres*, nomenclature par ordre alphabétique, qui forme son dernier chapitre.

J'étais donc en droit de croire que M. Martin avait ignoré Kassim Ali. Mais il me signale un paragraphe de la *Liste des Peintres* (p. 113), *sous la rubrique Behzad*, où en effet Kassim Ali est incidemment mentionné. Dans ce passage M. Martin cite, parmi les œuvres de Behzad, le Nizami du British Museum, Or. 6810, avec seize miniatures de Behzad et cinq de Mirek. « A cinq de ces miniatures a été ajoutée dans une écriture contemporaine la signature de Qasim Ali, un artiste inconnu. Il a écrit aussi son nom sur une miniature qui est dans le style de Mirek. Cela semble indiquer qu'il était un copiste contemporain excessivement habile. »

Donc, pour M. Martin, Kassim Ali, artiste inconnu, est un copiste de Behzad et de Mirek, et sa signature n'empêche pas de considérer les œuvres sur lesquelles elle figure, comme de Behzad ou de Mirek, sans même que ce fait mérite une mention dans le texte de son ouvrage.

Pour moi, Kassim Ali est un des plus grands miniaturistes de la fin du xve siècle, célèbre d'ailleurs parmi ses contemporains, qui a authentiquement signé sept pages du Nizami en question, lesquelles représentent une œuvre parfaitement harmonieuse (Voir nn. 75, 76 et 77). Les autres miniatures non signées de ce manuscrit, moins quatre, sont aussi très probablement de lui, et Behzad n'y a dans tous les cas rien à voir. Le premier, j'ai parlé de cet artiste et de son œuvre dans la *Gazette des Beaux-Arts* d'octobre 1920, en rapprochant son nom de celui de Behzad, et le mot *découverte* que M. Martin emploie ironiquement est peut-être à sa place.

Le manuscrit en question du British Museum renfermerait donc, d'après M. Martin, des miniatures non signées qui seraient de Behzad, et des miniatures signées Kassim Ali, qui seraient des copies d'après Behzad. Cette hypothèse est étayée par l'affirmation que sur une de ces miniatures figurerait un personnage ayant fait l'objet d'une esquisse par Behzad (*op. cit.*, p. 43 et pl. 72). Or l'examen le plus superficiel suffit à établir qu'il n'y a rien de commun entre le dessin dont il s'agit, soit le portrait de Hosséïn Baïcara (notre fig. 59), et cette miniature. Ces suppositions gratuites et invraisemblables dispensent de pousser plus loin la discussion.

Il résulte du prospectus (1924) d'une publication que M. Martin se proposait de consacrer au manuscrit du British Museum Or. 6810, qu'il s'est vu obligé, depuis, de promouvoir Kassim Ali, du rang de *copiste* à celui d'artiste, du moment que le titre de l'ouvrage donne le Nizami comme enluminé par Behzad, Mirek et *Kassim Ali*. La paternité de Behzad étant maintenue et la miniature, sur laquelle figure le personnage, soi-disant peint d'après l'esquisse de ce maître, étant signée en toutes lettres Kassim Ali, l'attribution de cette page deviendrait fort malaisée, si M. Martin s'embarrassait de logique.

attributions maladroites, la signature authentique d'un artiste qui nous était inconnu, cachée modestement entre deux colonnes de texte ou deux vers. Ce nom qui prend désormais place parmi les plus grands de la miniature persane, Kassim Ali, se lit d'ailleurs très distinctement au-dessus du platane, sur la miniature reproduite à la planche 72 de M. Martin, comme une œuvre de Behzad. Cette preuve éclatante que Behzad est étranger au « glorious manuscript » du British Museum, classé comme son œuvre à raison des grossières signatures que nous y voyons, doit mettre en garde contre les attributions analogues dont on a été très généreux jusqu'ici à l'égard de cet artiste.

Une miniature[1], qui n'est pas de Kassim Ali et qui semble de la même main que la double page précédant le texte et attribuée à Mirek Khorassani, porte l'inscription suivante : Pour la bibliothèque du grand émir, du plus juste, du plus valeureux, Emir Ali Farsi Berlas. Que sa fortune dure jusqu'au jour de la résurrection.

Le Grand Mogol Baber cite dans ses Mémoires[2], au nombre des émirs de Sultan Huséïn Baïcara, Mirza Ahmed *Ali Farsi-Berlas,* ce qui identifie ce personnage. C'était un lettré et un dilettante qui avait voulu posséder un exemplaire de grand luxe d'un des chefs-d'œuvre de la littérature persane. Baber ajoute en effet : « Quoi qu'il ne composât pas de poésies, il avait un jugement qui le rendait capable d'apprécier les belles choses; sa distinction en faisait un homme remarquable entre tous. »

Cette inscription situe le manuscrit de façon certaine à Hérat.

Les miniatures en pleine page signées par Kassim Ali sont au nombre de sept. Celle où figurent Alexandre (Iskender) et les sept Sages[3], est sans contredit une des plus belles œuvres de la fin du xve siècle; ces têtes de vieillards, aux expressions variées, sont admirables. Cette miniature est datée de 1495 (900 de l'Hégire), au-dessus de la fenêtre du balcon, et la signature de Kassim Ali, effacée en grande partie, se reconnaît toutefois sur l'original dans l'angle du texte.

La scène de l'école en plein air (fig. 88) est une des œuvres les plus charmantes de cet artiste, avec la tête finement dessinée du vieux maître, la diversité des occupations des élèves, dont un dort au premier plan, les airs penchés des deux fillettes du fond, le majestueux platane qui domine

---

1. Fol. 62 v. du Ms. Voir la reproduction dans MARTIN, *op. cit.,* pl. 95, fig. de gauche.
2. Cf. t. I, p. 386.
3. MARTIN, *op. cit.,* pl. 72.

ce petit tableau et dont l'automne a coloré les feuilles en deux verts, en jaune et en rouge[1].

Une des pages les plus curieuses de ce manuscrit est celle qui représente huit femmes prenant leurs ébats dans un bassin, aux sons d'une harpe, tandis qu'un indiscret les regarde en cachette, à travers la croisée entr'ouverte d'un balcon. Le fond du tableau à gauche est occupé par un jardin, dans lequel un arbre en fleurs et un cyprès se marient de façon particulièrement heureuse (fig. 89). C'est une composition pleine d'esprit et d'imagination, dont la signature se devine à la loupe dans le coin du texte.

Kassim Ali a obtenu un maximum d'effet dans l'exécution d'un platane au tronc gris et aux feuilles colorées dans une gamme puissante (fig. 90).

La miniature où apparaît au premier plan Medjnoun, le fou d'amour, étendu au bord fleuri d'une rivière, entouré de bêtes apprivoisées (fig. 91), et dont le second plan présente des scènes de la vie rustique, révèle l'animalier chez Kassim Ali. Cette peinture permet, en outre, d'attribuer d'une façon certaine à notre miniaturiste, à raison de la similitude absolue d'un couple de chevreuils et d'un renard, une maîtresse page non signée (fig. 92). Sur un fond mauve clair à semi régulier qui se détache sur un ciel d'or, Medjnoun, entouré d'animaux sauvages, traités avec autant de réalisme que de finesse, cause avec un personnage à turban au bord fleuri d'un ruisseau. Un point d'or dans l'œil avive d'extraordinaire façon le regard du lion, du tigre et du lièvre. Behzad a usé du même procédé pour les chameaux de la figure 78[2].

Enfin une scène de combat contre le dragon (fig. 93), traitée par Kassim Ali d'une façon identique à Behzad, avec l'adjonction, au second plan, de quelques personnages secondaires, est intéressante à rapprocher de la figure 77, qui lui a manifestement servi de modèle.

Ce manuscrit renferme une demi-douzaine d'autres miniatures non signées[3], qui peuvent être attribuées avec beaucoup de vraisemblance à Kassim Ali, comme l'assassinat de Khosrev aux côtés de Chirine (fig. 154). Quatre pages sont d'une autre main[4].

La seule mention du peintre qui se révèle ainsi à nous avec une œuvre

---

1. Tous ceux qui ont voyagé dans le Proche Orient connaissent cet aspect automnal des platanes aux puissantes ramures, dont les miniaturistes persans ont su tirer des effets si pittoresques.

2. L'or est déjà employé pour les yeux des animaux dans les miniatures du *Kélilé et Déminé* de la collection Marteau, qui peut remonter à la fin du XIIe siècle. Bibliothèque Nationale. Sup. Pers., 1965.

3. MARTIN, *op. cit.*, en reproduit deux à la planche 73.

4. *Ibidem*, pl. 94 et 95.

harmonieuse et authentique est celle de l'historien persan Khondémir. Il parle du portraitiste Kassim Ali, artiste d'une très grande habileté, qui était contemporain de Khadjé Mirek « le peintre », (nakkach), mort vers 1507[1]. C'est évidemment de notre miniaturiste qu'il s'agit. On ne peut que regretter de ne connaître aucun portrait signé par Kassim Ali, qui devait exceller dans ce genre, pour avoir reçu le surnom de *Tchehré-Kucha*, c'est-à-dire portraitiste.

Le *Zafernamé*, Histoire de Tamerlan, de 1467, n'est porté, comme je l'ai dit, à l'actif de Behzad par W. Schulz, qu'à raison de l'annotation du Grand Mogol Djihanghir qui en attribue les peintures à cet artiste[2]. *A priori* une attribution du xviie siècle pour l'identification d'un travail remontant au xve, paraît insuffisante. Cela équivaudrait à se contenter de l'opinion de Louis XIV pour attribuer une toile à Raphaël. Mais le fait que des illustrations d'un manuscrit de la Bibliothèque Nationale, attribuées par le Grand Mogol Chah Djihan à Cheikh Zadé, portent une signature authentique de Mahmoud el-Muzéhib (fig. 128)[3], et qu'un manuscrit de M. Kévorkian avec une miniature que M. Blochet considère comme authentiquement signée de Behzad, porte des annotations des Grands Mogols Akbar, Djihanghir et Chah Djihan, qui évaluent à trois et quatre mille roupies ce volume, mais ne font aucune allusion à Behzad[4], enlèvent toute valeur critique aux appréciations artistiques de ces têtes couronnées.

L'infatuation même de Djihanghir est faite pour provoquer notre scepticisme quant à ses facultés critiques. Il se vante, en effet, dans ses *Mémoires*, lorsque, d'après une pratique indienne assez fréquente, plusieurs artistes avaient collaboré à une même miniature, de reconnaître les différentes mains, et même l'auteur des yeux et des sourcils, lorsque la division du travail avait été poussée jusque-là[5].

Les peintures d'un *Khamsé* d'Emir Khosrev de Delhi, de 1485, sont données par M. Martin comme une œuvre certaine de Behzad[6], sans qu'aucune raison soit indiquée à l'appui. Toutefois dans une publication spéciale sur ce manuscrit qui lui a appartenu[7], M. Martin parle incidemment

---

1. BLOCHET, *Les Peintures*, p. 177, en note : « Khadja Mirak mourut à l'époque à laquelle Mohammad Khan Schaïbani s'empara du Khorassan ». Cheïbani Khan a fait la conquête du Khorassan au printemps 1507.
2. Voir plus haut, p. 72.
3. Voir p. 88.
4. BLOCHET, *Les Peintures*, p. 281-282, note 3.
5. Cf. PERCY BROWN, *Indian Paintings under the Mughals*, pp. 77 et 110.
6. MARTIN, *op. cit.*, pl. 75 à 78.
7. MARTIN, *Les Miniatures de Behzad dans un manuscrit daté de 1485*, Munich, Bruckmann, 1912.

d'un dessin de M. Demotte, daté et signé par Behzad, qui représenterait un personnage d'une des miniatures de ce volume [1]. Il en tire même cette conséquence que « Behzad exécutait ses figures en grand pour les réduire ensuite ».

La signature de ce dessin [2], jointe à la tendance constatée chez Behzad à rendre les mouvements de l'âme, doit en faire admettre l'authenticité. Il représente un homme qui pleure en tenant un mouchoir sur ses yeux, tandis que le personnage dont on le rapproche se couvre le visage avec la manche, pour ne pas voir une exécution. Lorsqu'on met l'un près de l'autre le dessin et la miniature, on constate que le type, la position et le costume des deux personnages sont totalement différents. Au surplus, le manuscrit auquel appartient cette miniature est daté, au dire de M. Martin, de 890 de l'hégire, tandis que le dessin de Behzad, qui lui aurait servi d'esquisse, porte une date postérieure de deux années.

Si des illustrations de textes, nous passons aux œuvres détachées considérées comme de Behzad, le portrait d'un derviche de Bagdad [3], qui porte une attribution à ce maître, calligraphiée et enluminée, et que M. Martin considère comme le chef-d'œuvre de Behzad dans le portrait, m'a fait à l'Exposition de Munich, l'effet d'être de basse époque. Malgré son réalisme puissant, il y a, me semble-t-il à cela, deux raisons capitales : une de technique et une autre de dessin. D'abord au xve et au xvie siècle, on n'a pas d'exemple de tête modelée par des ombres : les artistes persans de l'époque classique donnent l'illusion du relief des figures par des lignes, et les couleurs sont appliquées en teintes plates ; il faut ensuite descendre jusqu'au xviiie siècle pour trouver des mains aux doigts en boudins témoignant d'une telle inhabileté de dessin. C'est faire une injure gratuite aux élèves de Behzad que de supposer que les mains sont leur œuvre [4] ; quant à l'hypothèse qu'elles auraient été peintes plus tard [5], elle ne constituerait une explication que si on avait attendu trois siècles pour compléter ce portrait [6].

1. MARTIN, *Les Miniatures de Behzad dans un manuscrit daté de 1485*, pl. 8.

2. MARTEAU et VEVER, *op. cit.*, pl. CXXXIX, fig. 183.

3. MARTIN, *op. cit.*, vol. II, pl. 85.

4. Cf. MARTIN, *op. cit.*, vol. I, p. 47.

5. *Miniaturen und Buchkunst* dans *Ausstellung von Meisterwerken muhammedanischer Kunst*, Munich, vol. I, légende de M. Martin sur la planche 26.

6. Je ne me dissimule toutefois pas que la similitude des inscriptions enluminées de la planche II en couleurs et des figures 59 et 129 pose un problème. La suggestion de M. G. MIGEON (*Manuel d'Art Musulman*, 1927, t. I, légende de la fig. 73), d'y voir une œuvre turque est d'autant plus intéressante, qu'elle permettrait non seulement de faire remonter ce portrait au xvie siècle, mais expliquerait aussi un degré de réalisme qu'on ne connaît guère dans l'art persan.

Deux maîtresses pages, le prisonnier mongol sur soie et le derviche de M. J. Doucet, qui n'ont rien de commun entre elles, sont également attribuées sans aucune raison à Behzad.

Le premier de ces portraits (fig. 96), qui appartient certainement à la Perse orientale et au xvᵉ siècle, est celui d'un Mongol, qui porte une espèce de carcan au cou, et ses armes[1]. Il a les pommettes et la mâchoire saillantes, les yeux bridés et rêveurs et le front plissé. Il est en bleu toile profond sur fond or. L'étui gros bleu de son arc est décoré d'un phénix et d'un dragon qui luttent, marque d'influence chinoise, comme la soie qui remplace le papier. On ne peut pas y voir Tamerlan, comme le suggère le catalogue de l'Exposition de Munich; mais son réalisme oblige à admettre qu'il s'agit d'un portrait et par conséquent d'un homme de guerre du xvᵉ siècle.

Le profil du derviche[2], abîmé dans son rêve, est saisissant d'expression (fig. 94). Les vers qui accompagnent le portrait de ce mystique, lui prêtent ces paroles :

> De quoi suis-je donc redevable au ciel s'il m'a donné une âme ?
> Car il a créé en moi une source de chagrins dont cette âme souffre chaque jour[3].

Le mysticisme[4] tient une grande place dans l'évolution de la religion musulmane, particulièrement en Perse, et à ce titre, cette effigie est représentative de toute une classe. Suivant toutes probabilités, elle se place à la fin du xvᵉ siècle, et on n'a pour l'attribuer à Behzad que son excellence.

M. Martin, qui parle judicieusement des fausses signatures de Behzad « n'ayant pas la plus légère ressemblance avec les caractères microscopiques du maître », n'en considère pas moins comme l'œuvre de ce dernier, la copie, appartenant à M. J. Doucet, du fameux portrait, pris pour celui de Djem Sultan et attribué à Gentile Bellini[5], qui porte en caractères gras une signature manifestement apocryphe (fig. 95).

---

1. Il existe un certain nombre de miniatures postérieures à celle-ci et représentant un personnage dans la même pose et le même attirail. Voir plus bas, p. 107, note 3 pour ces peintures et leur attribution.

2. « Dépose tout ce que tu as dans la tête, donne tout ce que tu as dans la main, ne tressaille de rien de ce qui t'arrive, tu seras un derviche », a dit le poète mystique Abou Saïd, DARMESTETER, *Les Origines de la Poésie persane*, Paris, 1887, p. 87-88.

3. MARTEAU et VEVER, *op. cit.*, légende de la planche X, qui donne cette miniature en couleurs.

4. Voir pour les origines chrétiennes et bouddhiques du mysticisme musulman, E. BLOCHET, *Revue de l'Orient Chrétien*, 3ᵉ série, t. V, nᵒˢ 1 et 2.

5. MARTIN, *op. cit.*, vol. II, pl. 225. Voir au sujet de l'attribution et de l'identification de ce portrait, Arménag SAKISIAN, *Djem Sultan et les fresques de Pinturicchio* (*La Revue de l'Art*, février 1925, pp. 87-88).

Les généralisations basées sur les manuscrits illustrés ou les œuvres détachées que nous venons de passer en revue, perdent forcément toute valeur. Comment croire en effet que Behzad puisse être considéré comme le créateur[1] de la miniature persane, lorsque nous avons sous les yeux ses modèles ; comment penser qu'il aimait peindre les derviches et les instituteurs et non les événements de guerre, quand la plupart de ses portraits représentent des conquérants et ses principales miniatures, des scènes de bataille et de combat ; comment conclure à son cœur tendre parce que les écoliers de compositions dont il n'est pas l'auteur, jouent ou s'amusent toujours[2] ?

Par contre en de belles pages, M. Martin évoque avec autant de vraisemblance que d'imagination et de sens poétique, le cadre lumineux, fait d'arbres, de fleurs et d'eaux vives, dans lequel Behzad devait travailler à Hérat, capitale de son royal protecteur.

Un Mahomet monté sur la jument à tête de femme *bourak*, et accompagné de l'ange Gabriel, du recueil de Behram Mirza, est attribué par une inscription à « maître Chah Mouzaffer, dessinateur en noir[3], peintre Khorassanien ». Mahomet est nimbé et porte deux longues tresses. Les types, y compris la tête de la *bourak*, sont individualisés et peu sympathiques. Les probabilités de l'exactitude de cette attribution, contemporaine du *mourakka* (1543-44), augmentent lorsqu'on se rappelle que le Grand Mogol Baber, en parlant de cet artiste, observe qu' « il rendait les cheveux avec un art des plus délicats ». Effectivement les cheveux sont détaillés au trait sur cette page et ne sont pas figurés par masses. Nous savons, toujours grâce à Baber, que Chah Mouzaffer, un protégé de Mir Ali Chir comme Behzad, est mort jeune[4], ce qui explique que ses œuvres nous soient inconnues.

Le nom de Cheikh Zadé est associé à Behzad comme celui d'un élève qu'il a formé dans la Perse orientale et par conséquent au xve siècle. Sa réputation devait être assez grande du moment que le Grand Mogol Chah Djihan lui attribue, à tort d'ailleurs, des œuvres qui ne portent pas sa signature[5]. Cheikh Zadé a signé dans un recueil du Vieux-Sérail[6] une

---

1. MARTIN, *op. cit.*, vol. I, p. 50.

2. MARTIN, *op. cit.*, vol. I, p. 49.

3. *Siah-Kalem*, dont la traduction littérale serait calame noir. Cette expression est aussi appliquée aux œuvres mêmes, c'est-à-dire aux dessins en noir. AALI, *op. cit.*, p. 45.

4. BABER, *op. cit.*, vol. I, pp. 384 et 412.

5. Voir p. 88.

6. N° 37067.

grande composition champêtre à cuisiniers et rôtisseurs, installés avec leurs marmites et leurs broches, sur un gazon fleuri, vert sombre. Une autre page signée de cet artiste appartient au xvi⁰ siècle et c'est au chapitre suivant qu'il en sera question.

Sans vouloir passer en revue les principales œuvres timourides anonymes, je désire signaler quelques pages caractéristiques.

Sur une miniature d'un grand relief et qui doit se placer au début du xv⁰ siècle, un lion fauve d'une très belle ligne, a le mufle transpercé par une flèche. Devant lui se dresse le cavalier, qui vient de décocher le trait. Il est en veste cramoisie et hauts-de-chausse gros bleu, sur un cheval à robe claire, soulevé sur ses pieds de derrière (fig. 98).

La couleur triomphe dans la figure suivante (fig. 99). Sur la moitié supérieure du tableau, un ciel gros bleu profond se marie avec les floraisons roses et blanches de deux arbres et le plumage multicolore des oiseaux; un petit nuage stylisé s'y détache en or. Les deux personnages du premier plan, en lilas et cramoisi, ressortent sur le fond clair de la colline.

Une scène charmante à deux personnages, qu'on serait tenté de rapprocher de la figure 41 du xiv⁰ siècle, est une page de manuscrit (fig. 100). L'adolescent assis est en vert clair et celui qui, debout, s'appuie sur une canne, les yeux en coulisse, est en marron. C'est l'or qui rend le ciel sur lequel se détachent les arbres fleuris et les oiseaux, le carrelage en faïence du milieu de la composition étant gros bleu, décoré d'or.

Un faucon blanc sur fond or, de petites dimensions, est une œuvre d'une suprême distinction. Elle doit se situer dans la seconde moitié du xv⁰ siècle (fig. 102).

La maîtrise de l'école de Hérat s'affirme aussi dans des compositions anonymes à la plume. La figure 101, d'après un recueil de la Bibliothèque de Yildiz, représente un ange avec des ailes à nervures élégantes et une coiffure de feuilles. Des animaux, des monstres, même des scènes, ornent sa tunique. Son visage, ainsi que les volatiles qu'il a en mains, sont rehaussés de couleurs. Le trait est aussi fin que léger, et vu la perfection de ce dessin, il faut le situer dans la seconde moitié du xv⁰ siècle.

Sur un dessin de M. Stoclet, de beaucoup de caractère, un lion, au mufle et aux pattes stylisées, est monté par un saint personnage qui tient des serpents en mains et qu'un ange survole (fig. 103).

Deux belles compositions de grand format se rattachant au génie ailé de Yildiz, mais qui lui semblent postérieures, appartiennent à **M. F. Sarre.**

L'une d'elles (fig. 104) doit représenter *l'arbre des Houris*, dont Nassir-i-Khosrev, le voyageur persan du XIᵉ siècle, parle comme d'une des merveilles qu'il vit dans le Harem de Jérusalem. Schefer ajoute que selon la tradition musulmane les houris seraient apparues à Mahomet, la nuit de son ascension dans le temple de Jérusalem, près d'un arbre qui se trouvait non loin de la plate-forme de la Sakhrah. C'était un immense micocoulier sous lequel on avait établi un banc et un mihrab [1].

D'après les reproductions du Catalogue du Musée Jacquemart-André, j'avais pris pour des œuvres de la même série, deux dessins de génies ailés, dont l'un porte la signature calligraphiée de Véli-Djan bin Kassim [2].

L'examen des originaux — qui présentent un excès de détails au détriment du style — m'oblige à conclure que ce ne sont là que des copies de la fin du XVIᵉ siècle [3].

Je ne puis placer qu'au XVᵉ siècle et dans la Perse orientale un dessin au trait souple et calligraphique, qui allie une extrême finesse à beaucoup de caractère. Une rosse invraisemblable, sans selle ni bride, est enfourchée par un homme à bonnet de fourrure, ayant un singe sur l'épaule et un oiseau en mains (fig. 107).

La découverte de la fontaine de Jouvence (pl. 1 en couleurs), et l'enlèvement d'une princesse par mer (fig. 108), sont des pages détachées respectivement d'un Nizami et d'un Emir Khosrev Dihlévi. Ce dernier poète a fleuri aux Indes à la fin du XIIIᵉ siècle et ses œuvres semblent avoir été très populaires dans la Perse orientale. La découverte de la fontaine de Jouvence, dans laquelle les poissons morts vont revivre, est d'une composition aussi savante qu'harmonieuse; des fleurs roses et rouges émaillent la prairie verte, et un énorme cactus se détache sur le fond lapis du ciel.

L'enlèvement par mer [4] est aussi une page exceptionnelle, tant par la diversité et le réalisme des types que par les dimensions de la miniature [5]

1. *Sefer Nameh de Nassiri Khosrau,* traduit et annoté par Ch. Schefer, p. 98.

2. Voir pour les reproductions *Catalogue itinéraire du Musée Jacquemart-André,* nᵒ 261.

3. Véli Djan *bin Kassim,* fils de Kassim, est probablement l'artiste tébrizin Véli Djan, de la fin du XVIᵉ siècle, qui a séjourné à Constantinople. En effet le manuscrit calligraphié par Imad el-Hassani, en tête duquel figurent ces dessins qui lui sont étrangers, a été relié à Constantinople. Un recueil du Vieux-Sérail (nᵒ 37063), formé au XVIIIᵉ siècle par le Cheikh-ul-Islam Véli-ed-Din Effendi, renferme aussi un dessin de génie ailé, relevé d'un peu d'or et de rouge, avec la ceinture qui ondule, comme au Musée Jacquemart-André. Il porte une inscription calligraphique analogue, avec la même formule *calame de,* mais le nom de l'artiste est réduit à Véli-Djan.

4. Rapprocher de la planche 22 des *Miniatures de Behzad dans un manuscrit persan daté de 1485,* de Martin, qui représente la même scène.

5. Elle compte dix-neuf centimètres sur vingt-sept.

et la finesse extraordinaire des arabesques de certains panneaux. Le souverain qui voit mettre à la voile le bateau qui emporte la reine, arme d'une flèche son arc. Il a le type mongol tout à fait prononcé, avec les yeux bridés, comme Hussëïn Baïcara sur son portrait. La princesse, assise à côté de son ravisseur, prend des airs penchés, et les mariniers accélèrent la fuite avec leurs perches. Une antilope d'une grande élégance se détache sur le fond or du ciel.

Le Musée de l'Evkaf possède un *Zafernamé* daté de 1486 dont je donne (fig. 109) la plus belle page. Deux femmes dansent en présence de Tamerlan, entouré de sa cour. Il est remarquable que le type du conquérant, avec la barbe en pointe, soit le même que dans le *Zafernamé* de 1467 de la collection Goloubew[1], ce qui fait supposer qu'on est en présence d'un portrait.

1. Martin, *op. cit.*, vol. II, pl. 69.

CHAPITRE VIII

LA SURVIVANCE DE L'ÉCOLE TIMOURIDE A HÉRAT ET A BOUKHARA AU XVIᴱ SIÈCLE[1].

La conquête du Khorassan au début du xvıᵉ siècle, par les Tatars-Uzbegs, fut éphémère. C'est en 1507 que Mohammed Khan Cheïbani[2] s'empare de Hérat sur Bédi-ez-Zéman et, dès 1510, il est battu et tué par Chah Ismaïl, qui annexe le Khorassan. L'antique frontière de l'Oxus, entre le Khorassan et le Turkestan, partant entre l'Iran et le Touran du Livre des Rois, est rétablie pour plus de deux siècles par les armes victorieuses des Séfévis. Au cours du xvıᵉ siècle, les Tatars-Uzbegs traverseront souvent le Djihoun, mais ce sera pour des expéditions de pillage et de tuerie n'entraînant pas d'établissement dans le pays.

Hérat cessait ainsi d'être capitale, tandis que le centre de gravité de la Perse se déplaçait vers l'ouest et qu'à l'est du Khorassan, Samarkand et Boukhara devenaient le siège du gouvernement cheïbanide de Transoxiane. L'exode des artistes de Hérat était donc sollicité dans deux sens différents, mais un bon nombre d'entre eux semblent être restés sur place, comme cela résulte des manuscrits datés à Hérat, du premier tiers du xvıᵉ siècle.

Cette capitale déchue conserve donc quelque temps son importance artistique sous la domination séfévie. Tahmasp, le fils aîné de Chah Ismaïl, est même nommé gouverneur de Hérat à l'âge d'un an, en 1514[3]. En 1534-35, Hérat continue d'être gouverné par un prince du sang, Sam Mirza, frère de Tahmasp, devenu roi de Perse. A la suite de la révolte de Sam Mirza, les Uzbegs d'Obeyd Khan s'emparent de Hérat qu'ils pillent (1534-35)[4]. C'est à cette date que doit se placer la déportation à Boukhara,

---

1. C'est deux années environ après la rédaction de ces lignes que j'ai eu connaissance du mémoire de M. Blochet, publié dans les *Monuments Piot* de 1918-1919, sur les manuscrits de la collection Marteau. Il y abandonne totalement la thèse qu'il avait soutenue jusque-là sur l'école dite du Turkestan, ce qui fait que nous nous rencontrons d'une façon frappante dans nos appréciations sur le caractère de la production de Boukhara.

2. Voir planche II, en couleurs, son portrait par Behzad.

3. Munédjim Bachi, *op. cit.*, vol. III, p. 186.

4. J. Malcolm, *Histoire de la Perse*, t. II, p. 278-279.

des artistes de Hérat, au nombre desquels était le célèbre calligraphe Mir Ali [1]. C'était bien un *exil* pour ce dernier, qui se lamente dans les vers suivants : « Tous les rois du monde voudraient m'avoir, et néanmoins mon cœur se déchire à courir dans Boukhara à la recherche de ma subsistance [2]. » Il semble que cet événement ait porté le coup de grâce à l'école du Khorassan, dans la province qui l'avait vu naître.

Le Musée de l'Evkaf de Stamboul possède un *Bostan* de Sâdi, daté de Hérat 1519, à deux miniatures d'une extrême finesse, qui marquent la transition de l'école timouride à l'école séfévie. Je donne (fig. 117) la reproduction de l'une d'elles, qui ne permet malheureusement pas de juger de la délicatesse avec laquelle est traité le gazon fleuri, tout comme au xv⁰ siècle. A droite de la tente, on aperçoit des feuilles multicolores, aspect automnal du platane, dont les miniaturistes persans ont su tirer un si grand parti.

Marteau et Vever reproduisent trois miniatures [3] — dont deux sont entrées depuis au Louvre à la suite du legs Marteau — d'après un manuscrit qui serait daté de Belkh, 1504, et qu'ils attribuent à *Aka Mirek et à son école*. L'intervention d'Aka Mirek découle certainement de la croyance à un maître de ce nom en Transoxiane, Belkh étant situé aux confins du Khorassan. Or ce sont là des œuvres présentant tous les caractères de l'école de Hérat au début du xvi⁰ siècle. La provenance du manuscrit — Belkh étant une ville du Khorassan — et l'origine du calligraphe, qui est Ala-ed-Din Mohammed de Hérat, confirment cette manière de voir. Toutefois les turbans séfévis que l'on retrouve sur ces miniatures ne permettent pas de les faire remonter plus haut que 1510 (fig. 110). En 1504, date donnée comme celle du volume par la légende de la figure 84 de Marteau et Vever, Belkh ne faisait pas partie des possessions de Chah Ismaïl, aussi à moins que l'illustration ne soit postérieure à la copie ou que cette date ne soit erronée, c'est la provenance de Belkh qui doit être mise en doute.

Mais l'œuvre capitale de cette école, au début du xvi⁰ siècle, quoique l'écriture en soit très médiocre, est, sans contredit, le Mir Ali Chir Névaï de la Bibliothèque Nationale, daté de 1524 [4], dont les enluminures continuent à faire une place à la couleur noire.

---

1. Aali qui suit Sam Mirza, comme Huart, qui traduit Habib Effendi, placent cet événement en 1538-39. (*Les Calligraphes et les Miniaturistes de l'Orient Musulman,* p. 227.) Or le Musée de l'Evkaf possède les œuvres de Mir Ali Chir, calligraphiées à Boukhara par Mir Ali en 1536, ce qui confirme la date de 1534-35, donnée par J. Malcolm.

2. Huart, *ibidem.*

3. Pl. LXVII et LXIX, fig. 84, 85 et 88.

4. Sup. Turc, 316.

Le nom de Behzad a été mis en avant, au sujet de la belle composition du Cheikh de Sanaan qui soupire sous le balcon d'une chrétienne (fig. 111), sur laquelle l'or tient une trop grande place. M. Blochet, qui a vu dans un manuscrit de M. Kévorkian daté de 1523-24, une miniature « exactement dans la manière et le goût » de celle du Cheikh de Sanaan, signée Behzad, est tenté d'attribuer à cet artiste la peinture du Mir Ali Chir de 1524[1].

L'analogie, voire l'identité, du cheikh peut s'expliquer par une copie et l'hypothèse de manuscrits calligraphiés à Hérat et qui auraient fait le voyage de Tebriz pour y être illustrés par Behzad, n'est guère probable *a priori*. Je penche plutôt à voir dans cette page une œuvre de Mahmoud Muzéhib, le premier plan dallé en gris-bleu, le mur rose et les panneaux jaunes de cette miniature se retrouvant dans le même manuscrit, avec les mêmes couleurs et le même dessin au premier plan et sur les parties latérales du Pavillon Noir (fig. 112), que j'attribue à cet artiste pour des raisons développées plus bas[2].

Au fond de la scène du Cheikh de Sanaan, un platane dont les feuilles en deux verts et en rouge sombre se détachent sur des frondaisons gros vert, se découpe sur l'or du ciel. La tache noire, qu'affectionne l'école de Hérat, est représentée par le manteau décoré en or de la belle chrétienne. Les mosaïques en blanc, noir, rouge, vert et or du balcon font illusion.

Une très belle scène de chasse (fig. 114), se distingue par la variété et le mouvement. La terre est gris-bleu à semi ; les sommets des collines, violacées et bleutées, se détachent sur un ciel d'or. Les chasseurs sont à cheval, la monture de Behram Gour et celles de deux autres personnages princiers étant lancées au galop. Le roi en gros bleu et or, sur un cheval alezan, transperce d'une flèche un onagre, et un de ses compagnons, un ours. Les bêtes blessées se retournent hurlant de douleur. La fuite éperdue de gazelles qu'un lévrier force, celle de lièvres et d'un renard, achèvent de mettre du mouvement dans la composition. Azadé, en manteau vermillon, sur un étalon blanc, accompagne, aux sons de sa harpe, les exploits de son royal époux. Il faut remarquer que, malgré la date de cette peinture, les chevaux conservent l'œil rond et bête qui les caractérise au siècle précédent dans l'école de Hérat.

Si la place prépondérante du noir, dans la miniature représentant Behram Gour chez la fille du roi du premier climat (fig. 112), est imposée

1. Cf. BLOCHET, *Les Peintures*, pp. 281 et 282.
2. Voir p. 98.

par le sujet, le choix de cette princesse entre sept, dont chacune permettait de traiter la même donnée dans une couleur différente, n'est probablement pas dû au hasard.

Le tapis, sur lequel le couple est assis, d'un gris violacé à décor blanc et or, est d'un effet exquis. Cette miniature a été attribuée à Mirek, dont le nom a même été suggéré au sujet de toute l'illustration du Mir Ali Chir Névaï de Hérat[1]. Or une telle hypothèse, qui ne peut pas se baser sur un rapprochement avec des œuvres authentiques de Mirek, est en outre impossible, car il n'existe pas, au commencement du xvie siècle, d'artiste de ce nom dans la Perse orientale[2].

La bataille de cavalerie, à laquelle Alexandre assiste en costume gris-argent et en turban séfévi (fig. 115), peut être rapprochée de celle de Behzad. Les sourcils des combattants sont souvent froncés, mais la tête la plus expressive, ici, est celle d'un cavalier, dans les reins duquel un ennemi enfonce une lance ; le blessé a lâché les brides pour se cramponner à la crinière de son cheval. Cet épisode se retrouve d'ailleurs dans la composition de Behzad (fig. 78). L'œil des chevaux est traité de la même manière par les deux artistes.

Enfin une miniature qui représente trois embarcations, dont l'une montée par Alexandre (fig. 116)[3], est une des plus belles de cette série. Alexandre en robe vert clair, assis sur un coussin noir et or, vient de transpercer d'une flèche un oiseau au vol. Une tête de dragon forme la proue de son bateau et toute la composition se détache sur la mer dont l'argent s'est oxydé au cours des siècles[4].

La figure 118 reproduit une page d'un *Khosrev et Chirine* de Nizami que tout rattache à Hérat et au début du xvie siècle. De l'entrée de sa tente, la princesse arménienne, « l'une des créatures les plus idéales qu'Allah ait jamais formées »[5], assiste au combat contre un lion, de Khosrev, son royal amant, et se mord le doigt d'admiration devant son courage. On remarquera les arabesques à *grotesques* de la tente, qui sont caractéristiques de l'école de Hérat.

---

1. BLOCHET (*Les Peintures*, p. 287) attribue cette page à Mirek; MARTIN (*op. cit.*, vol. I, p. 52) pense que si ces miniatures n'ont pas été peintes par Behzad et Mirek, elles l'ont été certainement sous leur direction.

2. Voir pp. 96 et 97.

3. L'une des miniatures du Louvre, censées provenir d'un manuscrit de Belkh daté de 1504, représente le même sujet.

4. Voir aussi pour l'illustration du Sup. Turc 316, BLOCHET, *Enluminures*, pl. XLIX, une scène de Ferhad et Chirine.

5. Expressions de Yakout, rapportées par BLOCHET, *Les Peintures*, p. 120.

L'un des rares noms de miniaturiste que j'ai relevé sur une œuvre de Hérat du début du xvie siècle, est celui de Mohammed Moumin, sur un délicieux portrait de jeune homme qui était en vente dans un *mourakka*, à Stamboul, au printemps de 1917. L'adolescent en armes, avec des narcisses plantés dans son turban (fig. 119) est certainement de la même main[1]. Cette miniature rappelle l'expression *Vénus sous les habits de Mars*, dont Antoine Galland se sert en décrivant des pages (*itchoglan*). Nous savons par Aali que Mohammed Moumin était Khorassanien et élève de Mohammed Hérévi.

Cheikh Zadé, *le fils du Cheikh*, est donné par Aali, comme le seul élève de Behzad pour la Perse orientale. M. Martin rend le nom de ce miniaturiste tantôt par Shaikh *Sada* (où il ne faut voir qu'une transcription allemande de Zadé), tantôt par Shaikhzadé *Mahmoud*[2].

L'explication de cette dernière forme erronée est à la fois curieuse et instructive. La Bibliothèque Nationale de Paris possède un manuscrit[3] daté de 1499-1500, calligraphié par le célèbre Mechhédi, avec quatre miniatures qui précèdent et suivent le texte, dont elles ne sont manifestement pas contemporaines. L'une d'elles est signée par le miniaturiste Mahmoud *el-Muzéhib* (l'enlumineur). Or, dans une note de la main d'un Grand Mogol[4], à la fin du volume, les illustrations sont attribuées à Cheïkhzadé, certainement dans l'ignorance de la signature de l'une d'elles, dissimulée sur un tambour (fig. 128). M. Martin a accouplé l'attribution à la signature (dont il a supprimé le surnom), d'où est né Shaikhzadé Mahmoud. On saisit en outre sur le fait, grâce à cette note autographe, combien ces attributions par les Grands Mogols — dont nous avons vu une autre à Behzad au sujet d'un *Zafernamé* de 1467 — sont dénuées de valeur[5].

Une des deux miniatures authentiquement signées[6] par Cheikhzadé qui me soient connues, se trouve dans un très beau manuscrit séfévi du com-

---

1. Bibliothèque Nationale, Arabe 6075, fol. 9 rec. Martin y voit (*op. cit.*, vol. II, pl. 106 *b*), avec beaucoup d'imagination, en l'absence de toute signature et indication sérieuses, une copie par Aka Riza d'après Soultan Mohammed.

2. Martin, *op. cit.*, vol. I, pp. 53 et 116.

3. Sup. Pers. 1416.

4. D'après M. Blochet ce Grand Mogol est Chah Djihan et son annotation est datée de 1628. Cf. *Les Peintures*, p. 281, note 3.

5. Il est curieux que ces annotations des Grands Mogols comprennent souvent une estimation de la valeur marchande des manuscrits.

6. La scène d'Alexandre à cheval dans une prairie où paissent des chevaux, d'un manuscrit de M. L. Cartier, et que M. Martin donne comme signée de Cheikh Zadé (*op. cit.*, vol. I, fig. 28), porte sur la marge une attribution n'ayant rien de commun avec la signature de cet artiste et qui ne mérite aucune créance.

mencement du xvie siècle[1], appartenant à M. L. Cartier. Il est à influences Khorassaniennes très marquées et a été illustré pour Sam Mirza[2], fils de Chah Ismaïl. La miniature de Cheikh Zadé se rapporte à une scène de prédication à nombreux personnages (fig. 121). Indépendamment des coiffures, elle est de style séfévi par son mouvement. Cheikh Zadé a dû émigrer à Tebriz, à l'exemple de son maître Behzad, comme l'indique la collaboration à ce manuscrit, de Soultan Mohammed, qui en a signé deux pages[3].

Le miniaturiste Cheikh Mohammed se rattache aussi à l'école de Hérat. Nous devons à sa qualité de calligraphe des indications qui éclairent sa carrière. Il est certain d'abord que le miniaturiste et le calligraphe n'en font qu'un[4]. Non seulement deux pièces calligraphiques en *nestalik* sont signées « Cheikh Mohammed le peintre de figures », *moussawir*, mais sur une de ses miniatures à inscription calligraphiée on lit « a peint et écrit Cheikh Mohammed » (fig. 85).

Le nom de son père et son lieu d'origine sont donnés par une pièce calligraphique : « Cheikh Mohammed fils de Cheikh Kémal de Sebzévar ». Il était donc Khorassanien. La date la plus ancienne que j'ai relevée sur les vers qu'il a copiés, est celle de 1511-12, mais sur un grand nombre de pièces calligraphiques de l'album de Yacoub beg, il prend le titre de *Yacoubi* et quelquefois celui de *Rustemi*. Yacoub beg des Turcomans du Mouton Blanc et Rustem ont occupé le trône de Tebriz à la fin du xve siècle[5], aussi est-on obligé de faire remonter son activité à ces règnes[6]. D'ailleurs deux manuscrits du Musée de l'Evkaf, datés respectivement de 1483 et 1484, sont signés Cheikh Mohammed[7]. L'épithète de *Tebrizi*, qu'il prend aussi très souvent, s'explique de lui-même.

1. Voir pour son frontispice enluminé et sa reliure, qui relèvent directement de l'école de Hérat, *Catalogue des objets d'art formant la collection de M. A. Sambon*, 1914, n° 189. Voir également pour la reliure laquée, sur laquelle le noir tient une grande place, MARTEAU et VEVER, *op. cit.*, pl. CXCIII.

2. Voir p. 113, note 4.

3. Voir pp. 112 et 113.

4. La signature du peintre et celle du calligraphe diffèrent forcément. La première, qu'on rencontre sur ses dessins, offre à l'instar des monogrammes, cette particularité qu'une partie du mot Cheikh doit être lue deux fois, ce qui épargne deux lettres.

5. Yacoub beg a régné de 1479 à 1490 et Rustem de 1491 à 1496. LANE POOLE, *The Mohammedan Dynasties*.

6. La signature de Cheikh Mohammed se rencontre aussi avec les épithètes d'*Imami* et de *Youssoufi*. La première fait allusion à une descendance d'Ali; quant à la seconde elle ne peut se rapporter qu'au prince turcoman Youssouf, fils d'Ouzonn Hassan et frère de Yacoub beg (DE ZAMBAUR, *op. cit.*). Le Vieux-Sérail possède un *mourakka* (n° 37082) de ce prince royal (Chah Zadé). La forme protocolaire de son nom est Aboul Iz Youssouf Behadour.

7. N°s 1584 et 1251. Le second est signé Cheikh Mohammed Fakhreddin Ahmed.

A l'encontre de sa production calligraphique, un petit nombre d'œuvres picturales de Cheikh Mohammed nous sont parvenues. On connaît le gracieux dessin rehaussé de la collection Kœchlin, représentant un jeune prince[1] agenouillé, respirant des narcisses d'une main et tenant un livre de l'autre (fig. 122). Dans un dessin du même type, légèrement relevé et toujours signé (fig. 123), le même adolescent, à pendants d'oreilles et à favoris, a une main à son poignard d'or et porte, perché sur son poing droit, une perruche verte. Cette tache inattendue dénote autant de fantaisie que de sens artistisque.

Lorsqu'on rapproche ces portraits de ceux des princes séfévis de la première moitié du xvie siècle, dans lesquels on veut voir Chah Tahmasp jeune, peint par le miniaturiste Soultan Mohammed (fig. 138)[2], on est frappé de la différence de type, de coiffure et de style; des lignes plus souples et sinueuses caractérisant les portraits séfévis. Ces divergences, jointes à ce fait que le personnage représenté par Cheikh Mohammed est de sang royal, portent à croire que les deux dessins de cet artiste, dont nous connaissons les attaches avec Tebriz, où il a été successivement au service de Yacoub beg, de Youssouf et de Rustem, reproduisent les traits d'un prince Turcoman du Mouton Blanc[3], et sont par conséquent de la fin du xve siècle.

Dans une œuvre plus importante de Cheikh Mohammed, toute la richesse du xvie siècle éclate, alliée à la finesse de l'école de Hérat, dont on peut la considérer comme une dernière manifestation (fig. 85). Elle est datée de 1556-57, et la signature en caractères calligraphiques[4] se rapporte à la fois à la peinture et à l'inscription en lettres d'or qui l'encadre. Un chameau[5] fauve à la langue pendante, enchaîné par un pied, se détache, ainsi que son conducteur en vert mat, sur une colline mauve clair à semi. Sur un coin de ciel or s'épanouit un arbuste. La tête du chameau est admirablement individualisée ; la richesse de sa couverture, décorée sur fond gros bleu, est encore rehaussée par la selle, sur laquelle sont peints deux anges sur fond or. Les petits fonds noirs et le décor à grotesques de la housse sont des réminiscences non équivoques de l'école de Hérat.

---

1. Il porte deux poignards; or, comme nous l'apprend Tavernier (*op. cit.*, t. II, p. 362), seuls les princes et princesses du sang avaient ce privilège.

2. Voir aussi notamment Martin, *op. cit.*, vol. II, pl. 111.

3. J'avais cru avant de connaître les indications de l'œuvre calligraphique de Cheikh Mohammed, qu'il avait émigré de Hérat à Boukhara et produit en Transoxiane. Le fait que les sources ne mentionnent pas son nom doit être attribué à leur insuffisance ou à la connaissance imparfaite que nous en avons.

4. « Moussawéré ou mouharréré », *pinxit et scripsit*, est la double formule employée.

5. Voir p. 130, note 2.

L'activité de Cheikh Mohámmed a continué après cette date de 1557, car une pièce calligraphique, signée avec spécification de sa qualité de peintre, est datée de Mechhed 1562-63 [1]. Sa production se serait ainsi prolongée pendant quatre-vingts ans, ce qui n'est pas sans paraître excessif.

Si l'exemple le plus illustre de l'exode des artistes de Hérat est celui de Behzad se rendant à la cour des Séfévis, Boukhara n'en constitue pas moins une remarquable illustration des migrations artistiques, sans compter la déportation des artistes de Hérat vers cette ville en 1534-35. L'exode vers Boukhara a peut-être été favorisé par des considérations religieuses, le Khorassan s'étant vu forcé, par la conquête séfévie, de passer du rite sunnite au rite chiite, tandis que les Cheïbanides étaient sunnites comme les Timourides.

Une lutte âpre et sans merci se poursuivra au xvie siècle entre Persans et Tatars-Uzbegs, que séparent aussi des différences religieuses, lutte renouvelée des guerres de l'Iran et du Touran, chantées par Firdoussi, entre les descendants des mêmes races et autour de la même frontière, l'Oxus.

En 1510, lorsque Chah Ismaïl défait Mohammed Khan Cheïbani, le crâne du vaincu, orné de pierreries, sert de coupe à vin au vainqueur [2]. Les chroniqueurs rapportent [3] qu'Abdullah Khan, souverain cheïbanide de la première moitié du xvie siècle, a passé au fil de l'épée dans ses *ghaza*, c'est-à-dire dans ses guerres pour la foi, quarante mille *Kizil-Baches* [4].

A ces sentiments correspondaient des différences de costume et principalement de coiffure. On est de la nation à laquelle on se rend semblable, dit un *hadith*, et en Orient, les hommes de confession différente se distinguent par leur extérieur. Ainsi, le turban surmonté d'un bâton rouge [5] des Séfévis, est une coiffure qui leur est absolument propre. C'est là une indication très précieuse qui permet d'éviter certaines fausses attributions. Par exemple, M. Martin cite, comme la miniature la plus remarquable de l'école de Bou-

---

1. Cette pièce calligraphique de Cheikh Mohammed appartient à un des nombreux *mourakka* du Vieux-Sérail (n° 3706₂). Ce recueil est au nom du souverain Djanide de Boukhara, Véli Mohammed, qui a régné de 1605 à 1608. La forme protocolaire de son nom est Aboul Ghazi Véli Mohammed Béhadour Khan.

2. Munédjim Bachi, *op. cit.*, vol. II, p. 709.

3. *Ibidem*, p. 710.

4. *Têtes rouges*, nom donné aux troupes séfévies en raison de leur coiffure et devenue une expression péjorative appliquée aux Persans par les Turcs.

5. Voir p. 102 et note 1.

khara, un cavalier attaqué par un dragon qui est enlacé à son cheval[1]. Or le turban séfévi du cavalier rend *a priori* cette attribution impossible. De même, contrairement à l'opinion de M. Blochet, dans le manuscrit de Mir Ali Chir de la Bibliothèque Nationale, daté de Hérat 1524, le costume d'Alexandre (fig. 115), ne représente pas plus « celui sous lequel les derniers Timourides du Khorassan et les premiers Sheïbanides se montraient à leurs sujets », que le volume lui-même ne peut avoir été écrit sous le règne d'un sultan uzbeg : Keuchkendji Khan[2]. En effet, Alexandre, comme les personnages des autres miniatures, porte le turban séfévi, et le manuscrit, étant donné son lieu d'origine et sa date, n'a pu être écrit qu'au début du règne de Chah Tahmasp.

La coiffure d'un jeune seigneur agenouillé avec une bouteille à long col en main, d'un recueil poétique d'Emir Chahi, à la Bibliothèque Nationale[3], est décrite par M. Blochet comme « le gros turban qui est caractéristique de la fin du règne de Sultan Husseïn Mirza et de la domination des Schaïbanides sur la Transoxiane[4] ». Or le turban en question est aussi, purement et simplement, celui des Séfévis, et le manuscrit n'est par conséquent pas du xve, mais du xvie siècle.

La coiffure cheïbanide se caractérise par un bonnet en saillie et à côtes qu'entoure le turban[5]. Il est remarquable que les soldats musulmans des régiments indiens du Pendjab portent aujourd'hui identiquement la même coiffure, avec l'extrémité à franges du turban, à gauche. Il faut probablement voir là un legs de la conquête du nord de l'Indoustan par les descendants de Timour.

On a voulu considérer le sultan Abd-el-Aziz (1540-1549), de la sub-dynastie de Boukhara, comme l'un des plus grands bibliophiles de l'Orient[6]. Si quelques beaux manuscrits du xvie siècle, exécutés en Transoxiane, portent effectivement son nom, leurs dates ne correspondent en général

---

1. Martin, *op. cit.*, vol. I, p. 54 et vol. II, pl. 148. M. Martin n'ignore pas néanmoins que le turban à bâton est spécial à l'époque séfévie. Ailleurs (*op. cit.*, vol. I, p. 63), il exclut l'attribution à Behzad d'un dessin, en se basant sur un turban séfévi, quand il n'ignore pas davantage l'activité de cet artiste sous les descendants de Cheikh Safi et qu'il attribue, d'autre part, une miniature avec coiffure séfévie à Behzad (*op. cit.*, vol. I, fig. 24).

2. Blochet, *Peintures de manuscrits arabes, persans et turcs*, pp. 14-15.

3. Sup. Persan 1962.

4. *Les Enluminures*, p. 93 et pl. XLV b.

5. Voir les figures 124, 126, 128 et 132 ; Marteau et Vever, *op. cit.*, pl. XIV en couleurs et LXXIII ; Blochet, *Les Peintures*, pl. XLIV et XLV.

6. Martin, *op. cit.*, I, p. 53.

pas à son règne. Ainsi les deux manuscrits des collections Goloubew et Cartier, cités par Martin[1] en première ligne, et respectivement de 1522 et 1531-32, lui sont antérieurs, ce qui implique qu'ils n'ont pas été copiés et illustrés pour lui, mais qu'ils sont passés après coup en sa possession.

Celui de M. Cartier, qui est de toute beauté, correspond par sa date au règne d'Abou-Saïd (1530-33), et la miniature de ce volume qui figure un souverain cheïbanide au milieu de sa cour — une des plus belles œuvres de l'école de Boukhara — doit représenter le portrait de ce souverain[2].

Le célèbre *Trésor des Secrets* de Nizami, de la Bibliothèque Nationale[3], daté de 1537, également au nom d'Abd-el-Aziz, — et qui peut être considéré comme le chef-d'œuvre de la production de Boukhara[4] — est toujours antérieur à son règne. La miniature de Sinjar rendant justice à une vieille (fig. 125 et 126), postérieure au texte et qui porte la date de 1546, est seule contemporaine de ce sultan, ce qui ne signifie pas nécessairement qu'elle ait été peinte pour lui[5].

Enfin si la souscription du Gulistan de la Bibliothèque Nationale, de 1543[6], concorde avec ce règne, elle a subi, comme le constate M. E. Blochet, des altérations, le nom d'Abd-el-Aziz ayant été « récrit sur une partie grattée et érasée »[7]. On peut se demander si, ici aussi, la souscription primitive n'était pas à un autre nom, peut-être à celui d'Abd-el-Latif (1540-1551), le souverain cheïbanide de la lignée principale, contemporain d'Abd-el-Aziz.

En tous cas ce sultan apparaît, non comme un grand bibliophile, mais comme un collectionneur qui faisait inscrire son nom sur les manuscrits, exécutés pour d'autres, qui entraient dans son trésor.

On peut citer parmi les productions les plus caractéristiques de Boukhara :

Un *Nizami* pour un sultan de Boukhara, daté de 1522 et dont W. Schulz

1. MARTIN, *op. cit.,* I, p. 53.

2. MARTEAU et VEVER, *op. cit.,* pl. LXXIII. On a voulu y voir la main de Behzad, mais nous savons pertinemment que cet artiste n'a rien à voir avec la Transoxiane. Ce manuscrit renferme aussi une miniature attribuée à Cheikh Zadé. Voir p. 88 note 6.

3. Ms. Sup. Pers. 985.

4. Deux miniatures qui précèdent le volume et qui ont été prises par M. Blochet pour contemporaines du texte, sont des œuvres séfévies du XVIIe siècle. BLOCHET, *Peintures de Manuscrits arabes, persans et turcs,* pl. 19 et p. 15. Cette méprise a été d'ailleurs rectifiée. *Les Enluminures,* pl. XCI.

5. Voir pour les auteurs des peintures de ce manuscrit, dont les personnages ont le type boukharien très prononcé, les pages 97, 98 et 99.

6. Ms. Sup. Pers. 1958.

7. E. BLOCHET, *Notices sur les Manuscrits de la Collection Marteau,* p. 112.

donne des reproductions[1]. Remarquer sur la seconde planche la coiffure plate et à serre-tête des femmes, ainsi que leur type, que nous retrouvons sur d'autres peintures. Les miniatures de la planche LXX de Marteau et Vever, se trouvent ainsi classées de façon certaine.

Le *Gulistan* de Sâdi, daté de 1543, légué à la Bibliothèque Nationale par M. Marteau. Sa belle illustration, avec une figure anguleuse et à barbe qui revient souvent, est d'une même main[2]. La seconde miniature, représentant une scène de lutte, est datée de 1554. On constate ainsi un écart d'une dizaine d'années entre le texte et tout ou partie des peintures.

Un *Bostan* de Sâdi pour le sultan Nevrouz Ahmed Khan, de 1556, appartenant à la Bibliothèque Nationale[3].

Enfin une page charmante, la Rencontre (fig. 132), d'un volume de Djami, daté de 1575, nous livre un nom de miniaturiste. J'y ai trouvé, dissimulé entre deux lignes de texte, la signature : Abdullah. Il s'agit d'Abdullah, *le peintre de figures* (moussawir)[4], du Khorassan[5].

Il est remarquable qu'à une date aussi avancée que 1575, cette œuvre conserve tous les caractères du siècle précédent et soit, par conséquent, tellement différente des productions de l'école séfévie. Ce phénomène est dû au caractère éminemment conservateur de la production de Boukhara. L'art de la miniature en Transoxiane se trouve, en effet, transplanté dans un terrain peu favorable, où il n'évoluera guère et n'aura qu'une courte floraison. Mais cette immobilité même pourra faire sa supériorité sur l'école séfévie de Perse, lorsque celle-ci commencera à décliner, dans la seconde moitié du xvi⁰ siècle.

La miniature se meurt à Boukhara au bout d'un siècle, et la Transoxiane redevient aussi étrangère à cet art que l'ont été de tout temps d'autres pays habités par les mêmes Tatars et soustraits à l'influence de la culture persane, tels qu'Astrakhan et la Crimée.

⁂

La production de Boukhara au xvi⁰ siècle ne représentant que la survivance de l'école de Hérat du siècle précédent, la différenciation entre les

---

1. Schulz, *op. cit.*, vol. II, pl. 79.

2. Marteau et Vever reproduisent en couleurs une de ses miniatures. *Op. cit.*, pl. XIV. Voir aussi Blochet, *Les Enluminures*, pl. LIII b et LIV.

3. Sup. Pers. 1187. Blochet, *Les Peintures*, pl. XLIV et XLV.

4. Cette expression s'emploie aussi pour le dessinateur qui fait des figures. Ainsi Aali cite parmi les dessinateurs (tarrah) Kémal *moussawir* de Tebriz.

5. Voir p. 99.

œuvres timourides du xvᵉ, et celles de Boukhara du xviᵉ siècle, devient souvent malaisée[1].

En dehors de la coiffure et du type boukharien — caractérisé par un visage allongé, osseux, à la barbe clairsemée — lesquels permettent quelquefois de trancher la question ; on peut dire que la souplesse et la richesse, qui accompagnent le complet épanouissement de la miniature persane au xviᵉ siècle, se retrouvent, dans une certaine mesure, à Boukhara. Il semble, en outre, que tout au moins dans certaines miniatures (par exemple dans celles d'un Mir Ali Chir du Musée de l'Evkaf, calligraphié en 1536 par Mir Ali, qui y prend l'épithète de *Boukharien*), la gamme des couleurs soit plus vive et moins harmonieuse qu'à Hérat et la place du rouge cramoisi plus grande. Les artistes Khorassaniens se seraient ainsi conformés au goût de leurs nouveaux maîtres.

Sur une miniature du *Gulistan* de 1543, provenant de la collection Marteau, et qui figure une scène d'exécution en présence d'un souverain, au lieu du ciel, c'est la terre qui est à fond d'or, « en violation du sens commun le plus élémentaire », dit M. Blochet, qui pense que cette pratique, qui lui paraît une *hérésie*, est particulière aux écoles de Transoxiane vers le milieu du xviᵉ siècle[2]. Néanmoins l'or a été employé à toutes les époques de la miniature persane, indifféremment pour le ciel et pour la terre. Quelques exemples suffiront à prouver que ce procédé, qui n'a rien de spécial à Boukhara, a été pratiqué aux meilleures époques et dans les plus belles œuvres. On peut voir au Musée du Louvre une poursuite de cavalerie du plus grand caractère, d'un Livre des Rois mongol de la première moitié du xivᵉ siècle, sur laquelle la terre est à fond or (fig. 31). Le manuscrit de 1410 au nom d'Iskender Sultan, de la collection Gulbenkian, rend aussi la terre en grande partie par de l'or, sur une miniature qui figure la cour de Kkosrev (fig. 45). Enfin le *Nizami* au nom de Chah Tahmasp du Bristish Museum, le plus beau manuscrit séfévi que l'on connaisse, renferme trois

1. Sur un manuscrit de 1514 provenant du legs Marteau (Bibliothèque Nationale, Sup. Pers. 1960), tout serait pris pour du Boukhara xviᵉ, si la signature du calligraphe, Soultan Ali el-Mechhédi, ne situait l'œuvre à Hérat. Les miniatures, dont un amoureux agenouillé tirant sa belle par le pan de la robe (Blochet, *Les Enluminures,* pl. XLVI); la reliure, à décor animal, entièrement dorée ; la vignette d'une extrême finesse avec un peu de noir ; et les marges, de couleurs différentes, à décor floral or, sont du style le plus caractérisé de Boukhara, sous les Cheïbanides.

La date de 1514 explique l'illusion, une partie des artistes de Hérat qui fuyaient devant la conquête chiite des Séfévis, ayant transporté, quelques années plus tôt seulement, à Boukhara, l'art du livre de Hérat, tel qu'il existait à cette date (1510).

2. Blochet, *Les Enluminures,* pp. 104, 105 et 106 ; *Notices,* p. 126, dans le même sens.

compositions, dont deux de Mir Seïd Ali, sur lesquelles l'or est appliqué à la terre (fig. 148 et 151)[1].

Nous connaissons les traits de Mohammed Khan Cheïbani, le fondateur de la dynastie des Tatars-Uzbegs de la Transoxiane (pl. II en couleurs), lequel se piquant de connaissances artistiques, corrigeait, à Hérat, les œuvres des plus grands artistes du début du xvie siècle. Un portrait d'Abdullah Khan nous est également parvenu[2]. Si l'on admet, comme cela paraît probable, qu'il ne s'agit pas du redoutable adversaire de Chah Tahmasp, mais d'Abdullah II, ce souverain a régné dans la seconde moitié du xvie siècle. Tout chez lui, type, accoutrement et action — il s'apprête à couper un melon avec un couteau de cuisine — traduit la vulgarité. Ce portrait n'est pas sans jeter quelque lumière sur le caractère et la fin de la peinture à Boukhara.

Dans le même ordre d'idées, Baber rapporte qu'un musicien de Samarkand chantant dans une réunion à Hérat, « les natifs du Khorassan », « habitués à une vie très délicate », se bouchaient les oreilles[3].

Si des dessins et des peintures, qui ne comptent pas parmi les moindres, ont été faussement attribués à la prétendue école de Boukhara, on a mis aussi à l'actif de cette dernière un des grands noms de la miniature persane, Aka Mirek, qui aurait fondé ou réformé cette école[4].

On connaît, d'après les sources persanes et turques, trois Mirek : un miniaturiste de Hérat du xve siècle, un autre de Tebriz du xvie, et enfin un *calligraphe* de Boukhara du xvie siècle. Le premier, dont parle Khondémir[5], est Khadjé Mirek, le peintre (nakkach) de Hérat, qui était en même temps calligraphe et qui est mort à l'époque de la conquête du Khorassan par Mohammed Khan Cheïbani, soit vers 1507. On ne connaît pas d'œuvre certaine de cet artiste timouride[6].

Le second, de beaucoup le plus célèbre, est Aka Mirek Isfahani ou

---

1. La troisième miniature illustre le folio 211 v. du Ms. Or. 2265.

2. MARTEAU et VEVER, *op. cit.*, pl. CLXXI ; MARTIN, *op. cit.*, vol. II, pl. 149.

3. *Op. cit.*, t. I, p. 432.

4. MARTIN, *op. cit.*, vol. I, p. 52.

5. BLOCHET, *Les Peintures*, p. 177 en note.

6. Un manuscrit de 1494 du British Museum, Or. 6810, dont un grand nombre de peintures sont signées Kassim Ali, renferme quelques pages d'une autre main dont deux, qui précèdent le texte, signées en marge, d'une écriture grossière, Mirek Khorassani. On peut tout au plus voir dans cette mention, une attribution, d'ailleurs possible, à ce peintre, d'œuvres très caractéristiques du xve siècle.

Tebrizi[1], la première de ces épithètes se rapportant au lieu de sa naissance et la seconde à celui de sa production. Le merveilleux Nizami du British Museum au nom de Chah Tahmasp, daté de Tebriz, 1539-1543, renferme des pages authentiquement signées de lui (fig. 142 et 143)[2].

Le troisième, Hadji Mirek Boukhari, est seul à avoir des attaches avec Boukhara, mais c'est comme calligraphe qu'il est mentionné par Aali.

Pas plus donc, les œuvres attribuées à Mirek l'ancien de Hérat, que celles de Mirek le jeune de Tebriz, n'ont rien de commun avec la Transoxiane. Et pourtant, la place faite à Mirek au Turkestan est telle que le chapitre consacré par M. Martin à la période chéïbanide a pour titre *Mirek et l'école de Boukhara*.

Le *Trésor des Secrets* de Nizami, de la Bibliothèque Nationale, copié à Boukhara en 1537-38, nous révèle les noms de deux artistes transoxianiens : Mahmoud *Muzéhib* (c'est-à-dire l'enlumineur), et Mohammed *Tchehré Mouhassin*.

C'est la belle composition représentant, en deux pages, Sinjar, sultan seldjoukide du Khorassan, rendant justice à une vieille (fig. 125 et 126), qui est signée de Mahmoud l'enlumineur et datée de 1546. L'identité de ce miniaturiste avec Muzehib Soultan Mahmoud Boukhari[3], qu'Aali cite comme un élève du calligraphe Mir Ali de Hérat[4], ne fait pas de doute. Aali ajoute qu'il était meilleur enlumineur que calligraphe. Il est intéressant d'observer que l'ouvrage en question est précisément calligraphié par son maître Mir Ali[5], avec lequel il a dû être exilé de Hérat à Boukhara, en 1534-35[6].

Cette qualité subsidiaire de calligraphe, jointe à l'identité du nom, permet de lui attribuer les miniatures d'un Nizami de 1525 du Metropolitan

---

1. Aali l'appelle Tebrizi et Iskender Munchi, Isfahani.

2. British Museum, Or. 2265 ; Voir aussi MARTIN, *op. cit.*, vol. II, pl. 134 et 135.

3. AALI, *op. cit.*, p. 48.

4. On a reproché à Aali, l'auteur du *Ménakib-i-Hunervéran*, d'avoir indiqué pour la mort de ce calligraphe la date de 957 de l'Hégire (1550), comme donnée par le texte du *Teuhfé-i-Sami*, date qui ne figure pas dans ce manuscrit. Or Aali dit simplement que la mort de Mir Ali coïncide avec la date du *Teuhfé-i-Sami*, soit l'année 957 de l'Hégire, et c'est par une erreur de traduction qu'on lui fait citer d'une manière inexacte Sam Mirza. Cf. AALI, *op. cit.*, p. 43.

5. BLOCHET, *Peintures de Manuscrits arabes, persans et turcs*, p. 15.

6. L'épithète de *Boukhari* que lui donne Aali, doit faire allusion à son établissement à Boukhara. Son maître en calligraphie, Mir Ali, prend déjà lui-même ce titre de Boukharien, dans un volume du Musée de l'Evkaf qu'il a copié en 1536.

Museum of Art de New-York[1]. Ce manuscrit est de Hérat, comme le nom du calligraphe, Soultan Mohammed Nour, suffirait à l'établir. L'une de ses miniatures (fig. 127), qui représente Behram Gour sous la coupole jaune, est ornée d'une frise, qui vise le pavillon d'or et l'inscription, et porte que le tout est l'œuvre de Mahmoud[2].

Ces peintures sont de la même main que le Pavillon Noir du Mir Ali Chir de la Bibliothèque Nationale daté de Hérat 1524, comme un simple rapprochement des figures 127 et 112 permet de s'en convaincre[3].

Il est donc certain qu'un même miniaturiste a collaboré à ces deux manuscrits en 1525 et 1524, à Hérat, et cet artiste doit être Mahmoud Muzéhib que nous retrouvons, vingt ans plus tard, à Boukhara. La paternité de Mahmoud Muzéhib s'étendrait aussi au Cheikh de Sanaan, à raison de l'identité de son décor avec le Pavillon Noir[4], et à tout ou partie des autres miniatures du manuscrit de Mir Ali Chir. Nous possédons ainsi un ensemble d'œuvres de Mahmoud embrassant un quart de siècle environ.

W. Schulz donne deux peintures appartenant au *Kunstgewerbe Museum* de Leipzig, comme signées de Mahmoud Muzéhib[5]. La signature n'est pas visible sur les reproductions, mais ces œuvres sont de Boukhara et du xvie siècle. Il faut en rapprocher les planches LXXX et XI de Marteau et Vever, cette dernière en couleurs, qui sont aussi de Boukhara et du même miniaturiste ou d'un de ses élèves.

Le second nom que nous livre le *Trésor des Secrets* de la Bibliothèque Nationale, celui de Mohammed *Tchehré Mouhassin*, est finement transcrit sur la page représentant Anouchirvan et son vézir dans les ruines (fig. 124). On retrouve bien, sur cette miniature, le nom de Mahmoud Muzéhib, mais ce n'est qu'une attribution suggérée par la double page signée de ce nom et représentant Sultan Sinjar. Le cas est assez fréquent et, dans l'espèce, le nom de Mahmoud l'enlumineur a été apposé sans que l'on se soit aperçu de l'existence d'une précédente signature.

Tchehré Mouhassin signifie littéralement « qui embellit les visages » ; mais comme *tchehré perdaz*, qui a une signification analogue, s'emploie dans le sens de portraitiste, je suppose qu'il en était de même de la pre-

---

1. JACKSON and YOHANNAN en reproduisent quatre dans leur *Catalogue of Persian manuscripts (Cochran Collection) of the Metropolitan Museum of Art*, New-York, 1914.

2. Cf. JACKSON and YOHANNAN, *op. cit.*, p. 66.

3. Voir aussi MARTIN, *op. cit.*, vol. II, pl. 99.

4. Voir p. 86.

5. *Op. cit.*, vol. II, pl. 137.

mière expression. Aali parle d'un maître Mohammed *de Hérat* (Hérévi),
qui est du xvie siècle. Serait-ce le même que Mohammed Tchehré Mouhassin? Dans ce cas il aurait émigré à Boukhara après la chute des Timourides, comme tant d'autres artistes de Hérat.

Aali, cette source à laquelle il faut toujours revenir, nous apprend que
Cheikh Zadé Moussawir, le seul élève direct de Behzad qu'il mentionne
pour la Perse orientale, eut pour disciple Abdullah Moussawir Khorassani[1].
C'est donc encore un artiste du Khorassan, mais les deux peintures que je
connais de lui sont de Boukhara. L'une est *la Rencontre* (fig. 132), page
exquise de 1575, dont il a été déjà question[2] et qui illustre ces vers du
poète Khorassanien Djami : « Celle qui vient est mille fois plus belle que
moi ; le bout d'un de ses cheveux vaut cent fois toute ma personne[3] ».
L'autre est une scène d'amour dont la signature est ostensiblement calligraphiée et encadrée dans un cartouche[4].

Les sources ne connaissent guère, en effet, les artistes de Boukhara que
par leur production au Khorassan. Les relations entre la Perse et la Transoxiane, au xvie siècle, sont d'ailleurs de nature à expliquer l'ignorance,
dans la Perse occidentale, de l'œuvre d'une poignée d'artistes persans isolés
à Boukhara sous la domination tatare, de même qu'elles expliquent le
caractère de leur production, qui n'est qu'un prolongement du *quattrocento*
timouride.

1. Aali, *op. cit.*, p. 64.
2. Voir p. 94.
3. Marteau et Vever, *op. cit.*, pl. CI, légende de la figure 123.
4. *Ibidem*, pl. CXVII, fig. 124.

CHAPITRE IX

L'ÉCOLE SÉFÉVIE DU XVIe SIÈCLE.

L'avènement des Séfévis en 1502 refait l'unité politique et religieuse de la Perse sous une dynastie nationale[1].

Les descendants de Cheikh Safi (Séfévis), établis à Ardébil, avaient des origines religieuses, mais déjà au XIVe siècle, on sent le conflit politique avec les maîtres de la Perse. Il ne faut en effet pas perdre de vue que les disciples des Cheikhs d'Ardébil étaient des guerriers fanatiques qui suivaient leur chef dans des expéditions militaires. Emir Tchouban ayant demandé à Cheikh Safi-ed-Din († 1335), si c'étaient ses soldats ou les disciples du Cheikh qui étaient plus nombreux, ce dernier répond malicieusement : « Tes soldats ne sont-ils point aussi mes disciples ?[2] » Au siècle suivant, le Turcoman du Mouton Noir, Djihan Chah (1437-1467), prend ombrage des allures de Cheikh Djunéïd, qui avait quitté la robe de religieux de ses ancêtres pour celle de sultan, et l'expulse de ses états[3].

Aux yeux de ses troupes, Chah Ismaïl — descendant au cinquième degré de Cheikh Safi-ed-Din et qui, réalisant les ambitions politiques de la famille, s'était emparé de la couronne de Perse — reste un chef religieux. Angiolello rapporte qu'il « est, pour ainsi dire, adoré, spécialement par ses

1. On s'est basé sur un recueil d'œuvres poétiques (divan) en langue turque de Chah Ismaïl, dont le surnom littéraire est Khatayi (de Cathay, c'est-à-dire Chinois), pour supposer des origines turques à sa famille. C'est un fait que le turc était parlé à la cour des Séfévis. « Et pour ce qui est de la langue de la Cour, c'est la Turquesque. » (*Les Six Voyages de M. J. B. Tavernier en Turquie, en Perse et aux Indes*, Paris MDCCXIII, t. II, p. 328). Des titres turcs étaient aussi en usage, comme celui de Begum, féminin de Beg, pour les princesses (*Voyages de Pietro Della Valle*, Paris MDCLXIV, deuxième partie, pp. 127 et 129, troisième partie, p. 14).

Suivant Della Valle « la langue turquesque est autant estimée en Perse que la naturelle du païs, et continuellement en usage dans la conversation, principalement à la Cour, parmy les gens de guerre, et toutes les personnes de condition ». Il explique la chose surtout par ce fait que la milice des *Kizilbaches*, « nombreux comme les Espagnols dans Naples », sont « Turcs originaires » (*op. cit.*, seconde partie, p. 10). Pour ce qui est des origines ethniques de la dynastie séfévie, cet auteur est explicite : les ancêtres de Cheikh Safi « quoy que Persans durant un long espace de temps, estoient neantmoins Arabes d'origine, de la race d'Ali » (*Ibidem*, p. 475). Encore ce rattachement à la famille du Prophète est-il sujet à caution.

2. Munédjim Bachi, *op. cit.*, vol. III, p. 180.

3. *Ibidem.*

soldats, dont un grand nombre se bat sans armure, désirant mourir pour le maître. Ils entrent dans la bataille la poitrine nue, criant Cheikh, Cheikh... »[1]

Aussi la confession chiite est-elle imposée, au Khorassan par exemple, avec la dernière violence.

Le règne des Séfévis qui s'étend sur tout le xvie, le xviie et un quart du xviiie siècle, est une période de sécurité et de prospérité. Evlia Tchélébi parlant (1647) des magistrats qui assurent l'ordre public et rendent la justice à Tebriz, dit : « Personne ne peut s'emparer même d'un grain de moutarde appartenant à autrui[2]. » Tavernier, contemporain du célèbre voyageur turc, déclare que « les Persans ont cela de louable entre tous les peuples de l'Asie, qu'ils aiment fort le bon ordre et la justice », et nous fait connaître une conception d'*assurance* administrative qui n'a pas été atteinte en Occident. « S'il arrive qu'un Marchand soit volé, le Gouverneur de la Province où le vol s'est fait en doit répondre et payer le prix de la marchandise volée au Marchand intéressé, lequel en est crû à son serment et à son livre[3]. »

Des guerres à l'Ouest avec les Turcs Ottomans qui entrent maintes fois à Tebriz et annexent Bagdad, et avec les Tatars Uzbegs à l'Est, ravagent les régions frontières, mais elles se relèvent durant la paix[4].

On ne peut pas s'empêcher de noter comme une ombre à ce tableau, la cruauté raffinée de l'administration persane. J'en citerai un exemple relatif à la sanction d'un principe de législation budgétaire moderne. Le Khan de Koum avait, en 1632, mis un léger impôt sur les corbeilles de fruits entrant en ville, pour réparer les murailles et le pont de la ville, sans en écrire au Roi. Chah Safi le fit venir enchaîné à Ispahan et commanda au fils du Khan, officier de sa cour, d'arracher la moustache de son père, de lui couper le nez, les oreilles, de lui crever les yeux et enfin de lui couper la tête. Après quoi le fils fut nommé au gouvernement de son père[5]. Evlia Tchélébi de son côté rapporte que les condamnés à mort étaient torturés et s'élève contre cette coutume[6].

La Perse, unifiée et prospère sous la domination des Séfévis, devait offrir un terrain propice au développement artistique, dont la migration volontaire

---

1. *Travels of Venetians in Persia*, Hakluyt Society 1873. Giovan Maria ANGIOLELLO, *The life and acts of the King Ussun Cassano*, p. 115. *The travels of a merchant in Persia*, p. 206, dans le même sens.

2. EVLIA TCHÉLÉBI, *op. cit.*, vol. II, p. 248.

3. *Les Six Voyages de M. J. B. Tavernier en Turquie, en Perse et aux Indes*, Paris, MDCCXIII, t. II, pp. 296 et 344.

4. EVLIA TCHÉLÉBI, *op. cit.*, vol. II, pp. 335, 240, 241, 242 et 268.

5. TAVERNIER, *op. cit.*, t. I, p. 97.

6. EVLIA TCHÉLÉBI, *op. cit.*, t. II, pp. 262-263.

ou forcée des artistes de Hérat vers Tebriz, la capitale séfévie, allait consti-
tuer un des principaux facteurs. Nous retrouvons le plus célèbre d'entre
eux, le peintre Behzad, à la cour de Chah Ismaïl et les plus grands miniaturistes de l'époque séfévie sont donnés comme ses élèves ou arrière-élèves.
Le calligraphe de Chah Ismaïl, Chah Mahmoud de *Nichapour*, était aussi
un Khorassanien.

L'influence chinoise, interceptée en quelque sorte, au xve siècle, par les
possessions timourides de l'Est, se trouve ainsi transplantée dans l'Ouest, avec
toutes les caractéristiques de l'école du livre de Hérat. On peut le constater
par la faune fabuleuse chinoise des enluminures marginales, par la polychromie du papier et par d'autres caractéristiques des manuscrits timourides du
xve siècle, qui se retrouvent communément dans la Perse occidentale au xvie.

Le turban surmonté du bâton rouge[1] des Séfévis est un critérium matériel qui peut éviter beaucoup de méprises[2]. Si son absence ne prouve pas
qu'une œuvre n'appartient pas à la période séfévie, sa présence est une
preuve certaine qu'elle est originaire des possessions du Sophi.

Ce turban est une coiffure nationale[3] que portent même ceux qui relèvent de l'allégeance séfévie[4].

A la fin du xve siècle, l'art de la miniature avait atteint au Khorassan,
toute la perfection dont le rendaient susceptible les conventions auxquelles
il était assujetti, notamment l'ignorance des lumières et des ombres. Il

1. D'après le deuxième volume du manuscrit d'Evlia Tchélébi, ayant servi à l'édition de Constantinople, l'adoption de cette coiffure se rattacherait à un songe interprété comme la promesse du royaume
de Perse aux descendants de Cheikh Safi. Le bâton rouge serait un emblème phallique se rapportant à
l'âne vu en rêve. Hammer, dans sa traduction anglaise (Londres, 1834-1850), rapporte le même passage,
que l'édition turque omet. La malveillance d'Evlia Tchélébi pour les Persans, en sa qualité de sunnite,
n'est certainement pas étrangère à cette explication.

Voir pour la description détaillée de cette coiffure, *L'Ambassade de D. Garcias de Silva Figueroa en
Perse* (1617-1619), trad. de Wicqfort, Paris MDCLXVII, p. 336.

2. Voir plus haut, pp. 91-92.

3. Nous devons à Della Valle des précisions sur cette coiffure qui s'appelle *tadj*. Chah Ismaïl l'avait
adoptée pour les soldats turcs combattant sous ses enseignes, afin de distinguer les sectateurs de la nouvelle religion. Toutefois les *Kizilbaches* ne se servaient du *tadj* qu'aux jours de cérémonie parce que cette
coiffure était fort pesante. « Je ne l'ay encore jamais vu porter au Roy : ce sont seulement les particuliers
qui le portent et principalement ceux qui exercent quelque charge auprès du Roy », dit notre auteur. Les
sofis « religieux de la secte persienne » portaient toujours le *tadj*, enfin Chah Abbas l'avait accordé,
comme marque d'estime, à son ambassadeur en Occident, l'Anglais Dom Robert Scherloy. *Op. cit.*,
seconde partie, pp. 56, 407, 354 et 57.

4. Sultan Khalil, seigneur de Hisn Keïf (Haute Mésopotamie), un Kurde, se coiffe du caftan (*sic*)
rouge et se reconnaît le vassal de Chah Ismaïl. *Travels of Venetians in Persia*, Hakluyt Society 1873.
The travels of a merchant in Persia, p. 194. « Quoique les Kurdes portent les caftans (*sic*) rouges, ils ne
sont Séfévis qu'extérieurement mais pas de cœur ». *Ibidem*, p. 152.

conserve toutefois, en général, une certaine raideur et de la sobriété. Avec le xvi⁰ siècle séfévi, la souplesse et la richesse lui feront atteindre son complet épanouissement et après le milieu de ce siècle, cet art ne pourra plus que décliner.

⁎⁎

A la chute des Timourides, Behzad est resté à Hérat, durant la domination éphémère sur le Khorassan de Cheïbani Khan (1507-1510). Si le fait, rapporté par Baber, que ce Tatar-Uzbeg corrigeait les œuvres de Behzad, n'implique pas forcément la présence à Hérat de ce dernier, Sam Mirza, comme nous l'avons vu, mentionne expressément la chose.

Behzad a dû quitter Hérat pour Tebriz à la conquête du Khorassan par Chah Ismaïl sur les Tatars Uzbegs, en novembre 1510, et suivre ainsi à quelques années d'intervalle, vers la nouvelle capitale de la Perse unifiée, Bédi-ez-Zéman, dernier souverain timouride de Hérat et les artistes Khorassaniens qui l'accompagnaient.

Son portrait¹ (fig. 130) le représente précisément sous les traits d'un personnage de la cour des Séfévis.

Un petit dessin de cerfs et de chats sauvages (fig. 134) est aussi fort que curieux par son attribution. Une inscription, dont on ne peut pas mettre en doute la sincérité, porte « a figuré l'esclave Behzad d'après l'œuvre de Messire² Véli ». Ce miniaturiste devait être un contemporain de Behzad, très apprécié, pour que ce dernier l'ait copié.

Le Trésor du Vieux-Sérail, à Stamboul³, conserve un dessin représentant Chah Ismaïl, signé de la formule « calame brisé du pauvre Behzad », mais qui ne soutient pas la comparaison avec les portraits des deux premiers souverains au service desquels cet artiste avait mis son art.

Un autre portrait par Behzad (fig. 129) se rapporte également à sa dernière période d'activité. Les cartouches, en réserve sur le fond en couleur de la miniature, et qui donnent les noms du personnage représenté et de maître Behzad, sont forcément contemporains.

Ce vieillard au turban séfévi, à la grande barbe grisonnante, au nez busqué, assis sur ses jambes repliées⁴, est le poète Khorassanien Abdullah

---

1. Voir p. 64-65.

2. *Mevlana,* titre qui indique l'estime dans lequel il était tenu. Sir Thomas Arnold se trompe donc en supposant que ce titre honorifique ne pouvait pas s'appliquer aux peintres. *The Riza Abbassi Ms. in the Victoria and Albert Museum.* Burlington Magazine, février 1921, p. 60.

3. Recueil n° 37061.

4. Son attitude, avec une main posée sur un genou et l'autre à la hauteur de la poitrine, est identique, quoique inversée, à celle de Sultan Husséïn Baïcara, sur son portrait par Behzad (fig. 59).

Hatifi [1] qui, à l'exemple de Nizami, a chanté les amours de Medjnoun et de Leïla. Sa carrière présente le même dualisme que celle de Behzad. A la demande de Chah Ismaïl, qu'il a dû suivre en même temps que Behzad, il a entrepris un *chahnamé* des Séfévis, resté inachevé [2].

Ce portrait, à la fois délicat et réaliste, se place entre 1511 et 1521, date de la mort du poète.

Les rides du visage, les poils noirs à la naissance de la barbe, produisent un effet de modelé qui constitue une préfiguration des dessins du siècle suivant. Nous assistons à un renouveau de la manière de Behzad, peut-être sous l'influence de peintures européennes vues dans la Perse occidentale [3], et on est ainsi moins étonné qu'après une longue et brillante carrière fournie à Hérat au xvᵉ siècle, ses contemporains continuent à le considérer comme « le maître le plus remarquable du commencement du règne des Séfévis [4] ».

Le Musée du Louvre possède aussi, grâce au legs Marteau, une œuvre de Behzad se rapportant à la période séfévie. Ce dessin rehaussé est signé, en caractères microscopiques, le vieux serviteur Behzad [5]. Chah Tahmasp est assis sur une estrade établie dans un arbre, au bas duquel sont des gens de sa suite, dont, au premier plan, un écuyer endormi auprès de son cheval et un fauconnier [6] (fig. 133).

Le style de ce dessin, tant celui des personnages que des chevaux, est bien celui du xvıᵉ siècle, sans compter les turbans à bâton. Le profil réaliste du fauconnier, dans le coin au premier plan, semble un trait caractéristique des miniatures de Behzad [7].

Cette composition qui doit se placer vers 1530 [8], marque la dernière étape de la carrière de Behzad.

Kémal-ed-Din Behzad — car c'est ainsi qu'il est officiellement dénommé

---

1. L'inscription lui donne le titre de *Mevlana*, que je traduis par *messire*, titre que nous avons vu appliqué à Véli.

2. *Encyclopédie de l'Islam*, article *Hatifi*, de Cl. HUART.

3. Sous Chah Ismaïl (1502-1524), une « maison royale » de Chiraz avait été ornée d'œuvres italiennes représentant des figures de femmes que Figueroa suppose envoyées par les Vénitiens. Cf. *L'Ambassade de D. Garcias de Silva Figueroa en Perse* (1617-1619), p. 111.

4. Khondémir, dans sa chronique intitulée Habib-es-siyer, de 1523.

5. *Pir-i-ghlam Behzad*. MARTEAU et VEVER, *op. cit.*, nᵒ 2 des signatures de peintre, en donnent le fac-similé.

6. Le même sujet a été repris par un artiste de second ordre avec un plus grand nombre de personnages et dans une disposition moins heureuse. Certains éléments, comme le cheval du premier plan, s'y retrouvent identiques. Clive BELL, *Persian Miniatures*, Burlington Magazine, mai 1914, pl. III D.

7. Voir MARTEAU et VEVER, *op. cit.*, pl. LXIX, fig. 87, et la figure 87 du présent ouvrage.

8. Chah Tahmasp est monté sur le trône en 1524 à l'âge de treize ans et Behzad est mort en 1533-34. On peut prêter une vingtaine d'années au Chah sur ce dessin.

— a été directeur de la Bibliothèque, ou plus exactement de l'atelier de confection de manuscrits de Chah Ismaïl, et son diplôme, daté du 24 avril 1522, a été publié [1].

Nous voyons que son autorité s'étendait, en dehors du personnel de la Bibliothèque, sur les corporations de tout le royaume exerçant des métiers similaires, comme celles des calligraphes, peintres, enlumineurs [2], encadreurs [3], décorateurs à l'or liquide [4], batteurs d'or et laveurs de lapis-lazuli.

Pour montrer le degré de faveur dont Behzad jouissait, Aali rapporte qu'à la veille de la bataille de Tchalderan, livrée en 1514 contre le farouche Sultan de Turquie, Sélim I, Chah Ismaïl fit cacher dans une caverne son calligraphe et son peintre favoris : Chah Mahmoud Nichabouri et Behzad. Après cette journée, funeste pour les armes persanes, et qui livrait Tebriz à l'ennemi, la première pensée du Chah fut pour ses artistes et « il rendit grâce à Dieu du fond du cœur » de les lui avoir conservés.

D'après un annaliste du commencement du xviie siècle, Iskender Munchi, Behzad était un des artistes que Chah Tahmasp admettait dans sa société.

Si l'on accepte pour date de sa mort l'année 1533-34 que donne le Dictionnaire biographique de Mehmed Suréya [5], Behzad était encore en vie pendant les dix premières années du règne de Chah Tahmasp. Il a dû être enterré à Tebriz. Son neveu Rustem Ali, qui était devenu calligraphe en titre du Chah [6], a été enseveli à côté de lui en 1562-63 [7].

Au même rang que Behzad, comme époque, doit être placé Véli, dont nous connaissons un dessin, par une copie qu'en a faite Behzad [8]. Un

1. Cf. Mirza Mohammed Qazvini et L. Bouvat, *Deux Documents inédits relatifs à Behzad*, *Revue du Monde musulman*, mars 1914.

2. *Mazéhib* a été traduit littéralement par doreur dans le diplôme de Behzad, tandis que ce mot signifie enlumineur.

3. Il faut entendre par *djedvelkech*, encadreur, celui qui traçait les filets multiples, en or, en couleurs et en noir qui sur les pages des manuscrits de luxe, encadrent le rectangle de texte et le séparent des marges. Entre filets d'or, de couleurs et traits à l'encre, j'en compte une douzaine sur un petit manuscrit de Medjnoun et Leïla de Hatifi, du début du xvie siècle et de l'école de Hérat, que j'ai sous la main.

4. *Halkiar* a été traduit par fondeur dans le diplôme de Behzad. Or *halkiar*, encore en usage aujourd'hui chez les enlumineurs turcs de Constantinople, signifie décoration à l'or liquide. M. Blochet traduit de son côté ce mot par *broyeur de couleurs*. *Les Peintures des Manuscrits Orientaux*, p. 281.

5. *Sidjil-i-Osmani*, en turc, Constantinople, 1308-1311 de l'Hégire. C'est une date que cet auteur a certainement puisé à une source persane.

6. Le *Mourakka* de Chah Tahmasp de la Bibliothèque de Yildiz renferme des pages calligraphiques, signées de Rustem Ali, qui fait suivre son nom du titre de *chahi*, tracé en lettres d'or.

7. Compilation de Habib Effendi, p. 196, reproduit par Huart, *op. cit.*, p. 223-224. Aali, mentionne le calligraphe Rustem Ali sans faire allusion à sa qualité de neveu de Behzad et se contente d'indiquer qu'il était Khorassanien.

8. Voir p. 103 et fig. 134.

album du Vieux-Sérail[1] renferme deux miniatures, un génie ailé et le héros Rustem, revêtues toutes deux du cachet de ce miniaturiste, ainsi libellé : l'esclave Véli, peintre de figures (moussawir). Le génie ailé a pour fond un arbre fleuri et tient en mains un instrument à cordes, à très long manche, dit *tambour*[2]. Rustem est coiffé du mufle de lion et porte la masse d'arme à tête de bœuf. La Bibliothèque Nationale possède une troisième peinture avec le cachet de Véli[3]. C'est un très beau lion enchaîné, au milieu d'un paysage de rochers. A ma connaissance, c'est toute l'œuvre attribuable de façon certaine[4] à cet artiste.

L'école séfévie naît dans la Perse occidentale de la migration, forcée ou volontaire, des artistes de Hérat vers Tebriz, après la double conquête du Khorassan par Cheïbani Khan et par Chah Ismaïl (1507 et 1510), et de l'évolution de l'école mongole au cours du xve siècle, évolution fortement influencée déjà par l'école de Hérat. En effet la Perse du Sud-Ouest (Chiraz et Ispahan) était restée sous la domination timouride dans la première moitié du xve siècle.

Le Journal des campagnes de Sélim I spécifie[5] que le 13 septembre 1514 le Sultan donne l'ordre de diriger sur Constantinople « les maîtres artisans du Khorassan que Chah Ismaïl avait exilés avec Bédi-ez-Zéman, fils de Husséïn Baïcara, du Khorassan à Tebriz ».

Il est plus que probable néanmoins que Bédi-ez-Zéman se soit réfugié à Tebriz après l'invasion, au printemps 1507, de ses états par Cheïbani Khan, et y ait ainsi précédé de quelques années, les artistes de Hérat transplantés par Chah Ismaïl. Il y a donc là une confusion entre l'arrivée à Tebriz de Bédi-ez-Zéman et des artistes de sa suite, fuyant devant l'invasion des Tatars-Uzbegs, et la transplantation des artistes de Hérat par Chah Ismaïl. De toute façon nous assistons à deux migrations forcées des artistes Khorassaniens : de Hérat à Tebriz d'abord en novembre 1510, à la conquête du

---

1. N° 37069. Ce recueil a été formé à Constantinople par le Cheikh-ul-Islam Véli-ed-Din Effendi, mort en 1768. C'était un homme de goût qui excellait dans la calligraphie de style persan, appelée en Turquie *talik*.

2. C'est avec cet instrument, dont l'élégance a dû le séduire, que Gustave Moreau représente ses *poètes persans*.

3. Ms. Arabe 6075.

4. Marteau et Vever reproduisent une signature de Véli, n° 4, sans indiquer malheureusement l'œuvre à laquelle elle se rapporte. Le recueil du Vieux-Sérail au nom de Behram Mirza, ainsi que celui de Véli-ed-Din Effendi, renferment quelques œuvres attribuées à Véli ou signées de son nom, mais leur style ou le caractère de la signature ne permettent pas d'y voir des productions de ce maître.

5. Dans Féridoun Bey, *Medjmoua-i-Munchaat,* en turc, Constantinople, 1274 de l'Hégire, p. 463.

Khorassan par Chah Ismaïl, et de Tebriz à Constantinople en septembre 1514. Après un séjour de quatre ans environ dans la capitale persane, tous les artistes de Hérat n'ont pas dû prendre le chemin du Bosphore, du moment que le plus illustre d'entre eux, Behzad, était resté en Perse.

L'aube de l'école séfévie me semble représentée par une œuvre anonyme ayant tout le charme d'une fleur mi-close. Sa dérivation de l'école de Hérat est certaine, mais elle possède un attrait indéfinissable fait de souplesse et de fraîcheur qui ne durera qu'un moment dans l'évolution de la peinture persane.

Cette page d'un *Bostan* de Sâdi a été exposée par M. Vignier au Musée des Arts Décoratifs. Elle a pour sujet principal deux adolescents avec leur précepteur (fig. 135). Les vers invitent une personne à la taille élégante à passer devant la porte de la mosquée, afin que ceux qui y font leur prière se prosternent devant elle.

Un *Chahnamé* du Musée de l'Evkaf[1] dont l'exécution doit chevaucher sur les règnes du dernier prince turcoman et du premier chah séfévi, est non moins intéressant par ses miniatures. Il est daté de la ville capitale[2] de Chiraz, épithète qui semble se rapporter à l'occupation par Sultan Mourad[3], dernier souverain Turcoman du Mouton Blanc, de cette ville, avant sa défaite par Chah Ismaïl, qui s'en empara en 1503-4[4]. Le turban séfévi n'apparaît sur ce manuscrit qu'une seule fois — avec un bâton or relevé de couleurs — dans une miniature à types originaux et réalistes qui représente un roi et une reine, sur un trône, devant lesquels jouent des danseuses à castagnettes (fig. 136).

1. N° 2233.

2. *Dar-ul-mulk*, équivalent de *dar-us-saltana*.

3. Il existe de nombreuses miniatures représentant un prisonnier avec un carcan en forme de fourche, dans lequel la main est aussi engagée. Della Valle a vu cet instrument en usage en Perse en 1618 et le décrit. Il ajoute qu'il ne peut le « mieux comparer qu'à un bras malade en écharpe » (Cf. *op. cit.*, seconde partie, p. 276-277). Tavernier l'a décrit aussi en 1665 (Cf. *op. cit.*, I, p. 486 et II, pp. 247 et 248).

Les collections J. Doucet (voir p. 79) et R. Kœchlin possèdent les deux plus beaux spécimens de ces prisonniers (fig. 96 et 97). Le second, qui est sur fond or comme le premier, doit aussi se rattacher vraisemblablement, d'après le type et le costume, à la Perse orientale.

M. Martin veut voir dans ces portraits Mourad Akkoyounlou (*op. cit.*, vol. II, pl. 83 et 84), tombé aux mains de Chah Ismaïl. Or contrairement à la supposition de cet auteur, ce prince malheureux n'a jamais été fait prisonnier. Munédjim Bachi rapporte dans sa Chronique que Sultan Mourad, battu à la tête d'une armée de soixante-dix mille hommes, par les Séfévis, en 1502, s'est enfui vers Chiraz (Cf. *op. cit.*, vol. III, p. 182). Même, d'après l'ambassadeur vénitien Caterino Zéno, il se serait réfugié auprès d'Ala-ed-Deuvlé, prince de Caramanie, qui lui aurait donné sa fille en mariage (Cf. *Travels of Venetians in Persia* Hakluyt-Society, Londres, 1873, Caterino ZENO, *Travels in Persia*, p. 55).

Aucune de ces miniatures ne représente donc Mourad le Turcoman du Mouton Blanc. Cette identification semble suggérée par l'attribution à *Keusedj* Mourad, c'est-à-dire Mourad le glabre, que porte le portrait d'un personnage du même type de la Bibliothèque Nationale, signé Ibrahim (O. D. 41, fél. 23); or on ne connaît pas non plus un tel surnom à Mourad Akkoyounlou.

4. MUNÉDJIM BACHI, *op. cit.*, t. III, p. 182.

Suivant une mention, tout à fait exceptionnelle dans les manuscrits persans, que porte ce Chahnamé, il fut achevé en sept années par « douze maîtres dont chacun était rare dans son époque ». Malheureusement, le calligraphe, Mohammed Kiatib[1], a seul signé et nous ignorons les noms tant des miniaturistes que de l'enlumineur et du relieur.

Les deux pages initiales enluminées sont des merveilles, où triomphe l'outre-mer profond, particulier à Chiraz, associé à l'or.

La plus belle des miniatures de ce *Livre des Rois*, qui sont manifestement de différentes mains, représente le premier roi du monde Keyoumers (fig. 140).

Au milieu d'un paysage où des rochers roses, peuplés de bêtes, tiennent la plus grande place, le monarque est assis ayant autour de lui ses dignitaires et ses serviteurs. Ils sont tous vêtus de peaux de bête, mouchetées. La robe d'un félin qui escalade des rochers est identique aux vêtements. Au premier plan un lion de beaucoup de caractère, aux yeux avivés par l'or, découvre ses dents. Un soleil à face humaine et à rayons d'or éclaire ce paysage où l'artiste a su mettre de la grandeur et de la poésie. Le ciel est traité de façon naturaliste avec des parties blanches, ce qui est fait pour surprendre à cette date.

Une autre belle page est celle de la lutte de Rustem contre le Div blanc. Tous deux se détachent sur le fond noir d'encre d'une caverne (fig. 141).

Les indications d'Aali au sujet de la descendance artistique de Behzad dans la Perse occidentale permettent de dresser la table suivante :

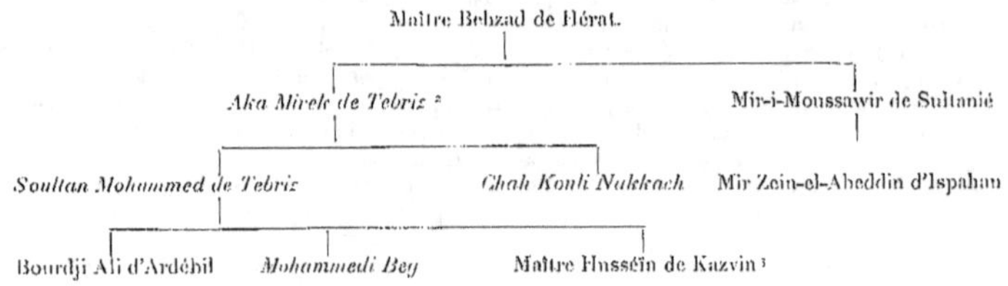

1. Habib, *op. cit.*, p. 224, comme Huart, *op. cit.*, p. 217, mentionnent ce calligraphe comme Chirazin. Huart ajoute qu'il est mort en 1533-34.

2. Aali écrit *Agha*, qui est la forme turque de ce titre. Mirek signe *Aka* Mirek et Sam Mirza transcrit de la même manière son nom.

3. Ne serait-ce pas le même que Derviche Hussein le peintre ? Voir plus bas p. 112, note 5.

Sur huit de ces élèves et arrière-élèves, quatre dont les noms sont transcrits en italiques, nous sont connus par leurs œuvres[1].

C'est peut-on dire, toute l'école séfévie de la première moitié du xvie siècle que représente ce tableau, aussi est-il plutôt intéressant au point de vue des rapports des principaux maîtres de cette école. Pour ce qui concerne Behzad, retenons que le miniaturiste Aka Mirek était son élève.

Au témoignage de Sam Mirza[2], frère de Chah Tahmasp, Aka Mirek Nakkach[3], des séids d'Ispahan, était « sans pareil en son temps dans le dessin (tarrahi)[4] et la peinture ». Il faut remarquer que sa descendance du Prophète ne l'empêchait pas de se livrer à la peinture, libéralisme qui est caractéristique des idées persanes à ce sujet. En 1550, date de la rédaction du *Teuhfé-i-Sami*, cet artiste que le prince séfévi qualifie de *premier* et de *modèle de sa corporation*, était au service du *Maître des conjonctions stellaires*, c'est-à-dire de Chah Tahmasp, dont Tebriz était la capitale. Iskender Munchi nous apprend d'autre part qu'il avait été un des intimes du Chah[5].

Le merveilleux *Khamsé* de Nizami du British Museum, au nom de Chah Tahmasp[6], qui représente l'expression la plus haute de l'école séfévie dans

1. Aali donne aussi, comme élève de Chah Kouli, l'enlumineur turc Kara Mémi de Constantinople, dont la Bibliothèque de Yildiz conserve un manuscrit enluminé et signé des œuvres poétiques de Soliman le Magnifique, N° 2777, daté de 1565-66.

2. *Teuhfé-i-Sami*, passage reproduit par Blochet, *Notices sur la collection Marteau*, p. 137.

3. Voir pp. 96 et 97 pour la confusion avec un miniaturiste de l'école timouride, à laquelle son nom a donné lieu, et le rôle qu'on lui fait jouer à Boukhara.

4. M. Blochet traduit (*Notices sur la collection Marteau*, p. 136) l'expression *tarrahi* par enluminure, tandis qu'il faut la rendre par dessin. Aali, dans le titre de son chapitre V, où il parle des artistes du livre autres que les calligraphes, énumère les peintres (*moussawir*), les enlumineurs (*muzéhib*) et les dessinateurs (tarrah), dont il traite séparément. Des dessins de quelques artistes dont il parle comme *tarrah*, ou pour leur habileté dans l'art du dessin, tels Chah Kouli et Kémal Mounnawir de Tebriz, nous sont parvenus. L'expression *ressam-i-hoch-tarh* qu'il emploie, et dans laquelle le sens de dessinateur du mot *ressam* est certain, ne laisse subsister aucun doute sur la signification de *tarrah*. Plus d'un dessin du xviie siècle est qualifié par une inscription contemporaine de *tarh*. Je relève *inn tarh*, ce dessin, sur un dessin teinté signé par Riza-i-Abbassi, et sur une sanguine rehaussée sans signature (Sarre et Mittwoch, *Zeichnungen von Riza Abbasi*, Munich, 1914, pl. 13 et 35). Une composition sur laquelle figure Medjnoun entourant de ses bras un chien, porte une inscription signée par Riza-i-Abbassi, qui a copié ce dessin (tarh) qu'il attribue à Behzad. Le traducteur dont MM. Marteau et Vever utilisèrent les services, Djalil Khan, rend *tarh* par esquisse, ce qui leur fait supposer à tort qu'il s'agit d'une *ébauche* de Behzad, *terminée* par Riza-i-Abbassi. (Marteau et Vever, *op. cit.*, pl. CLIV, fig. 219).

Enfin, j'ai vu en 1913, au Victoria and Albert Museum, des pages à miniatures d'un *Akbarnamé*, prêtées par le Maharaja Gackvar de Borodo, portant une double signature : l'une précédée du classique *amélé* ou *amel*, et l'autre de *tarrahé* ou *tarh*, traduits respectivement par *painting*, peinture, et *outline*, c'est-à-dire, contour, dessin. Par exemple : *amel* Durga, *tarh* Tulsi.

Je trouve dans Percy Brown, *op. cit.*, p. 110, la confirmation de cette pratique indienne, le tracé (sketch) étant dénommé *tarh*.

5. Blochet, *Notices sur la collection Marteau*, pp. 136 et 138.

6. Or. 2265.

son plein épanouissement, renferme quatre pages authentiquement signées d'Aka Mirek. Le Chahnamé Rothschild[1], au nom du même souverain, dans equel on a voulu voir l' « apogée de la délicatesse et de la préciosité persanes », ne soutient pas la comparaison avec le *Khamsé*. Ce dernier manuscrit a été calligraphié par Chah Mahmoud el-Nichabouri qui prend le titre d'*ech-Chahi el-Kiatib*[2], à Tebriz de 1539-40 à 1543. L'exécution de l'illustration doit s'étendre sur les mêmes années, la première miniature, fol. 15 v., qui représente Anouchirvan et son vézir dans les ruines, étant datée comme la première partie du texte, le *Makhzen el-Esrar*, de 1539-40[3]. La décoration animale des marges, à l'or vert et jaune, est extraordinaire de fantaisie : on y voit un renard mordant un canard par la patte, un cerf et un lion montés par des singes armés de la lance et du bouclier. La faune chinoise, représentée par des phénix et des *kilins*, y tient une petite place. La reliure laquée de ce chef-d'œuvre n'est malheureusement pas contemporaine, elle est du début du dernier siècle.

Trois des miniatures d'Aka Mirek se rapportent au poème de Khosrev et Chirnie (1540) et la quatrième à celui de Medjnoun et Leïla (fig. 142 et 143)[4]. Celle qui représente sous les traits de Chah Tahmasp, le roi sassanide sur son trône aux côtés de Chirine, est remarquable par les types réalistes et expressifs des suivantes de la favorite, dans lesquels il faut peut-être voir une influence de Behzad (fig. 142). Chirine y est représentée en robe lilas, décoré d'un phénix or et en manteau vert. Un collier à grains noirs lui épouse le visage, suivant une mode persane particulièrement seyante. Une porte en mosaïque or, bleu, noir et vert, est un véritable trompe-l'œil.

La dernière miniature d'Aka Mirek (fol. 166 r.), représente Medjnoun entouré de bêtes sauvages qui sont extraordinaires comme finesse et dessin (fig. 143).

La personnalité de Soultan Mohammed[5] de Tebriz, le peintre le plus

---

1. Martin, *op. cit.*, pl. 122 à 129.

2. L'épithète de *chahi* — adjectif de chah et équivalent de *sultani* — que prend Chah Mahmoud el-Nichabouri, implique qu'il était le calligraphe en titre de Chah Tahmasp, de même qu'il avait été celui de son père, Chah Ismaïl. Dans la signature du calligraphe, les mots *ech-chahi* sont tracés à l'or liquide.

3. La dernière partie, le *Chérefnamé-i-Iskendéri*, est datée du 27 mars 1543.

La miniature d'Anouchirvan dans les ruines était signée avec la formule *hararé*, malheureusement on a effacé la signature et il n'en reste que le mot *moussawir*, peintre, qui suivait le nom de l'artiste.

4. Voir aussi Martin, *op. cit.*, pl. 134 et 135.

5. *Mohammed*, prononcé Mehmed par les Turcs, étant le nom du Prophète, est d'une exceptionnelle fréquence chez les musulmans. Il existe même un dicton turc sur l'identification impossible des *Mehmed*. L'identité de nom fait que l'index de l'ouvrage de M. Martin, confond par un renvoi à la page 92, notre miniaturiste avec le Conquérant de Constantinople, Sultan Mohammed, ou plus exactement, Sultan Mehmed.

célèbre, avec Behzad et Aka Mirek, son maître, de la première période séfévie, absorbe, sous la plume de MM. Huart et Martin, quatre autres miniaturistes, soit Hadji Mohammed Nakkach, Mir Nakkach d'Ispahan, Chah Kouli et Mohammedi Beg.

Il n'est pas sans intérêt d'analyser la notice biographique que M. Martin consacre à Soultan Mohammed [1], en rapportant les indications fournies aux artistes qu'elles concernent en réalité.

Il débute en disant que Soultan Mohammed « devint le directeur de l'atelier de peinture de Chah Tahmasp à Tebriz et aussi l'enlumineur en chef du Chah ». Ce passage, emprunté à Aali, se rapporte à Mir Nakkach, mais le mot peintre qu'emploie Aali est inexactement rendu par enlumineur.

« Il se distinguait dans l'art de la reliure ». C'est de Mohammedi Beg, fils et élève de Soultan Mohammed, qu'il s'agit. Aali dit qu'il peignait les reliures laquées et dessinait des scènes à personnages.

Les phrases qui suivent sur l'esprit encyclopédique de Soultan Mohammed, l'horloge à jaquemart de la bibliothèque de Mir Ali Chir (1441-1500) qu'il aurait construite, les porcelaines imitant la céramique chinoise qu'il aurait fabriquées, se rapportent à Hadji Mohammed Nakkach, peintre timouride du xve siècle, et ces détails topiques sont donnés par Khondémir. Cet artiste vivait à Belkh en 1499, il a dirigé l'atelier de confection de livres de Mir Ali Chir et de Bédi-ez-Zéman[2].

Le voyage en Turquie sous Soliman le Magnifique, qui est prêté à Soultan Mohammed, l'atelier particulier qui lui aurait été réservé au Sérail, les visites du Sultan, sa paie de cent aspres par jour, sont des précisions fournies par Aali au sujet de Chah Kouli.

Enfin M. Martin fait mourir Soultan Mohammed « vers 1555 au début des conquêtes de Pir Mohammed Khan Cheïbani ». Ce sont les indications données par Khondémir au sujet de la mort de Hadji Mohammed Nakkach, dénaturées. La conquête du Khorassan par les Tatars-Uzbegs a été reportée de 1507 à 1555. Cette liberté avec l'histoire était rendue nécessaire par le voyage à Constantinople, qu'on fait faire à ce miniaturiste, sous Soliman le Magnifique (1520-1566). Mais le nom de Mohammed Cheïbani, dont parle Khondémir, est amalgamé à celui de Pir Mohammed qui a effectivement régné de 1555 à 1560, sans toutefois jamais conquérir le Khorassan.

1. *Op. cit.*, vol. I, pp. 117 et 118.
2. Khondémir dans le *Khilasat-el-Akhbar* et le *Habib-es-Siyer*.

A toutes ces confusions, W. Schulz en ajoute une autre. Il donne une miniature de l'ancienne collection Goloubew (fig. 137), qui est signée *Chah* Mohammed, comme de *Soultan* Mohammed. Chah et sultan ont bien un sens équivalent, mais on ne peut pas dans les noms propres procéder à leur substitution [1].

On peut ne pas s'arrêter aux caractéristiques de la peinture de Soultan Mohammed, déterminées d'après des œuvres qui lui sont attribuées, quelquefois avec aussi peu de discernement qu'on lui prête l'invention d'une horloge, la fabrication de la porcelaine ou le voyage de Constantinople. Ainsi une observation relative aux couches épaisses de couleurs, quelquefois en relief [2], dont il userait, se base sur une miniature qui appartient sans aucun doute à l'école timouride (fig. 61).

Dès que l'on se limite aux sources qui visent effectivement Soultan Mohammed, on se trouve réduit à une grande indigence de données.

D'après Iskender Munchi, chroniqueur du début du xviie siècle, le célèbre Soultan Mohammed avait été le maître de Chah Tahmasp pour le dessin et la peinture [3].

Les œuvres signées de Soultan Mohammed sont heureusement plus éloquentes. Une page admirable de réalisme, de mouvement et de fantaisie, représente une scène de beuverie. Le vin de Chiraz passe des jarres dans les bouteilles et circule dans les coupes [4]. On danse, on boit, on se roule à terre, aux sons de la musique. Des anges, sur la terrasse, prennent part à l'orgie. L'expression du vieillard ivre qui danse au premier plan, celle d'un personnage à grande barbe qui se regarde dans un miroir, et surtout les têtes simiesques [5] d'un groupe de musiciens, sont aussi remarquables qu'exceptionnelles dans la miniature persane (fig. 144).

1. Notre miniaturiste a été encore confondu avec le *calligraphe* Soultan Mohammed Khindan, qui est l'élève de Soultan Ali Mechhedi et appartient à la Perse orientale. En effet, les illustrations d'un manuscrit signé par ce calligraphe sont attribuées à Soultan Mohammed. More Adey, *Miniatures ascribed to Sultan Muhammed*, Burlington Magazine, juin 1914.

2. Martin, *op. cit.*, vol. I, p. 62 et vol. II, pl. 113.

3. Blocher donne le texte et la traduction de ce passage dans ses *Notices sur la collection Marteau*, p. 137. D'après Aali, Chah Tahmasp aurait été l'élève de Khadjé Abd-el-Aziz d'Ispahan. Ces deux indications ne s'excluent d'ailleurs pas. Voir plus bas p. 120, note 4.

4. Les coupes sont pareilles à celle en agate au nom de Sultan Husséïn Baïcara, datée de 1471-72 que j'ai publiée dans Syria, 1925, fasc. 3.

5. En rapprocher le portrait, dans le même style et avec une peau sur le dos, signé en caractères *neskhi* : Derviche Husséïn *Nakkach*, le peintre (fig. 120). S'il faut plutôt voir une attribution dans ce nom calligraphié, elle paraît vraisemblable, car Aali mentionne un maître Husséïn de Kazvin, *élève de Soultan Mohammed*, et qui était attaché à l'atelier de peinture de Chah Ismaïl.

Lorsque nous ne connaissons en tout que trois ou quatre miniatures signées de Soultan Mohammed et que l'une d'elles présente ces caractères d'observation et de mouvement, M. Martin donne comme une caractéristique de cet artiste les figures souriantes et béates de ses personnages et leur peine à se mouvoir [1].

Cette peinture de Soultan Mohammed fait partie du manuscrit [2] de la collection L. Cartier, auquel appartient le Cheikh Zadé reproduit par la figure 121 [3]. Elle est signée, au-dessus de la porte dont sort un homme ivre qu'on soutient, et le nom du miniaturiste fait partie de la décoration du fronton.

Sur une autre miniature du même manuscrit, un prince est assis sur son trône, la coupe de vin à la main, entouré de sa cour (fig. 145). J'y relève également la signature de Soultan Mohammed, dissimulée comme un élément décoratif, dans un losange, sur le panneau central du trône. Le nom du prince Sam Mirza [4], frère de Chah Tahmasp, se lit au-dessus de la porte par laquelle arrivent les serviteurs chargés de bouteilles et de fruits.

Je suis porté à voir la main du même artiste dans une scène d'une rare distinction, à un nombre limité de personnages (fig. 146), qui avoisine avec ces deux pages signées, et sur laquelle la coloration de la tête du prince est identique à celle de la figure précédente.

Le Nizami de Chah Tahmasp de 1539-1543 renferme aussi deux miniatures signées de Soultan Mohammed. La première (fig. 147), qui figure la scène classique de Chirine se baignant à une source, et surprise par Khosrev, est une page merveilleuse. La jument noire de la princesse d'Arménie hennit en découvrant ses dents blanches et sa langue rose, comme pour avertir sa maîtresse de la présence d'un étranger. Khosrev, qui se mord le doigt d'admiration devant la beauté de Chirine [5], est monté sur un cheval rose. Le ciel est d'or et les fleurs se détachent sur un fond vert.

1. *Op. cit.*, vol. I, p. 62.

2. Voir pp. 88 et 89.

3. Ce volume, qui a été exposé au Musée des Arts Décoratifs, est donné par l'explication de la planche LXXIV de Marteau et Vever, comme « illustré par Behzad ». Devant le démenti flagrant de la signature de Soultan Mohammed, Marteau et Vever sont bien obligés d'admettre que cette maîtresse page n'est pas de Behzad, mais ils n'en maintiennent pas moins, en principe, la paternité de Behzad pour les autres miniatures du manuscrit, tellement est puissant le mirage exercé par ce nom.

4. El Ghazi Aboul Mouzafer Sam Mirza.

5. La célèbre favorite du roi sassanide Khosrev Parviz (580-628) était chrétienne, et arménienne d'après Nizami.

La seconde [1], d'une extrême finesse, a pour sujet une chasse au lion de Behram Gour. Le roi, en veste vermillon, monté sur un cheval noisette, s'élance vers le lion cloué à sa proie. Le fauve a une expression courroucée, ainsi qu'un tigre blessé, vers le fond de la composition. Au second plan, Azadé harpe et un échanson, monté sur un cheval noir, se tient à côté d'elle.

Une chose qui frappe dans ces deux peintures, et qui en constitue une caractéristique, est l'exceptionnelle élégance des chevaux dont les membres atteignent une finesse qui exagère certainement la réalité, pour la souligner.

Je n'hésite pas à attribuer à Soultan Mohammed une troisième page, d'une finesse déconcertante, de ce manuscrit, représentant Sultan Sinjar rendant justice à une vieille (fig. 148) [2]. Les chevaux y sont traités de façon identique et la tache noire, que cet artiste aime à introduire dans ses compositions, est représentée ici par la robe noire de *l'estafier* [3] (peïk) qui précède le Sultan, sans compter d'autres analogies de palette. Tout le milieu de ce tableau est à fond or.

Les deux signatures de Soultan Mohammed dans le Nizami de Chah Tahmasp sont d'une écriture cursive et leur authenticité ne ferait aucun doute, si d'autres signatures du même manuscrit aux noms de Mirza Ali et de Mir Seïd Ali ne semblaient de la même main. Il faut peut-être ne voir là que des attributions, contemporaines d'ailleurs, et dont l'exactitude se trouve confirmée par des analogies (comme la prédilection de Soultan Mohammed pour la représentation des chevaux et sa manière spéciale de les traiter) qui existent entre les deux tableaux.

Un prince séfévi assis, en minium et gros bleu, est donné par une inscription de l'album de Behram Mirza, qui doit faire absolument foi, comme

---

1. MARTIN, *op. cit.*, vol. II, pl. 138.

2. A opposer à la composition sur le même sujet signée Mahmoud Muzéhib et datée de 1545, mais qui est de Boukhara (fig. 125 et 126).

3. M. BLOCHET (*Les Enluminures*, p. 119), prend pour *un pêcheur, tenant à la main une sorte de harpon et portant dans un récipient le produit de sa pêche,* un dessin de la Bibliothèque Nationale (Arabe, 6074, reproduit dans BLOCHET, *Les Enluminures*, pl. LXX, et MARTIN, *op. cit.*, vol. I, fig. 18) représentant un *peïk,* coureur qui précède les cavaliers et qui se rencontre fréquemment sur les miniatures persanes. L'espèce d'aumônière qu'il tient d'une main, renfermait des dragées, que ces *estafiers* mangeaient en courant pour soutenir leurs forces, et ce qui est pris pour un harpon est une petite hache dont ils étaient toujours armés. Cf. *Le Voyage de Monsieur d'Aramon, Ambassadeur pour le Roy en Levant,* publié par Ch. SCHEFER, 1887, p. 43, note 2, et *Journal d'Antoine Galland,* t. I, p. 135.

Le *Dictionnaire de Trévoux* donne la définition suivante du mot *estaffier :* grand valet de pied qui suit un homme à cheval, qui lui tient l'étrier.

l'œuvre de Soultan Mohammed *Nakkach* (peintre). Ce portrait de grand format est très inférieur au prince au coussin de M. Henri Vever, comme aux effigies à turbans séfévis de Dost Mohammed, dont il sera question plus bas. Nous devons en conclure que Soultan Mohammed ne s'est pas particulièrement distingué dans le portrait. Le prince au coussin (fig. 138), en bleu franc et rose et aux lignes souples et sinueuses, n'est probablement attribué à Soultan Mohammed [1], et partant identifié avec son royal élève, Chah Tahmasp, qu'à raison de la confusion, relevée plus haut, entre ce miniaturiste et Chah Mohammed.

Un dessin de ma collection, qui oppose un seigneur et un manant ainsi que leurs montures, atteint à la satire sociale (fig. 149). Le jeune seigneur est monté sur un étalon de race, dont un manant, agenouillé, baise les sabots. L'haridelle du vilain, qui se tient devant l'étalon aussi humble que son maître, est réduite aux proportions d'un grand chien. Elle est traitée avec un vif sentiment de la caricature qui ne se rencontre que chez Soultan Mohammed. Aussi, en tenant compte également du style de l'étalon, suis-je tenté de voir dans ce dessin la main de cet artiste.

L'attribution à Soultan Mohammed, par M. Martin, de deux dessins de saltimbanques [2], sur l'un desquels apparaît aussi un cheval d'une rare élégance, me paraît très plausible pour des considérations d'analogie avec ses œuvres signées. Je ne vois par contre aucune raison de faire intervenir Li-Lung-Mien et surtout de voir dans ces œuvres une copie d'après ce maître chinois du xɪᵉ siècle.

Nous ne connaissons pas la date de la mort de Soultan Mohammed, mais il collaborait en 1541 à l'avant-dernière partie du *Khamsé* de Nizami au nom de Chah Tahmasp.

Deux autres miniaturistes Mirza Ali et Mir Seïd Ali ont contribué à l'illustration de ce précieux manuscrit. Le premier est mentionné par Aali, avec l'épithète de Tebrizin, comme un peintre d'une haute renommée en même temps qu'un très habile dessinateur. Kémal, autre dessinateur dont des œuvres nous sont parvenues, est donné comme son élève.

Les deux pages [3] qui représentent l'œuvre de Mirza Ali et qui illustrent le poème de Khosrev et Chirine ne traduisent pas, malgré une très grande finesse, une personnalité originale. Au réalisme et à l'élégance près, qui distinguent respectivement Mirek et Soultan Mohammed, cet artiste peint

1. MARTIN, *op. cit.*, vol. II, légende de la planche 109 c.
2. MARTIN *op. cit.*, vol. II, pl. 102.
3. *Ibidem*, pl. 132 et 137.

dans le même style que ces maîtres. Son métier ne le leur cède en rien et on retrouve sur un luth l'imitation de la mosaïque persane (khatem), rendue au point de faire illusion, en vert, or et blanc sur fond noir.

Mir Seïd Ali a aussi signé deux pages dont l'une se rapporte au poème de Medjnoun et Leïla et l'autre à un exploit de chasse de Behram Gour[1]. Par la première, cet artiste s'affirme comme un émule des grands miniaturistes de la pléiade qui s'épanouit sous Chah Tahmasp (fig. 151). L'originalité de la composition, la variété des scènes, sont d'un maître. Une vieille amène Medjnoun, enchaîné et poursuivi par des gamins qui lui lancent des pierres, devant la tente sous laquelle est assise Leïla. Sous d'autres tentes des femmes vaquent aux occupations domestiques. Au dernier plan, à gauche, l'artiste a placé une scène rustique. Deux bergers, dont l'un joue de la flûte et l'autre file la laine, gardent un troupeau. Cette page charmante dans laquelle Mir Seïd Ali a mis autant d'observation que de variété, repose des scènes de cour. La plus grande partie de la colline est à fond or, tandis que les bergers du dernier plan se détachent sur des rochers mauve clair. Le ciel est d'azur avec des nuages blancs et gris naturalistes. Le coussin et le dossier de Leïla sont à décor rose et bleu sur fond blanc. En dehors du rose, on peut relever comme couleurs caractéristiques de cette composition, le noir qui rappelle l'école de Hérat, le lilas foncé et le brun-rouge. Mir Seïd Ali s'affirme comme un animalier et se rattache à Kassim Ali.

La seconde page de Mir Seïd Ali, qui ne vaut pas la précédente, se rapporte à un exploit classique de Behram Gour : après avoir effleuré d'une flèche l'oreille d'une biche, qui croit à une mouche importune et veut la chasser, il lui cloue d'un second trait la patte à l'oreille. Azadé à cheval, qui accompagne son époux en harpant, assiste à ce tour de force[2].

Une miniature qui dans sa partie supérieure, seule reproduite (fig. 152), offre des scènes de la vie de famille et des champs, comme une femme qui donne le sein et une brebis que l'on trait, porte une signature de Mir Seïd Ali, identique à celle du manuscrit du British Museum. Elle appartient à la collection Louis Cartier et s'apparente à la figure précédente[3].

Ce miniaturiste qui était le fils de Mir Mansour, peintre originaire de Bedekhchan, est avec Abd-us-Samad le principal fondateur de l'école indo-persane. Le Grand Mogol Humayoun, réfugié auprès de Chah Tahmasp,

1. British Museum, Ms. Or. 2265, fol. 158 r. et 211. v.

2. Cette scène n'est pas sans présenter quelque analogie avec la *chasse d'amour* des porcelaines chinoises.

3. Voir également la figure 190, qui est de la même main.

avait connu à Tebriz ces deux artistes qui l'avaient rejoint à Kaboul en 1550, pour le suivre quelques années plus tard dans ses états recouvrés [1]. Il faut remarquer que le séjour de Humayoun dans la capitale de Chah Tahmasp en 1543, coïncide avec l'achèvement du Nizami du British Museum, auquel avait collaboré Mir Seïd Ali.

Humayoun avait chargé ce peintre d'illustrer dans un format exceptionnellement grand le roman légendaire persan d'Emir Hamza. L'illustration de quatre volumes sur douze avait exigé sept années de labeur [2].

Abd-us-Samad, peintre et calligraphe, était originaire de Chiraz [3].

Ces deux miniaturistes avaient donné des leçons de dessin à Humayoun et à son fils Akbar, pendant leur séjour à Kaboul, et avaient successivement dirigé l'atelier de peinture du Grand Mogol Akbar, dont on connaît le rôle décisif dans la formation de l'école indo-persane. Abd-us-Samad avait notamment formé l'Indien Daswanth, le meilleur peintre de son temps [4]. Je suis heureux de pouvoir donner une œuvre persane d'Abd-us-Samad (fig. 155). Un groom en bleu des écuries du Chah, tient par le licou un cheval alezan à couverture rayée noir sur blanc.

Une étude plus importante d'un cheval alezan bridé et sellé, tenu par un serviteur en vert et minium de la Cour séfévie, et attendant son royal cavalier, porte une inscription au nom de maître Haïdar Ali (fig. 156). C'est la seule mention que je connaisse de cet habile miniaturiste, qui est de la première moitié du XVIe siècle.

Nous avons vu que le portrait d'un prince séfévi, signé *Chah* Mohammed (fig. 137), avait été pris pour une œuvre de *Soultan* Mohammed. La Bibliothèque de Yildiz possède plusieurs miniatures non signées représentant un personnage du même type assis ou debout [5]. La palette rutilante de cet artiste et les grandes dimensions de ses figures suffisent d'ailleurs, même en faisant abstraction de la signature, à écarter toute attribution à Soultan

1. Percy Brown, *Indian Painting under the Mughals*, pp. 41, 53 et 54. M. Percy Brown suit dans son très consciencieux travail l'Aïn-i-Akbari d'Abul-Fazl pour Mir Seïd Ali, comme pour Abd-us-Samad.

2. *Ibidem*, p. 54.

3. Abd-us-Samad, nommé directeur de la Monnaie vers 1577, n'est certainement pas étranger à la perfection des frappes d'Akbar (*Ibidem*, p. 120). Il est intéressant de noter à ce sujet qu'une monnaie a été frappée sous le règne de ce Grand Mogol (1566-1605), avec les silhouettes de Rama et de Sita, par conséquent avec un emprunt à l'hindouisme (*Aréthuse*, octobre 1926, G. Bataille, *Les Monnaies des Grands Mogols*). Or ce sont précisément les sujets hindous qui constituent le principal critérium des miniatures Rajput, dont on ne connaît pas de spécimen à date certaine remontant à cette époque.

4. Percy Brown, *op. cit.*, pp. 54, 63, 120 et 121.

5. Recueils nos 3818 et 3822.

Mohammed. Dans le portrait signé Chah Mohammed, la robe du prince est cramoisie et ses manches bleu foncé ; c'est le minium et le vert qui sont les couleurs dominantes des portraits de ce type de la Bibliothèque de Yildiz. Je donne (fig. 139) une des miniatures du recueil de Chah Tahmasp, dont l'original ne mesure pas moins d'une quarantaine de centimètres et sur laquelle, en plus du vert et du minium, il y a la tache gros bleu de la robe que décore un phénix or.

Mais les collections du Vieux-Sérail comptent deux œuvres signées Chah Mohammed, qui y prend l'épithète d'*Ispahani*[1]. Sur l'une — un jeune homme et un vieillard, sur fond or — on retrouve la vivacité de couleurs qui caractérise cet artiste. L'autre, figure un lion enchaîné de beaucoup de caractère. Il a le mufle stylisé, les yeux or et sa robe est teintée en chamois clair.

Les deux recueils[2] auxquels ces miniatures appartiennent sont du xvie siècle séfévi, le premier ayant été formé en 1574-75[3], ce qui situe l'œuvre de Chah Mohammed d'Ispahan.

Un portraitiste de la première moité du xvie siècle, maître Dost Mohammed[4], nous est révélé par des attributions de l'album de Behram Mirza. Un prince séfévi et un échanson se tenant par la main, en minium, bleu et lilas, et dont les têtes se détachent sur un ciel or, est une très belle œuvre. Un couple debout du même artiste, de grand format comme la précédente peinture, est également très intéressant et se distingue des princes de Chah Mohammed par l'expression des têtes. Les portraits de Dost Mohammed devaient être très prisés à l'époque, à juste titre d'ailleurs, car les inscriptions au nom de « maître Dost » sont laudatives.

Toutes ces attributions d'œuvres contemporaines de Behram Mirza (son album est daté de 1543-44), doivent forcément faire foi.

Ce peintre pratiquait aussi la calligraphie : le même recueil renferme quelques pièces de vers en *nestalik* dont l'une est signée Dost Mohammed le peintre de figures, *moussawir*. Une de ces pièces est en caractères découpés. Aali n'ignore pas cet artiste et il le mentionne comme découpeur, quoique avec l'épithète de peintre de figures[5].

---

1. Ces signatures sont identiques et accompagnées de la formule *kiar*, travail. Remarquer la dimension inusitée de la barre de la lettre arabe correspondant à *d*.

2. Nos 37087 et 47936.

3. Cette date se rencontre sur les marges décorées et enrichies de miniatures du recueil n° 37087.

4. Les inscriptions des portraits portent seulement *maître Dost*, et c'est sur une copie inachevée d'après Behzad que le nom est complet.

5. Aali, *op. cit.*, p. 63.

Une pièce de calligraphie *sulus* d'un autre recueil du Vieux Sérail[1],
datée de Hérat 1531, est signée Dost Mohammed, fils de Suleïman[2] de
Hérat. Malgré ces origines khorassaniennes, l'œuvre de ce miniaturiste, qui
semble avoir été le meilleur portraitiste de la cour dans la première moitié
du xvie siècle, est purement séfévie.

Chah Tahmasp (1524-1576), dont Behzad, Soultan Mohammed et Aka
Mirek avaient été les commensaux, atteignit, au dire d'Iskender Munchi[3],
la perfection dans le dessin[4], *et la délicatesse du pinceau*, et avait le
goût et la passion de cet art dans sa première jeunesse.

Il était âgé d'une trentaine d'années lorsque deux de ces artistes illustraient l'exemplaire du Khamsé de Nizami à son nom, Behzad étant déjà
mort en 1533-34.

Grâce à l'album de son frère Behram Mirza[5] de 1543-44, nous connaissons une grande peinture et un dessin de Chah Tahmasp, dont l'authenticité
ne fait pas de doute. La miniature, de grandes dimensions, figure en tête de
l'album et une inscription de la main du Chah porte qu'il l'a peinte pour
son cher frère Behram Mirza. Sur une colline en or se détachent six personnages trapus, à turbans séfévis, rendus dans un esprit quelque peu cari-
catural. Les noms de ces serviteurs ou dignitaires de sa cour sont indiqués.
L'un d'entre eux, Carpouz Soultan, qui porte un plateau de fruits, a fait
l'objet d'un dessin, toujours de la main du Chah.

Dans un âge mûr, Chah Tahmasp propose à Sultan Soliman de faire
fabriquer en Perse, pour la mosquée Suleïmanié de Constantinople, dont la
construction s'étend de 1544 à 1556, des tapis dont il fournirait les dessins[6].
Il était aussi calligraphe, comme son père Chah Ismaïl d'ailleurs, et le
mourakka à son nom de la Bibliothèque de Yildiz, renferme des pages
signées de ces deux souverains[7] (fig. 150). Dans l'album de Behram Mirza

1. Nº 37087.

2. Sur une des pièces calligraphiques en *nestalik* qui figurent dans l'Album de Behram Mirza, il
signe Dost Mohammed, *fils de Nizam-ul-Mulk*. Ces indications ne se contredisent d'ailleurs pas, Nizam-
ul-Mulk étant une appellation honorifique, qui s'ajoute au nom proprement dit, comme il peut s'employer
séparément.

3. Blochet, *Notices sur la collection Marteau*, pp. 137 et 138, texte et traduction.

4. Le texte se sert de l'expression *tarrahi*, que M. Blochet rend toujours par *enluminure*, opposée à
miniature, au lieu de dessin.

5. Aboul Feth Behram Mirza.

6. Cf. Ch. Schefer, *Chrestomathie Persane*, Paris, 1885, tome second, p. 230.

7. Les signatures sont respectivement Ismaïl bin Haïdar *el-Husseïni* et Tahmasp *el-Husseïni*, cette
épithète indiquant la descendance d'Ali. Les pages signées par Chah Ismaïl sont dans un gros *sulus* dont
les lignes or et gros bleu alternent (fig. 150).

figurent deux belles pièces calligraphiques en *nestalik*, signées en caractères or sur fond gros bleu et richement enluminées, de la sœur de Chah Tahmasp : « Sultanim, fille d'Ismaïl el-Husseïni, el-Séfévi ».

Les goûts de ces princes expliquent la protection qu'ils étendaient aux artistes, mais je n'ai pas besoin de dire que ceux-ci restaient aux yeux de ces potentats orientaux, des personnages de très mince importance. Un auteur écrit que Chah Tahmasp ne s'estimait pas assez riche pour monopoliser les services de Behzad, et qu'en conséquence il l'autorisa à accepter des commandes particulières. Un tel jugement implique une méconnaissance absolue des conditions tant matérielles que psychologiques de la cour de Perse. Behzad, comme tout autre artiste, ne pouvait être, au risque de mettre sa tête en péril, que *le très humble et très obéissant serviteur* du Chah, au sens propre de l'expression. Les sentiments de Baber, esprit large et éclairé pour son époque, au sujet des artistes, sont typiques à cet égard. Il cite parmi les illustrations du règne de Husseïn Baïcara, « Husseïn le joueur de luth qui chantait en s'accompagnant de paroles charmantes de sa composition », mais qui faisait « trop de façons pour jouer ». « Un jour Cheïbani Khan lui ayant ordonné de jouer, il le fit de mauvaise grâce et n'y mit aucun talent »; le souverain Uzbeg[1] « commanda qu'on lui donnât séance tenante bon nombre de horions sur le cou ». Baber ajoute : « C'est ma foi une des bonnes choses qu'il ait faites dans sa vie ! Ces petites gens, se donnant des airs d'importance, méritent encore plus que cela[2]. »

Il ne faut en effet pas se laisser influencer par notre échelle moderne des valeurs, variable du reste d'un pays à l'autre[3].

Les mœurs étaient d'ailleurs, d'une façon générale, cruelles et dures. Un page favori de Chah Tahmasp ayant été enlevé par Khadjé Abd-el-Aziz[4], qui avait enseigné la peinture au Chah, et Molla Ali Asgher, peintre de l'atelier royal, les trois fugitifs avaient pris le chemin des Indes. Les

---

1. Cet incident se place pendant l'occupation de Hérat par Cheïbani Khan de 1507 à 1510, comme ses corrections des œuvres de Behzad et du calligraphe Soultan Ali Mechhedi.

2. Baber, *op. cit.*, t. I, p. 413-414.

3. « L'esprit et le talent perdent vingt-cinq pour cent de leur valeur en arrivant en Angleterre », a dit Stendhal, cité par H. Taine, qui estime aussi que le rôle et la considération des artistes et des écrivains sont bien moindres en Angleterre qu'en France. *Notes sur l'Angleterre*, chap. VI.

4. Une scène de cour séfévie, habilement traitée, est signée d'une écriture cursive Khadjé Abd-el-Aziz (Bibliothèque Nationale, Sup. Pers. 1572. Voir pour la reproduction Blochet, *Les Enluminures*, pl. LXVI). Dans un recueil du Vieux-Sérail (n° 47936), le portrait d'un prince séfévi en robe noire et manteau minium, un bouton de rose en mains, porte dans un *nestalik* fin, la signature « a figuré l'humble Abd-el-Aziz élève de maître Behzad ».

hommes du Chah, lancés à leur poursuite, parviennent à les rejoindre et les ramènent à Tebriz. Malgré la vénération quasi-religieuse des Orientaux pour leurs maîtres, le Chah coupe de ses propres mains le nez de Khadjé Abd-el-Aziz et les oreilles de Molla Ali Asgher. Aali qui rapporte cette anecdote estime que la justice du souverain avait été douce ! Il ajoute que l'amour fut vainqueur et que Tahmasp pardonna au page.

D'après Aali, Aka Mirek eut pour élève outre Soultan Mohammed, Chah Kouli le peintre, qui a produit à la cour de Soliman le Magnifique. Le Sultan qui avait fait aménager et décorer pour lui un atelier indépendant, le payait journellement cent aspres[1]. Il venait très souvent voir ses œuvres[2], et lui prodiguait ses faveurs. Aali, qui écrit à la fin du xvie siècle, le place au-dessus des maîtres passés et présents, tout en déplorant ses mauvaises mœurs.

A en croire une autre source turque[3], Chah Kouli de Tebriz, qui était aussi poète et composait des vers sous le pseudonyme de Pénahi, aurait commencé par être au service du prince Ahmed, gouverneur d'Amassia (1482-1512)[4], sous Bayazid II, avant de devenir le peintre en chef de Soliman le Magnifique. C'est en tout cas, sans contredit, le plus grand des artistes persans qui ont travaillé pour les sultans.

Il devait s'adonner, en dehors de la miniature et du dessin, à l'enluminure, car il a formé dans cette branche deux élèves : un Tebrizin, Ali

1. Sous Soliman le Magnifique, cinquante de ces pièces d'argent appelées *aktché*, c'est-à-dire aspre, valaient un ducat, ce qui représente un salaire quotidien de deux ducats. Cf. *Le Voyage de M. d'Aramon*, annoté par A. Schefer, Paris, 1887, p. 228.

2. Soliman avait d'ailleurs un goût particulier pour la peinture. Un gentilhomme flamand, de Stochove, qui a visité Constantinople en 1630, rapporte que dans une salle de la demeure du Patriarche des Arméniens, des pères de l'Église, un empereur et une impératrice étaient peints à la mosaïque. Les Arméniens lui dirent que Sultan Soliman en était si curieux, qu'il venait voir souvent ces peintures. De Srochove, *Voyage d'Italie et du Levant*, Rouen, 1670, cité par J. Ebersolt, *Constantinople Byzantine et les Voyageurs du Levant*. Cette salle se trouvait sur l'emplacement du Patriarcat Arménien actuel de Coum Capou.

3. Achik Tchélébi, cité par Keuprulu Zadé Mehmed Fouad Bey. Journal *Ikdam* de Constantinople, n° 8849.

Je traduis quelques passages d'Achik Tchélébi († 1571), pour donner une idée des éloges qu'il décerne à Chah Kouli, sans parler de la comparaison inévitable avec Mani et Behzad. « L'encre ténébreuse de son écritoire était une eau de jouvence, qui animait et précipitait vers la mer les poissons qu'il dessinait... » « S'il reproduisait un nuage, la pluie inondait le monde ; s'il dessinait la mer, les vagues mugissaient ; les oiseaux venaient se poser sur ses cyprès, et s'il traçait une rivière, elle faisait tourner les moulins. »

4. La présence de Chah Kouli à Amassia avant 1512, ne s'accorde pas avec sa qualité d'élève de Mirek de Tebriz, qui était lui-même élève de Behzad.

Djan[1], établi à Alep[2], et un Turc, Kara Mémi[3]. Il excellait dans les enluminures à grandes feuilles recourbées dites *saz*[4] et il faut peut-être lui attribuer certains chiffres (toughra) de Soliman le Magnifique, de la seconde moitié du xvie siècle, dont les fonds sont décorés de rinceaux exceptionnellement beaux de ce motif.

On ne connaît malheureusement de Chah Kouli que deux dessins signés[5] de génie ailé, appartenant à un marchand de Londres. Le plus grand, que j'ai vu à Constantinople avant la guerre, est de toute beauté. Il est regrettable que cette œuvre ne soit pas encore publiée, surtout que, grâce à l'absence de couleur, l'original serait rendu avec une exceptionnelle fidélité.

Le *mourakka* de Behram Mirza renferme aussi un dessin de dragon, dont le trait a malheureusement pâli, attribué par une inscription à « maître Chah Kouli *Roumi* », c'est-à-dire de Turquie, ce qui fait allusion à son établissement à la cour de Soliman le Magnifique. Ce dessin offre la particularité d'être revêtu d'un cachet en forme de lentille[6], sur lequel on lit les mots : « le pauvre, l'humble Chah Kouli » accompagnés d'une formule d'attachement à Ali.

Les dessinateurs et miniaturistes avaient coutume d'apposer quelquefois leur cachet, en guise de signature, sur leurs œuvres, et le cas de Chah Kouli n'est pas isolé. J'ai relevé dans les collections du Vieux Sérail le cachet de Véli[7], le peintre de figures, *moussawir*, et sur des dessins de fleurs et de coqs faisans, celui de Kémal, le peintre, *nakkach*. A la Bibliothèque Nationale le cachet de Véli se retrouve sur un lion en couleurs, et on voit celui de Véli-Djan, circulaire et très petit, sur un dessin relevé représentant un jeune Turc[8] (fig. 164).

1. Cf. Aali, *op. cit.*, p. 68, et Habib Effendi, *op. cit.*, p. 265.

2. Voir pour l'influence persane en Syrie et la colonie des artisans persans d'Alep, G. Migeon et Arménag Bey Sakisian *La Céramique d'Asie Mineure et de Constantinople du xiiie au xviiie siècle.* Paris, Geuthner, 1923, p. 35.

3. Voir p. 109, note 1.

4. Habib Effendi, parlant au nombre des peintres et enlumineurs ottomans, de Hadji Youssouf l'Egyptien, dit qu'il était un second Chah Kouli pour peindre les *saz* (*op. cit.*, p. 268). Ce mot signifiant dans son acception propre, *jonc*, et le verbe turc *yazmak*, ayant aussi bien le sens d'*écrire*, que de *dessiner* et *peindre*, M. Huart a traduit ce passage (*op. cit.*, p. 342) : « le second Chah Qouly dans la manière d'écrire avec des joncs ». Voir pour ce motif Arménag Sakisian, *La Reliure turque du xve au xixe siècle* (fig. 4), dans *La Revue de l'Art*, de mai 1927.

5. Martin, *op. cit.*, vol. I, p. 119.

6. C'est la forme qu'affectent, à la fin du xve et au xvie siècle, les cachets des sultans et princes ottomans, tels qu'on les rencontre souvent sur des manuscrits qui leur ont appartenu.

7. Voir pp. 105 et 106.

8. Ms. arabes 6175 et 6174.

Parmi les artistes qui ont survécu à Chah Tahmasp[1], Siavouch le Géorgien (Gurdji), était un maître enlumineur et un miniaturiste renommé. C'était un des pages du Chah, qui voyant ses dispositions pour la peinture lui fit donner des leçons. Il commença par étudier l'enluminure sous la direction de l'enlumineur maître Hassan de Bagdad, chef de l'atelier de peinture de Chah Tahmasp, et s'adonna plus tard à la peinture[2]. D'après Iskender Munchi, son maître dans cette branche fut Ali *Moussawir*[3], le peintre de figures. Peut-être s'agit-il là de Mirza Ali, *Mirza* n'étant qu'un titre. Il forma notamment deux élèves, Sultan Ibrahim Mirza, un des fils de Behram Mirza[4], qui grâce à son enseignement devint « un peintre au talent magique et un dessinateur à la ligne agréable »[5], et maître Véli-Djan sur lequel je reviendrai.

Nous ne connaissons malheureusement de cet artiste qu'un seul dessin, signé[6] Siavouch *Nakkach*, le peintre, qui est entré au Louvre avec la collection Marteau (fig. 157). Au milieu d'un paysage rocheux, peuplé d'hommes et d'animaux, un cavalier à l'arc bandé se précipite contre un dragon, tandis qu'un homme à pied, qui a jeté son arc, fuit éperdu le monstre.

Cette composition où une individualité s'affirme jusque dans les expressions des animaux, fait regretter que d'autres œuvres de Siavouch le Géorgien ne nous soient pas connues.

Mohammedi Beg était le fils, en même temps que l'élève, de Soultan Mohammed. Il peignait des reliures laquées et dessinait des scènes à personnages (medjliss)[7].

Nous possédons le portrait de Mohammedi tenant une feuille enluminée en main; c'est même probablement un auto-portrait[8] (fig. 131).

Un certain nombre d'œuvres signées de Mohammedi nous sont connues. Elles se rapportent la plupart du temps à la vie champêtre et ces scènes

1. Iskender Munchi, cité par BLOCHET, *Les Peintures*, p. 177, en note.

2. AALI, *op. cit.*, pp. 64 et 67.

3. Iskender Munchi, cité par BLOCHET, *Les Peintures*, p. 177, en note.

4. M. Blochet voit dans *Sultan* Ibrahim Mirza, « *Sayyid* Ibrahim Mirza, fils de Sultan Haïdar » (*Les Peintures*, p. 178, en note), mort en bataille, en 1493, avant que son frère Chah Ismaïl ne soit monté sur le trône de Perse. Or il s'agit du fils de Behram Mirza, *Sultan* Ibrahim Mirza, mort en 1570-71. Cette date est donnée par DE ZAMBAUR, *op. cit.*, p. 262.

5. AALI, *op. cit.*, p. 67.

6. Cette signature qui s'accompagne de la formule : *l'esclave du roi des saints*, c'est-à-dire d'Ali, est donnée par Marteau et Vever sous le n° 9 de leurs fac-similés de signatures de peintres.

7. AALI, *op. cit.*, p. 64 et note 3.

8. Je crois que la signature doit se lire Mohammedi et non *Mehdi*, déchiffrement que donnent Marteau et Vever. *Op. cit.*, pl. CXXII, fig. 151.

ont non seulement infiniment de charme, mais sont supérieurement traitées. Un dessin rehaussé de rouge du Musée du Louvre, signé en caractères calligraphiques et daté de 1578, représente différents aspects de la vie aux champs (fig. 161). Un paysan laboure la terre avec deux zébus attelés à sa charrue, tandis qu'un contemplatif est assis sous un platane; plus loin un berger garde son troupeau en jouant de la flûte et des tentes sont dressées auprès d'une source. Sous l'une d'elles une femme file au rouet avec un grand mouvement du bras qu'elle élève. Le rouge, dont sont relevés les rochers et les animaux, fait office d'ombre.

Un autre dessin rehaussé, signé d'une écriture cursive, à la Bibliothèque Nationale[1], et dont il existe une réplique[2], montre au premier plan de doctes personnages avec des livres en mains, et deux gracieuses jeunes femmes. Le fond de la composition est occupé par un berger avec son troupeau, au second plan on cuisine avec une grande marmite, et un jeune homme sous un platane tient une bouteille et une coupe en mains. Les têtes et les mains sont peintes, les arbres et le paysage, dessinés à l'or.

Le recueil de Behram Mirza renferme le portrait d'un prince séfévi en robe noire, manches minium et turban or, signé « a figuré l'esclave Mohammedi à Tebriz, capitale, l'année 1527-28 ». Dans un autre recueil du Vieux-Sérail[3], figure une œuvre du même artiste datée de Hérat 1584. Il y a lieu de supposer que vers la fin de sa carrière Mohammedi s'était fixé dans la capitale du Khorassan[4].

Enfin un couple d'amoureux, signé de maître Mohammedi, est une œuvre particulièrement gracieuse (fig. 160). Ils se détachent sur le fond d'un arbre en fleurs. Elle a une main passée derrière le dos du jeune homme tandis que de l'autre elle fait semblant de repousser la coupe de vin qu'il lui tend. Un cyprès se courbe élégamment à côté du couple.

On est certainement dans le dernier quart du xvie siècle, le xviie ne doit même pas être loin.

Le peintre (*moussawir*) Kémal de Tebriz, qui était en même temps, au témoignage d'Aali[5], un dessinateur habile, appartient aussi à la génération

---

1. Ms. Sup. Pers. 1572, fol. 8 vers., reproduit par Martin, *op. cit.*, pl. 103 c.

2. Martin, *op. cit.*, pl. 104.

3. N° 37086.

4. On connaît une copie, par Riza-i-Abbassi d'après maître Mohammedi *Hérati*, c'est-à-dire de Hérat (Voir pour la reproduction Martin, *op. cit.*, vol. II, pl. 110 b, en faisant abstraction de la légende). Il est d'ailleurs manifeste que c'est là une transposition par Riza-i-Abbassi, dans le style de son époque, c'est-à-dire du second quart du xviie siècle.

5. Aali, *op. cit.*, p. 64.

qui a suivi celle des maîtres du *Khamsé* de Chah Tahmasp. Il était en effet l'élève de Mirza Ali de Tebriz et a eu à son tour pour disciple Hassan de Kéfé[1]. Ce dernier étant un portraitiste *roumi*, c'est-à-dire de Turquie, on peut se demander si Kémal ne s'est pas rendu à Constantinople.

Quelques œuvres de ce miniaturis tenous sont parvenues. M. Martin reproduit un jeune homme, signé Kémal, et une femme qui s'enveloppe dans une draperie[2]. Ces miniatures sont toutes deux originales et personnelles.

La Bibliothèque de Yildiz possède[3] un dessin d'échassier signé par cet artiste, avec des rinceaux de feuilles dites *saz*, de lotus chinois, et de fleurs, qui s'échappent de son bec (fig. 162). Le trait du dessin est calligraphique avec des déliés et des gras. Il n'y a pas de doute que le dessin « dans la manière chinoise » reproduit par Schulz[4] ne soit de la même main et par conséquent, non du xve, mais du xvie siècle.

Les collections du Vieux-Sérail[5] renferment des dessins relevés, de *saz*, de lotus et de coqs faisans, d'une ligne très calligraphique, sur lesquels a été apposé un petit cachet qui porte le nom de Kémal *Nakkach* (le peintre), entouré d'une invocation arabe. Ce cachet vient corroborer l'authenticité de la signature apposée sur la figure 162.

Aâli nous apprend[6] que lorsqu'il rédigeait son *Ménakib-ı-Hunervéran* à Bagdad en 1587, un Tebrizin, jeune et passionné pour son art, maître Véli-Djan, élève de Siavouch, s'était rendu à Constantinople, où il était peintre appointé de la Cour. Cet auteur parle de la « délicatesse de ses œuvres et de son pinceau magique qui possédait la minutie et le charme des maîtres d'autrefois ». Sa jeunesse et les flatteries l'avaient malheureusement rendu vaniteux. Avec son frère l'enlumineur Hussëïn Beg et le relieur Kassim Ali, également de Tebriz, ils formaient, sur les rives du Bosphore, un trio d'inséparables.

Les signatures des miniaturistes étant toujours très menues, la sienne est exceptionnellement grosse, comme on peut le constater sur la figure 166. Il faut peut-être y voir une manifestation de son caractère présomptueux.

Des œuvres de Véli-Djan nous sont parvenues et j'ai trouvé à Stam-

1. *Ibidem*, p. 69.

2. MARTIN, *op. cit.*, pl. 120. On s'explique mal que dans une publication de cette nature les reproductions soient souvent émargées, ce qui fait que plus d'une fois la signature indiquée par la légende ne se retrouve pas sur la figure. C'est le cas de la femme qui se drape.

3. Recueil n° 3822.

4. *Op. cit.*, vol. II, pl. 32.

5. Recueil n° 37064.

6. *Op. cit.*, p. 67.

boul un portrait signé de femme, aux yeux bridés, en mauve et or, dans une attitude mièvre de beaucoup de charme (fig. 166).

Le dessin rehaussé d'un personnage trapu à turban séfévi, que M. Martin donne[1] comme de Kémal, porte au trait rouge le nom de Véli-Djan[2], comme j'ai pu le constater à l'exposition de la collection Goloubew au Musée des Arts Décoratifs.

Un album de la Bibliothèque Nationale[3] qui dans sa forme actuelle a été composé à Constantinople — comme suffiraient à le prouver les pages de calligraphie découpée de Fakhri de Brousse et une collection d'empreintes de cachets turcs de la fin du xvie siècle — renferme un dessin qui porte un petit cachet au nom de Véli-Djan. Cette œuvre gracieuse a été exécutée pendant le séjour de cet artiste en Turquie, car c'est le portrait, non pas d'un « élégant Uzbek[4] », mais d'un jeune *Osmanli*[5] (fig. 164). Il est relevé de fourrure bleue et de roses roses et on y voit comme fond un arbre en fleurs.

Un portrait de jeune femme, tenant une rose (fig. 165), avec comme fond le même arbre fleuri, est certainement de la main de Véli-Djan et forme le pendant[6] du petit-maître turc[7].

Si l'activité d'Aka Riza déborde sur le xviie siècle, il n'en appartient pas moins au xvie par ses œuvres qui ne présentent pas les caractères des productions dont Riza-i-Abbassi est le représentant le plus connu.

Aali, qui s'excuse d'ailleurs de passer sous silence un grand nombre de peintres, ne le mentionne pas[8]. Iskender Munchi parle, en 1616, au nombre

1. *Op. cit.*, vol. II, pl. 120.

2. MARTIN donne les reproductions (*op. cit.*, vol. II, pl. 229) de deux miniatures représentant une femme, et un homme à turban, qui seraient signées par Véli-Djan. Elles portent toutes deux les mêmes grands caractères entrelacés qui ne peuvent pas former le nom de Véli-Djan, mais que je n'ai pas réussi à déchiffrer. Je relève sur la seconde une indication très intéressante pour l'iconographie turque. Ce personnage en robe verte et à manteau violet foncé à fourrure, serait Lalin Kaba, le conteur public (*meddah*), mort en 1601, familier du sultan Mourad III. Son air débraillé ajoute à la vraisemblance de l'attribution. Cf. ISMAÏL BÉLIGH, *Guldesté-i-Riaz* (en turc), 1723, Brousse, p. 529-530.

3. Arabe 6074.

4. BLOCHET, *Enluminures*, p. 118.

5. Le costume, comme le type, ne font aucun doute à cet égard. M. Blochet a voulu aussi voir des Uzbegs dans des échansons de type persan caractérisé. BLOCHET, *Peintures de Manuscrits arabes, persans et turcs*, n°s 34 et 35 et p. 21.

6. Le costume, et particulièrement le petit bonnet en pain de sucre, ne sont pas persans, mais ottomans.

7. Voir p. 82, note 3, au sujet de copies d'après des génies ailés de l'école de Hérat, exécutées probablement par Véli-Djan, qui est désigné comme *fils de Kassim* par l'inscription de l'un des dessins.

8. Evlia Tchélébi dans une énumération de miniaturistes le nomme après Chah Kouli et Véli-Djan, qui ont produit tous les deux en Turquie. *Op. cit.*, t. I, p. 608.

des artistes qui vécurent après Chah Tahmasp (+ 1576), d'Aka Riza, fils de Mevlana[1] Asgher[2] de Kéchan, comme d'un contemporain qui aurait atteint la perfection dans le dessin et la peinture[3].

Ces maigres données sont brouillées à plaisir, par une confusion avec un artiste dont le nom se rapproche de celui d'Aka Riza. Il existe, en effet, un calligraphe d'Ispahan du nom d'Ali Riza, surnommé l'ancien (atik)[4], pour le distinguer d'un homonyme[5] dont l'activité s'étend au commencement du xviie siècle. Ali Riza l'ancien était l'élève du célèbre Mir Ali et il mourut en 1573-74[6]. Malgré qu'Aka Riza ne s'appelle pas Ali, M. Martin confond ces deux artistes et donne comme maître à notre miniaturiste le calligraphe Mir Ali et le fait mourir en 1573-74[7]. Or Aka Riza a dû survivre d'un demi-siècle environ au calligraphe en question.

Si on écarte les attributions fantaisistes ou manifestement erronées[8], il reste un certain nombre d'œuvres authentiquement signées Aka Riza ou simplement Riza. Aka n'est qu'un titre dont on peut très bien concevoir l'omission dans une signature.

En tête de la première série je citerai l'exquis dessin au trait d'or rehaussé de gros bleu, de vert et de jaune, représentant un jeune seigneur avec son précepteur (fig. 163). Cette miniature, qui appartient à M. H. Vever[9], est d'une rare élégance de lignes et a quelque chose de moderne. Elle auto-

---

1. *Mevlana*, qu'il vaut mieux omettre dans la transcription des noms musulmans, a un sens analogue à messire.

2. Le père d'Aka Riza, Asgher Kiachi, est donné par Iskender Munchi comme un dessinateur et un peintre très habile et sans rival pour l'illustration des manuscrits, qui fut au service de Sultan Ibrahim Mirza et entra à la Bibliothèque, à l'époque d'Ismaïl Mirza. La mort de Sultan Ibrahim Mirza se plaçant en 1570-71, et son cousin Ismaïl Mirza ayant occupé le trône de son père, Chah Tahmasp, de 1576 à 1578 sous le nom d'Ismaïl II, on doit en conclure que le père d'Aka Riza est de la seconde moitié du xvie siècle.

M. Blochet confond Ismaïl Mirza (+ 1578), fils et successeur de Chah Tahmasp, avec Chah Ismaïl, le premier souverain séfévi (+ 1524), qui est son grand-père. Les princes du sang (mirza) Ibrahim et Ismaïl dont parle Iskender Munchi, sont cousins germains et petits-fils de Chah Ismaïl ; ils appartiennent à la seconde moitié du xvie siècle, et non, comme leurs homonymes, au xve ou au premier quart du xvie siècle. Voir pour Ibrahim Mirza, p. 123, note 4.

3. Blochet, *Les Peintures*, p. 178, en note.

4. Habib Effendi, *op. cit.*, p. 207.

5. Voir p. 135.

6. Habib Effendi, *op. cit.*, p. 207 ; Huart, *op. cit.*, p. 239.

7. Martin, *op. cit.*, vol. I, p. 120.

8. L'adolescent en armes, attribué à Aka Riza par M. Martin (*op. cit.*, vol. II, pl. 106), est de Mohammed Mouïn, pour les raisons d'analogie indiquées page 88 ; quant au dessin d'un jeune homme assis sur un tabouret, que cet auteur attribue également à Aka Riza (*op. cit.*, vol. II, pl. 110 b), il est signé en toutes lettres Riza-i-Abbassi.

9. Marteau et Vever, *op. cit.*, pl. XVII, reproduction en couleurs.

rise à dire qu'Aka Riza est le dernier grand maître de la miniature persane. Une autre peinture signée Aka Riza en caractères microscopiques, représente un personnage en robe lilas et manteau bleu turquoise, assis sur un tabouret, sous un saule pleureur[1]. Une inscription au trait d'or y voit Sultan Sélim. Le costume persan du personnage, comme l'instrument de musique qu'il tient en mains, excluent un sultan de Turquie, et on se trouve en présence d'une attribution de fantaisie à moins qu'il ne s'agisse d'un particulier portant le nom de Soultan, chose assez fréquente et dont nous avons vu plus d'un exemple chez les miniaturistes et les calligraphes.

Un jeune homme avec des fleurs à la main, de la Bibliothèque Nationale, d'une grande finesse de type et d'un trait léger et calligraphique, est également signé Aka Riza[2] (fig. 168).

L'adolescent aux narcisses de l'album dit de Riza-i-Abbassi, appartenant à M. F. Sarre, si fin, si élégant, d'un dessin si léger[3], est une œuvre d'Aka Riza, comme on peut s'en convaincre par un simple rapprochement avec le dessin précédent. L'attribution à notre miniaturiste s'impose aussi pour un jeune seigneur, avec un faucon sur le poing, qui offre les mêmes caractères, et qui a été donné au Musée du Louvre par M. Sulzbach. Ce personnage est en jaune et mauve et porte des chaussures écarlates. Son turban, multicolore et à aigrette, a la forme particulière au xviie siècle.

Le jeune homme s'enivrant[4] signé *méchékéhou* (s'est exercé) Riza, présente tous les caractères des œuvres d'Aka Riza et est certainement de lui.

Un personnage debout, un chapelet à la main, signé Riza (fig. 167) et que M. Martin donne par erreur comme « signé Riza Abbassi », est dessiné d'un trait calligraphique qui rappelle les dessins précédents. Comme dans les signatures de Riza-i-Abbassi — et à l'encontre de celles d'Aka Riza — les caractères arabes correspondant à r et à z sont liés ici. J'estime toutefois qu'il faut accorder plus de poids au style du dessin, sans compter qu'on ne connaît aucune œuvre, caractéristique de la manière de Riza-i-Abbassi, qui soit signée Riza, sans l'adjonction d'*Abbassi*.

Un jeune homme tenant une grande feuille en main, de la Bibliothèque de Yildiz[5], est signée Riza, avec la formule *méchéké*, qui a le sens de *s'est exercé*, et que cet artiste affectionne. Ce personnage, d'un type très parti-

1. *Ibidem*, pl. CXXVIII, fig. 163 ; MARTIN, *op. cit.*, vol. I, fig. 29.
2. Arabe 6074. MARTIN donne, par erreur, ce dessin comme signé de Riza-i-Abbassi. *Op. cit.*, vol. II, pl. 162 d.
3. SARRE et MITTWOCH, *Zeichnungen von Riza Abbasi.* Munich, 1914, pl. 10.
4. MARTEAU et VEVER, *op. cit.*, pl. CXLVI, fig. 202.
5. Recueil 3822.

culier, est tout à fait analogue au dessin de la collection Marteau passé au Louvre (fig. 169), qu'il faut attribuer sans hésitation à Aka Riza. Suivant toute probabilité, les deux jeunes gens aux regards inquiétants, se tenant par la main, du Louvre, apparentés à ces dessins, sont aussi un travail d'Aka Riza[1] (fig. 170)[2].

Les collections du Vieux-Sérail[3] renferment un bon dessin teinté, d'un personnage à turban orné d'une fleur et d'une aigrette, qui est une copie exécutée en 1591-92 par Aka Riza d'après Cheikh Mohammed.

Enfin une charmante jeune femme debout, en vert, avec une coiffure gros bleu d'une extrême finesse et des boucles qui frisent, est signée Aka Riza (fig. 171). Elle tient un éventail rectangulaire et se détache sur un fond or. C'est là un portrait de la fin extrême du xvie ou plus probablement du début du xviie siècle.

Cet ensemble constitue une œuvre harmonieuse et originale, surtout remarquable par ses dessins rehaussés. Ce sont les portraits du type de celui de la Bibliothèque Nationale, et des dessins comme le personnage debout au chapelet (fig. 168 et 167), confondus à tort avec les œuvres de Riza-i-Abbassi, qui marquent la transition au style qui caractérise la première moitié du xviie siècle. C'est d'ailleurs Aka Riza, qui est contemporain de Chah Abbas — lequel lui prodiguait ses faveurs — et représente son époque et non Riza-i-Abbassi, comme nous le verrons plus bas[4].

1. Marteau et Vever, *op. cit.*, pl. XIII, en couleurs.

2. Voir encore une belle étude de cheval signée Riza (Marteau et Vever, *op. cit.*, pl. CXXXIV, fig. 176; Martin, *op. cit.*, vol. II, pl. 161), et Moïse et le dragon, signé Aka Riza (Blochet, *Peintures de manuscrits arabes, persans et turcs*, pl. 31, et *Les Peintures*, pl. LIV).

3. Recueil n° 37066.

4. Le Grand Mogol Djihanghir rapporte dans ses Mémoires que le peintre Aka Riza *de Hérat* était entré à son service avant qu'il ne montât sur le trône. Il ne jouissait pas d'une grande réputation et il n'est pas considéré par Djihanghir, comme l'égal d'Aboul Hassan, le fils de ce peintre (Percy Brown, *op. cit.*, pp. 65 et 75).

La similitude de nom amène M. Percy Brown à ne voir qu'un seul et même artiste dans le miniaturiste de Djihanghir et celui de Chah Abbas.

Les considérations qui suivent me portent à croire qu'on est, au contraire, en présence de deux artistes distincts.

De l'aveu même de Djihanghir, le premier avait peu de renom, or nous savons que son homonyme jouissait d'une haute réputation; Aka Riza l'Indo-Persan était originaire de Hérat, tandis que l'artiste séfévi était de Kéchan, de même qu'il avait produit dans la Perse occidentale; enfin l'avènement de Djihanghir en 1605 oblige à admettre que le miniaturiste à son service avait quitté la Perse à une date sensiblement antérieure à 1605, quand en 1616 Iskender Munchi parle d'Aka Riza comme s'il vivait en Perse. Au surplus, le *Museum für Völkerkunde* de Berlin conserve un dessin (Schulz, *op. cit.*, pl. 147 b), précisément signé Aka Riza le Chah Djihanghirien (Chah Djihanghiri). Cette œuvre plus que médiocre, qui ne peut pas se comparer aux dessins d'Aka Riza le séfévi, n'est qu'une copie d'après Mohammedi de Hérat, à laquelle Riza-i-Abbassi s'est appliqué avec un meilleur résultat. Voir p. 124, note 4.

Quelques œuvres anonymes permettent d'apprécier la maîtrise dans le dessin que conserve l'école séfévie.

La virtuosité d'un maître inconnu s'affirme dans la ligne légère, à gras et déliés, d'un derviche, dont l'arabesque est d'une rare élégance (fig. 173).

Le portrait d'un personnage à turban, toujours dans un trait calligraphique, est intéressant à rapprocher du précédent (fig. 174). Les signatures de ces deux dessins sont apocryphes. Celle du second, Sadik, peut être une attribution à un miniaturiste que nous ne connaissons pas.

Le dromadaire maîtrisé par le chamelier (fig. 176), rendu au trait et rehaussé de rose pâle, est une belle étude des débuts de l'époque séfévie[1]. A côté du cheval, le chameau a tenu une très grande place dans la vie persane[2], et il a été souvent traité, même de façon principale, notamment par Behzad et Cheikh Mohammed, mais dans un style différent (fig. 84 et 85).

Le dessin, plein de verve et de fantaisie, des enfants qui joutent à âne et auxquels se mêle un jeune prince à cheval[3] (fig. 175), appartient au recueil de Chah Tahmasp, de la Bibliothèque de Yildiz.

[1]. M. Martin reproduit un dessin analogue, d'une collection anglaise, beaucoup moins fin, dans lequel il veut voir une œuvre de Soultan Mohammed. *Op. cit.*, vol. II, pl. 118 et vol. I, p. 63.

[2]. L'ambassadeur vénitien J. Barbaro décrivant un déplacement du camp du roi de Perse Hassan Bey (Ouzoun Hassan), entre 1574 et 1578, parle de huit mille chameaux à deux bosses avec de belles couvertures ouvrées, des cloches et des colliers, chaque homme, suivant sa condition, en ayant de dix à trente, conduits pour la pompe, sans que l'on souffre qu'ils soient montés. Les autres chameaux à une bosse, au nombre de vingt-deux mille, portaient les tentes, les effets et les caisses. Hakluyt Society *Travels to Tana and Persia*, traduits par Thomas CLERK. Londres, 1873, pp. 67 et 68.

[3]. Le nom calligraphié qu'il porte n'est malheureusement qu'une attribution, suggérée par une signature authentique, qui figure sur une miniature de style chinois et du XVe siècle, de la page de l'album, opposée à ce dessin. Voir p. 53 et fig. 64.

CHAPITRE X

L'ÉCOLE SÉFÉVIE DU XVIIE SIÈCLE

Si Tebriz[1], résidence de la cour, est le grand centre artistique au xvie siècle, avec le xviie la capitale est transférée par Chah Abbas à Ispahan, qui attire calligraphes et miniaturistes[2] et devient le siège des manufactures et ateliers royaux[3]. Au dire de Pietro Della Valle, qui y a séjourné sous ce chah, Ispahan est avec Constantinople la plus belle ville de tout l'Orient[4]. Ce déplacement vers le sud semble se rattacher à la conquête du royaume de Lar et à celle, sur les Portugais, de l'île d'Ormuz[5].

Kazvin, dans le nord, qui a servi de résidence royale avant Ispahan, n'a jamais dû jouer le rôle d'une métropole[6]. Il ne peut dans tous les cas pas être question d'une école de Kazvin et on ne connaît aucun manuscrit à miniatures daté de cette ville[7].

1. Evlia Tchélébi, visitant Tebriz en 1647, dit que les peintres et dessinateurs de cette ville, maîtres parfaits, n'existent en aucun pays. *Op. cit.*, t. II, p. 254. Outre que Tebriz a dû conserver partiellement son importance artistique, après avoir cessé d'être la capitale des Séfévis, l'appréciation du voyageur turc au sujet des artistes de cette ville s'explique aussi par ce fait. qu'a raison de sa proximité des possessions turques, Brousse et Constantinople n'ont connu comme artistes persans, depuis le xve siècle, que presque exclusivement des Tebrizins. Voir pour les faïences de la Mosquée Verte de Brousse (1419), G. MIGEON et ARMÉNAG BEY SAKISIAN, *La Céramique d'Asie Mineure du xiiie ou xviiie siècle.* Geuthner, 1923, p. 12. La belle porte en bois sculptée de Turbé Vert de Brousse, de 1421, est également signée par un maître de Tébriz.

2. Le célèbre calligraphe Mir Imad, qui était originaire de Kazvin. s'est fixé à Ispahan en 1599-1600 (HABIB EFFENDI, *op. cit.*, p. 212, et HUART, *op. cit.*, p. 240). Son rival, Ali Riza Abbassi, qui s'était aussi établi à Ispahan, était Tébrizin.

3. TAVERNIER *op. cit.*, t. II, p. 45.

4. DELLA VALLE, *op. cit.*, 2e partie, p. 39.

5. Cf. TAVERNIER, *op. cit.*, t. II, p. 33.

6. « C'est un grand village dont les maisons sont basses et mal bâties, à la réserve de sept ou huit qui accompagnent les jardins du Roi et qui ont quelque apparence ». TAVERNIER, *op. cit.*, t. I, p. 84.

7. Deux manuscrits de la Bibliothèque Nationale, un petit volume d'Aphorismes sur la médecine, Sup. Pers. 1967, et un Livre des Rois, Sup. Pers. 489, respectivement de 1542-43 et de 1546, qui sont donnés par M. BLOCHET comme de Kazvin (*Les Enluminures*, pp. 111 et 113), ne portent aucune mention de lieu d'origine.

La capitale en se déplaçant vers le sud, et par conséquent vers la mer, favorisera les rapports avec les Indes et l'Occident. La politique de Chah Abbas le Grand (1587-1629) tend à se rapprocher de l'Europe : il utilise les services d'un Anglais dans l'armée persane[1], autorise, dès le début du xviie siècle, l'installation à Ispahan des Augustins Portugais, puis des Carmes Déchaussés, et développe le commerce de la Perse avec l'Occident par l'intermédiaire des marchands arméniens[2], qu'il avait transplantés d'Arménie à Djoulfa[3], faubourg d'Ispahan.

L'ambassadeur d'Espagne auprès de Chah Abbas, Figueroa, est salué à son arrivée à Ispahan (1617) par des Européens : Anglais, Flamands, Italiens. Il parle en 1619 des marchands vénitiens de cette ville[4]. À la même date, Della Valle mentionne la boutique d'un des principaux marchands d'Ispahan, un Vénitien, qui avait en vente des tableaux[5].

Déjà sous Chah Ismaïl (1502-1224) une « maison royale » de Chiraz avait été ornée d'œuvres italiennes représentant des figures de femmes, que Figueroa suppose envoyées par les Vénitiens[6].

Sous Chah Abbas, une maison du roi, au village de Tajurabat, avait été décorée, vers 1618, de figures de femmes, de festins et de danses, par un peintre né en Grèce et « nourry en Italie », appelé Jules[7].

Chah Abbas II (1642-1667) « avait fait peindre par un Hollandais dans les murailles et les niches d'un salon plusieurs figures d'Anglais, de Hollandais, tant hommes que femmes, tenant le verre à la main et des bouteilles, et dans la posture de gens qui boivent l'un à l'autre »[8]. Le Chah avait aussi des Francs à ses gages[9]. Tavernier cite les orfèvres-émailleurs français Sain et l'Étoile, ce dernier né à Ispahan[10].

1. Création de la milice des Fusillers par Don Antoine Scherley. Cf. DELLA VALLE, *op. cit.*, seconde partie, p. 468.

2. TAVERNIER, *op. cit.*, t. I, p. 55, t. III, pp. 72 et 325, et *Voyages* de Pietro DELLA VALLE, troisième partie, p. 265.

3. C'est le nom de la patrie d'origine de ces Arméniens, sur l'Araxe, qui a été donné à ce faubourg. Figueroa dit, en 1619, des maisons des Arméniens de Djoulfa, qu'elles « sont la plupart fort belles, et magnifiquement basties, avec les toits et les murailles peintes et dorées par dedans ». (FIGUEROA, *op. cit.*, p. 285.) Pour Tavernier, Djoulfa est une ville ; le chemin qui y mène d'Ispahan est ce qu'il y a de plus beau dans toute la Perse. (TAVERNIER, *op. cit.*, t. II, p. 54.)

4. FIGUEROA, *op. cit.*, pp. 175 et 293.

5. Pietro DELLA VALLE, *op. cit.*, troisième partie, p. 32.

6. FIGUEROA, *op. cit.*, p. 111.

7. *Ibidem*, p. 204-205.

8. TAVERNIER, *op. cit.*, t. II, p. 84.

9. *Ibidem*, t. II, p. 45.

10. *Ibidem*, t. II, pp. 165 et 306.

Les Arméniens importaient des tailles-douces et des détrempes. Tavernier mentionne la présentation au Chah de « deux grands portraits en huile avec leurs bordures que les Marchands de Zulpha avaient apportez de Venise ou Ligourne. C'étaient deux courtisanes vêtues à la Française, l'une en veuve et l'autre un perroquet sur la main qui la mordait »[1].

Sur la grande place d'Ispahan, le *Meïdan*, des boutiques de quincailliers vendaient « de toutes sortes de mennes marchandises de Nurenberg et de Venise »[2].

Enfin Abbas II avait « fort bien appris à désigner de deux peintres Hollandais, l'un nommé Angel et l'autre Lokar, que la Compagnie Hollandaise lui avait envoyez », et pour une commande de pièces d'orfèvrerie émaillée passée à Tavernier, le Chah lui avait remis des dessins faits de sa propre main[3].

Ce contact avec les œuvres et même les artistes d'Europe, coïncidant avec le déclin de la peinture persane, ne devait pas manquer de produire ses effets.

Si les dernières productions d'Aka Riza marquent la transition du style séfévi du xvie à celui du xviie, c'est la manière, dont Riza-i-Abbassi est le représentant le plus connu, qui est caractéristique du xviie siècle.

La palette s'altère avec le nouveau siècle, elle n'est plus harmonieuse et on assiste à des mariages peu heureux de lie de vin, de vert et d'orangé. Della Valle observe en 1618 que ce sont les couleurs « fantastiques et bizarres » qu'on porte en Perse et qui sont le plus estimées « comme la couleur d'eau de mer, de bronze, de chamois, de lie de vin, d'olive », et que le gros vert[4], est le plus à la mode[5]. Le maniérisme et les airs penchés, caractéristiques de cette période, s'allient à la nouvelle palette. D'autre part les compositions font en général place aux portraits ou à des scènes à deux personnages, sans les architectures et les jardins qui formaient toile de fond et qui sont remplacés le plus souvent par quelques plantes et des nuages chinois. C'est dans les dessins rehaussés que les œuvres les plus intéressantes sont produites comme le mendiant et la jeune

1. TAVERNIER *op. cit.*, t. II, pp. 330 et 173.
2. *Ibidem*, t. II, p. 46.
3. *Ibidem*, t. II, p. 192.
4. *Nefti*, de naphte.
5. DELLA VALLE, *op. cit.*, seconde partie, p. 204.

femme[1], d'une élégance exquise, de la Bibliothèque Nationale (fig. 172)[2], et l'instituteur et sa jeune élève du Musée des Arts Décoratifs (fig. 184). Mais on assiste à une révolution qui sera le commencement de la fin.

En effet, sous l'influence occidentale s'exerçant à la fois à distance et sur place, des têtes modelées apparaissent et il faut reconnaître que l'absence de synthèse les rend trop souvent peu sympathiques. L'emploi des ombres constitue d'ailleurs une révolution tellement profonde que seuls de très grands artistes auraient pu acclimater le nouveau canon, sans tuer l'originalité de la peinture persane, mais la Perse en manque précisément à cette époque. On ne peut s'empêcher d'observer que l'école indo-persane, dont la première moitié du xviie siècle marque justement l'apogée, plus heureuse, a produit dans le portrait de véritables chefs-d'œuvre, qui n'excluent pas les ombres.

Le turban est souvent un critérium matériel pour l'attribution d'une miniature au xviie siècle. Nous savons par Della Valle (1618) que la vanité des Persans « ne consiste presque qu'à posséder de riches et de superbes ceintures et des turbans magnifiques, dont ils changent fort souvent et dont la diversité fait toute leur estude » ..... « Ils portent toujours un turban de couleur, rayé diversement sur un fond blanc... Les personnes de condition ont accoûtumé d'en porter de brodez d'or et d'argent... mais ils sont toujours fort amples et fort grands, et d'une forme assez bizarre, si bien que le petit bonnet qui est au milieu ne paroist jamais »[3].

Effectivement au xviie siècle le turban affecte une forme incohérente et

1. Nous devons à Figueroa, l'ambassadeur d'Espagne auprès de Chah Abbas, des précisions très intéressantes sur la situation sociale des femmes et des courtisanes persanes, au commencement du xviie siècle. A propos de caravansérails bâtis par des femmes, il dit qu'elles « font ordinairement de plus grandes charitez que les hommes ». Elles avaient coutume de suivre leurs maris dans les armées, s'exposant aux incommodités et aux périls et allaient « gaillardement à cheval ».

Décrivant les cérémonies, à la Grande Mosquée d'Ispahan, pour l'anniversaire de la mort de Husséïn, il nous apprend que la galerie ou balcon était réservée aux courtisanes et principales femmes publiques, « que l'on y estime et honore plus que les autres honnestes femmes du commun » ; que la plupart avaient le visage découvert et que toutes les femmes pleuraient à chaudes larmes au sermon, « se frappant au visage et dans l'estomac », « presque de la même façon que l'on fait chez nous le Jeudi et le Vendredi Saint, à la prédication de la Passion ».

Enfin les courtisanes, ou les femmes vivant avec un peu plus de liberté que les autres, faisaient la quête dans les rues. Elles allaient par la ville seules ou suivies d'un valet ou d'une servante, fort bien mises et galantes, n'ayant le visage et les seins couverts que d'un voile de gaze d'or et de soie fort clair, une cassette en bois ou une boîte dorée à la main, et s'approchant des hommes, elles s'arrêtaient sans dire mot avec beaucoup de modestie, ayant les yeux baissés, jusqu'à ce qu'on leur donnât l'aumône. Figueroa, *op. cit.*, pp. 104, 267, 275, 276 et 280.

2. Ancien Fonds Persan 129, fol. 32.

3. Della Valle, *op. cit.*, seconde partie. pp. 202 et 205-206.

volumineuse et il est en quelque sorte barré sur le devant [1]. Cette manière compliquée et affectée de le nouer, peut, tout comme le turban à bâton, éviter plus d'une fausse attribution [2].

Les dessins et peintures signées de Riza-i-Abbassi, lesquels portent souvent une date, sont très nombreux et il serait oiseux d'en entreprendre une énumération. Malgré une production aussi copieuse qu'authentique, cet artiste a été confondu avec un calligraphe, Ali Riza Abbassi, qui vivait à la fin du xvie et au début du xviie siècle. Les sources [3] ne mentionnent que le calligraphe et ne font pas allusion à sa qualité de peintre. Ses maîtres sont des calligraphes [4]; son illustre rival, Mir Imad, dont il passe pour avoir causé la mort, est un autre calligraphe. Le nom *Ali* figure toujours en tête de la signature du calligraphe, tandis qu'il ne se rencontre jamais dans celle du miniaturiste. Même dans la mesure où leur nom est commun, l'orthographe en est différente. Le peintre signe Riza-i-Abbassi et le calligraphe Riza Abbassi ou Riza-el-Abbassi [5]. Enfin le premier a un fils peintre du nom de Mohammed Chéfi Abbassi [6], tandis que le fils du second s'appelait Bédi-ez-Zéman et s'adonnait à la calligraphie [7].

1. On peut voir des turbans barrés de ce type au Musée de Versailles, sur un tableau de Coypel qui représente la réception par Louis XIV des envoyés de la Perse, à la Galerie des Glaces, le 19 février 1715.

2. Malgré ces turbans séfévis caractéristiques du xviie siècle, M. Blochet avait commencé par prendre deux miniatures d'un *Trésor des Secrets* de Nizami, pour une œuvre de Boukhara de 1537-1538 (BLOCHET, *Peintures de manuscrits arabes, persans et turcs*, p. 15 et pl. 19); de même il prend pour des œuvres de la première moitié du xvie siècle deux miniatures d'un manuscrit d'Aphorismes sur la médecine, de 1542-1543 (BLOCHET, *Les Enluminures*, p. 111 et pl. LXI), tandis qu'un turban du même type, sans parler du style général de la peinture, les ramène au xviie siècle. Dans ces deux cas l'origine de la méprise réside dans la date des manuscrits; mais les miniatures en question ont été ajoutées après coup, comme le prouve aussi ce fait qu'elles précèdent le texte. Le dessin signé Mélik Husséïn Isfahani (fig. 187) est aussi du xviie siècle, d'après les turbans des personnages, et non de la seconde moitié du xvie, comme l'indique BLOCHET (*Les Enluminures*, p. 118).
Les planches 141, et 142, figure de gauche, de MARTIN, *op. cit.*, vol. II, présentent des erreurs d'attribution analogues.

3. *Teskéré* de Tahir Nassirabadi, cité dans SARRE et MITTWOCH, *Zeichnungen von Riza Abbasi*, Munich, 1914, p. 7 et HABIB EFFENDI, *op. cit.*, p. 207.

4. Mohammed Husséïn Tebrizi et Ala Beg, HABIB EFFENDI, *op. cit.*, pp. 213 et 73.

5. SARRE et MITTWOCH, *op. cit.*, fig. 8 et 9, et MARTEAU et VEVER, *op. cit.*, n° 29 des signatures de calligraphes.

6. Quelques œuvres de ce miniaturiste nous sont parvenues. Il signait avec la formule qu'employait son père et le mot Abbassi ressemble à celui de la signature paternelle, quoique tracé d'une écriture plus calligraphique. Il appartient à l'école indo-persane comme on peut s'en convaincre par une étude de rouge-gorge et de narcisses datée de 1653 que possède la Bibliothèque Nationale (Recueil O. D. 41, fol. 7).

7. HABIB EFFENDI, *op. cit.*, p. 191.

M. Martin est l'auteur de cette confusion, reprise par M. E. Mittwoch,
qui met toute son érudition à la défendre. Mouïn-Moussavir, l'élève de
Riza-i-Abbassi, lui fournit son principal argument. Dans une inscription
sur un portrait posthume de son maître, qu'il avait dessiné en 1673
(fig. 179), il dit que celui-ci était célèbre sous le nom de *Riza Ali*, que
M. Mittwoch considère comme l'équivalent d'Ali Riza. Or, même en
acceptant l'exactitude de cette lecture, dans les noms doubles musulmans,
l'un étant celui du père ou tenant lieu de nom de famille, il n'est pas
loisible de les intervertir, sans compter qu'on ne connaît aucun dessin signé
de ce nom dans le style de Riza-i-Abbassi. Nous pouvons donc conclure
qu'aucune des indications que les sources donnent au sujet du calligraphe Ali
Riza Abbassi ne se rapporte à notre artiste [1].

Un recueil [2] du Vieux-Sérail de Stamboul renferme à côté de plusieurs
pages calligraphiques signées Ali Riza *et-Tebrizi* [3] et dont l'une est
datée de 1592, un très beau dessin teinté signé également Ali Riza. Il représente un jeune homme, coiffé d'un turban à aigrette, des fleurs à la main et
a tous les caractères d'une œuvre de la fin du xvi⁰ siècle. Le style de ce
dessin, totalement différent de celui de Riza-i-Abbassi, vient à l'appui de la
distinction des deux Riza ; mais le calligraphe ne serait pas totalement
étranger à l'art du dessin, cumul dont les exemples ne sont pas rares en
Perse.

Si on s'en tient aux pièces de Riza-i-Abbassi à la fois signées et datées,
sa production se place entre 1618 et 1639 [4], mais principalement sous Safi I
(1629-1642), petit-fils et successeur de Chah Abbas, comme quantité et
comme qualité. Il faut en conclure que le surnom d'*Abbassi* ne dérive pas
du nom de Chah Abbas.

C'est en 1632, sous le règne de Safi I, qu'ont été aussi peintes les dix-
sept miniatures, toutes signées, d'un *Khosrev et Chirine* de Nizami appartenant au Victoria and Albert Museum [5]. L'illustration de ce poème n'est
d'ailleurs pas de nature à grandir la réputation de Riza-i-Abbassi.

1. Comme le surnom de *Chah nuvaz*, qui flatte le Chah, donné au calligraphe. Habib Effendi,
op. cit., p. 207, et Huart, *op. cit.*, p. 245.

2. N° 47066.

3. On sait par Tahir Nassirabadi qu'Ali Riza Abbassi était Tébrizin.

4. Dessin de M. Kévorkian daté de 1618, représentant Medjnoun au désert (Schulz, *op. cit.*, vol. I,
pl. R.); miniature de 1622 figurant un derviche assis (Bibliothèque Nationale, reproduit par Blochet,
Les Peintures, pl. LXVI); dessins de 1638 et 1639, reproduits par Sarre et Mittwoch (*op. cit.*, pl 15
et 16).

5. Sir Thomas Arnold, *The Riza Abbassi Ms. in the Victoria and Albert Museum*. Burlington Magazine, février 1921, pl. I et II.

Nous connaissons des spécimens de l'écriture d'Ali Riza Abbassi datés de 1592, 1601, 1613[1], et il était en vie lorsque son illustre rival, Mir Imad, fut assasiné à Ispahan en 1615. Aali qui écrit en 1587, mentionne déjà en termes particulièrement élogieux le calligraphe Ali Riza, sans faire aucune allusion à sa qualité de peintre.

On constate ainsi une différence entre ces deux artistes, quant à leur période de production, celle du calligraphe étant antérieure et se plaçant, suivant toute probabilité, entièrement sous Chah Abbas.

Réduite aux pièces authentiquement signées, l'œuvre de Riza-i-Abbassi apparaît plutôt comme médiocre. Cela n'empêche pas M. Blochet de rapprocher ce dessinateur, que les sources persanes semblent ignorer, de Behzad, pour sa célébrité et la finesse de sa technique[2].

Sa première[3] peinture notable est la lutte amoureuse de 1632, appartenant à M. Marquet de Vasselot et dont le mouvement est habilement rendu[4].

Une grande composition de 1633, sur laquelle Chah Safi suivi d'un échanson, tend une coupe de vin au médecin Mohammed Chemsa, est peut-être son œuvre la plus importante (fig. 181). L'inscription décerne à ce personnage l'épithète de « Galien de son temps »[5]. Au premier plan, ou plus exactement dans le bas de la composition, sont placés un cheval, un écuyer et un second échanson à hauts-de-chausse ornés de nuages stylisés chinois. Il s'agit d'une commande destinée à perpétuer le souvenir d'une rencontre flatteuse pour l'amour-propre du disciple de Galien. Les portraits des deux principaux personnages sont bons ; les échansons et l'écuyer ont le type efféminé classique des pages, à boucles descendant sur les joues, qu'on retrouve sur d'autres œuvres de Rizza-i-Abbassi et d'artistes de la première moitié du xviie siècle. Il faut rapprocher de ces jeunes gens, quelquefois pris, non sans raison pour des femmes[6], les échansons portugais qui apparaissent dans la miniature persane après la prise d'Ormuz en 1622,

---

1. Recueil n° 47066 du Vieux-Sérail de Stamboul pour la première date, SARRE et MITTWOCH, *op. cit.*, fig. 8 et 9 pour les deux autres.

2. BLOCHET, *Les Enluminures*, pp. 130 et 136.

3. Le bossu à l'arc de la Bibliothèque Nationale (Sup. Persan 1572) semble daté, non de 1628 comme l'indique M. BLOCHET (*Les Peintures*, pl. LXVI, et p. 306), mais de 1631 à 1639, car on devine sur l'inscription effacée 104, à compléter par le quatrième chiffre du millésime musulman.

4. MARTEAU et VEVER, *op. cit.*, pl. CXXXII. L'homme est en vert et la femme en mauve, avec un peu d'orangé. La palette terne de cette miniature semble due au fait que ses couleurs ont déteint.

5. A quelques jours d'intervalle Riza-i-Abbassi a signé un dessin teinté, représentant un homme filant la laine, dont l'inscription mentionne ce même personnage. SARRE et MITTWOCH, *op. cit.*, pl. 13.

6. Par contre le couple amoureux qui lutte, de M. Marquet de Vasselot est donné, par MARTEAU et VEVER, pour « Deux jeunes gens luttant ». *Op. cit.*, pl. CXXXII.

et dont le Metropolitan Museum of Art de New-York possède un bon spécimen par Riza-i-Abbassi, daté de 1634 (fig. 178)[1]. En Italie le Sodoma connaît aussi « ces inquiétants jeunes hommes », « ces pages couverts de soie et de dentelles, versant d'un bras gracieux et las le vin dans les coupes[2] ».

Le berger, courbé en deux sur son bâton, à côté d'une chèvre et d'un mouton à grosse queue[3], est aussi une belle étude et une des œuvres caractéristiques de Riza-i-Abbassi.

Il faut encore mentionner un intéressant portrait de femme assise, comptant sur ses doigts, et dont la signature a été effacée[4] (fig. 186). La robe, décorée d'animaux, est en deux ors; la ceinture, le voile et le diadème, sont violet foncé, vert et orangé.

Enfin son œuvre peut-être la plus gracieuse et la plus harmonieuse et dont la signature se devine, quoique effacée, représente un échanson[5] dessiné au trait d'or, sur un fond fraise foncé, décoré à l'or de feuillages et de nuages. Sa coiffure à fourrure, très originale, est recouverte d'un tissu vert surmonté d'une aigrette. La miniature est entièrement peinte et la tête charmante (fig. 177).

Si on acceptait la paternité de cet artiste pour la majeure partie des planches des *Zeichnungen von Riza Abbasi* de MM. Sarre et Mittwoch, on se ferait de son œuvre une idée aussi avantageuse que peu exacte. Dans cette publication, quatre dessins[6] seulement, qui ne sont pas parmi les meilleurs, sont signés[7] de Riza-i-Abbassi et les quelques dessins non signés,

---

1. Je citerai encore l'échanson en chapeau signé Mir Youssouf et un page du même type jouant du luth. Martin, *op. cit.*, vol. II, pl. 156.

2. A. Maurel, *Petites villes d'Italie*, I, pp. 37 et 39.

3. Martin, *op. cit.*, vol. II, pl. 159.

4. Blochet place ce portrait « un peu après 1620 », or si la signature effacée de Riza-i-Abbassi se devine sur cette miniature, il est imposible d'y distinguer une date, et elle doit se placer aussi sous Chah Safi. *Les Enluminures*, pl. LXXXIII a et p. 130.

5. Bibliothèque Nationale, Sup. Pers. 1572, fol. 18.

6. Les nᵒˢ 13, 15, 16 et 17.

7. La signature de Riza-i-Abbassi est restée identique au cours de toute sa production et la formule *rakaméhou*, correspondant à *delineavit*, dont il l'accompagne, ne varie pas davantage. Marteau et Vever, *op. cit.*, la reproduisent sous le nᵒ 15. Il signe en réunissant horizontalement l'*r* et le *z* du mot Riza et son prénom est lié à son nom par un *hemzé*. Il devient par conséquent impossible d'attribuer à Riza-i-Abbassi, abstraction faite de sa date et de son lieu d'origine, l'excellent dessin daté de Mechhed 1598 (Sarre et Mittwoch, pl. 1), qui est signé Riza tout court, dans une graphie et une ligne totalement différentes de celles de cet artiste. Quant aux chevaux de la planche 11, de la même publication, leur signature est une imitation grossière de celles de Riza-i-Abbassi, dans laquelle l'*r* n'est pas lié au *z*, et où la lettre *yé* remplace le *hemzé*. Schulz reproduit (*op. cit.*, pl. 163), un autre dessin, toujours du xviiᵉ siècle, avec une fausse signature présentant les mêmes particularités.

qu'on pourrait être tenté de lui attribuer à raison de la similitude de style [1], sont d'un intérêt artistique très faible. Le reste est étranger à Riza-i-Abbassi, qu'il soit l'œuvre d'artistes comme Aka Riza et Mouïn-Moussawir [2], ou d'anonymes, sans parler de quelques pages antérieures au xviie siècle, telle une scène de bain [3]. On peut être d'autant plus affirmatif que Riza-i-Abbassi signait jusqu'à ses moindres esquisses.

Ce nom, le plus connu du xviie siècle, a exercé de nos jours un véritable mirage, et on lui prête non seulement les dessins de contemporains qui ont produit dans le même style, mais encore ceux de maîtres qu'il n'a jamais égalés.

S'il supporte mal la comparaison avec ses prédécesseurs, il ne faut pas perdre de vue que son activité se place surtout sous Chah Safi I (1629-1642), et non sous Chah Abbas [4]. La médiocrité de son œuvre a servi de prétexte pour ravaler [5] les productions du règne de Chah Abbas le Grand, qui placé à cheval sur la fin du xvie et le commencement du xviie siècle (1587-1629), continue à représenter une bonne époque de l'art persan. Comme miniaturiste c'est Aka Riza, dont nous avons vu plus d'une œuvre délicieuse ou charmante et des dessins d'une grande virtuosité, qui est représentatif de ce règne, plus grand, il faut le reconnaître d'ailleurs, au point de vue politique qu'artistique.

La discrimination entre le style d'Aka Riza qui représente, répétons-le, l'époque de Chah Abbas, et celui de Riza-i-Abbassi, qui caractérise le règne de son successeur, une fois faite, il faut se demander si la manière de ce dernier est originale. Un Nizami de la Bibliothèque Nationale, copié de 1620 à 1623 [6], répond à la question. Le style des miniatures [7] de ce

---

1. Notamment les n°s 12, 14 et 47 b.

2. Voir pp. 142 et 143.

3. Sarre et Mittwoch, *op. cit.*, pl. 46. Voir dans Schulz, *op. cit.*, pl. 78, le rapprochement de ce dessin avec la miniature peinte qui est du début du xvie siècle.

4. M. Martin intitule un de ses chapitres *Chah Abbas et l'école de Riza*, il s'agit de Riza-i-Abbassi. Sans que l'on y prenne garde cette identification erronée de Riza-i-*Abbassi* avec le règne de Chah Abbas I, s'est insinuée, l'épithète aidant, dans les esprits, et le Catalogue de l'Exposition Orientale, organisée à la Bibliothèque Nationale au printemps 1925, épouse complètement cette manière de voir. Ainsi il y est question d'œuvres de Riza-i-Abbassi *de la fin du* xvie *siècle;* de portraits de Chah Abbas et de l'ambassadeur indien Khan Alom, exécutés par *Riza-i-Abbassi en 1613 et 1615*. Ce sont là autant d'erreurs matérielles. Voir p. 143.

5. Martin, *op. cit.*, vol. 1, p. 66 et s.

6. Sup. Pers. 1029. Le scribe a commencé sa copie par la cinquième partie qui est datée de 1620, tandis que les troisième et quatrième parties portent la date de 1623.

7. Blochet, *Peintures de Manuscrits arabes, persans et turcs*, pl. 38 à 43; *Les Peintures*, pl. LVI à LXV et *Les Enluminures*, pl. LXXXVIII à XC.

manuscrit et le type de ses personnages, sont ceux que l'on veut faire personnifier par Riza-i-Abbassi. J'ai relevé sur deux de ces peintures, qui sont toutes de la même main, la signature Haïdar *Nakkach*[1], le peintre ; une troisième est datée de la fin de 1624[2]. Ces indications, ainsi que les inscriptions qu'elles accompagnent, sont en caractères ténus, déchiffrables à la loupe.

Ce style caractéristique du xviie siècle existait donc à une date où nous connaissons à peine quelques œuvres de Riza-i-Abbassi, et pas des meilleures.

Haïdar, qui appartient par sa palette au xvie siècle, et qui s'affirme dès 1624, soit dans les dernières années du règne de Chah Abbas, par une œuvre harmonieuse et variée (fig. 182) n'est, non seulement pas « un disciple de Riza-i-Abbassi » comme on l'a pensé[3], mais il a dû tout au contraire, comme initiateur de ce style, influencer ce dernier, dont les productions les plus importantes se placent vers 1632.

Parmi les œuvres signées ou anonymes, caractéristiques de la première moitié du xviie siècle, il faut citer deux charmantes petites miniatures[4], avec encadrements enluminés, formant diptyque, qui sont étrangères au volume d'Aphorismes sur la médecine, daté du xvie siècle, en tête duquel elles figurent[5]. Elles représentent un jeune seigneur assis au pied d'un arbre, en conversation avec un personnage pansu, tandis qu'un échanson, qui porte un chapeau noir d'une rare élégance, se tient debout prêt à verser le « rubis liquide ». Un tremble et un saule se détachent sur l'or du ciel. Les costumes sont vert clair, violet, mauve et jaune-orangé.

Le dessin du vieil instituteur et de sa jeune élève du Musée des Arts Décoratifs (fig. 184), sur lequel la tête de l'élève est relevée de rose et d'or, porte une signature apocryphe[6] qui amalgame les noms d'Aka Riza et de Riza-i-Abbassi. Le premier est exclu à raison de son style et on ne peut voir

---

1. La lecture Haïdar *Kouli* Nakkach me paraît douteuse. Blochet, *Les Peintures*, p. 303.

2. Anouchirvan et son vézir dans les ruines (fol. 15 r.) et Medjnoun sur la tombe de Leïla (fol. 180), sont signés, tandis qu'une scène d'amour (fol. 107 v.), porte en toutes lettres une date correspondant à la fin de l'année 1624.

3. Blochet, *Les Enluminures*, p. 133.

4. Marteau et Vever, *op. cit.*, pl. LXXIX ; Blochet, *Les Enluminures*, pl. LXI. Les originaux mesurent huit centimètres sur douze.

5. Bibliothèque Nationale, Sup. Pers. 1967, legs Marteau. Voir p. 135, note 2.

6. Le faux est manifeste car la graphie et la ligne ne sont celles ni de l'un, ni de l'autre de ces artistes.

là qu'une œuvre anonyme, d'ailleurs charmante, dans la manière de la première moitié du xviie siècle.

Le dessin de la Bibliothèque Nationale[1] représentant une scène amoureuse, sur laquelle l'expression voluptueuse du vieillard contraste avec le visage placide de la jeune femme, est une œuvre typique de cette époque (fig. 183).

Une page, du même recueil que le dessin précédent, où un homme à barbe, qui semble s'intéresser vivement à un adolescent, lui tend une coupe de vin, est signée Mélik Hussëïn Isfahani et tout, style, type, coiffure, la situe au xviie siècle. Ce dessinateur d'Ispahan est un émule de Riza-i-Abbassi (fig. 187).

Le portrait d'Imam Kouli Khan, gouverneur de la province de Chiraz, très individualisé, au turban bizarre et volumineux, avec une tasse de vin en main (fig. 188), n'est pas du xvie siècle, comme le pense Schulz, mais du premier tiers du xviie et présente un intérêt historique. Le Khan de Chiraz qui était d'origine arménienne, avait été « capitaine généralissime[2] » de l'armée persane. Della Valle dit qu'il est « après le Roi, le plus grand prince de la Perse, et duquel l'Estat et le crédit n'est pas inférieur à plusieurs Royaumes de l'Europe[3] ».

Tavernier rapporte aussi qu'il « était extraordinairement riche, aimé et respecté de tout le monde » et commandait aux meilleures troupes de la Perse. « De plus il était très magnifique » et Chah Abbas lui aurait demandé « qu'il dépensât tous les jours un *mamoudi* moins que lui, afin qu'il y eut au moins cette petite différence entre la dépense du Roi et celle du Kan[4] ».

La puissance d'Imam Kouli Khan a dû porter ombrage au successeur de Chah Abbas, Chah Safi, qui fit égorger les trois fils du Khan dont on présenta les têtes dans un bassin d'or au malheureux père; après quoi il subit le même sort, n'ayant demandé pour toute faveur que d'achever sa prière.

Ces tragiques événements se passaient vers 1635, après la prise d'Erivan par le sultan Mourad IV.

Habib Ullah de Mechhed, quoique du xviie siècle, se distingue en tant que de la Perse orientale, où le rythme de l'évolution séfévie a dû être plus lent. Le jeune chasseur au mousquet du *Museum für Völkerkunde* de Berlin (fig. 185) ne se confond pas avec les productions d'Ispahan, pas plus que

1. Ms. Arabe 6074.
2. DELLA VALLE, *op. cit.*, deuxième partie, pp. 450 et 451.
3. *Ibidem*, p. 450.
4. TAVERNIER, *op. cit.*, t. I, p. 227.

deux autres miniatures, signées du même Habib Ullah, au Vieux-Sérail de Stamboul [1]. Sur l'une, un personnage, qui porte un turban à la mode du xviie siècle, charge son mousquet avec une baguette et sur l'autre une princesse, en robe minium et manteau vert, trône sur un siège.

Un élève de Riza-i-Abbassi, Mouïn *Moussawir*, le peintre de figures, a produit dans la seconde moitié du xviie et les premières années du xviiie siècle. On lui doit un portrait posthume de son maître, daté de la fin de 1673 qui appartient à M. B. Quaritch (fig. 179). Un vieillard à barbe avec des lunettes en mains, d'un recueil du Vieux-Sérail [2], porte la date de 1653, soit la plus ancienne que j'ai relevée sur une œuvre signée de ce peintre. Toutefois un dessin de l'album de M. Sarre, daté de 1642 et qui figure les bustes d'un couple d'amoureux [3], semble bien de la main de Mouïn. Cela résulte non seulement de la graphie de l'inscription qu'elle porte, mais d'une formule cursive qui suit le millésime et qui se retrouve sur d'autres œuvres de cet artiste [4]. On doit en conclure qu'il est mort à un âge très avancé, un dessin signé de sa main et daté de 1707, nous étant parvenu.

D'après M. Blochet, Mouïn serait un peintre turc et aurait exercé ses talents dans la capitale de l'Empire Ottoman sans jamais avoir été en Perse [5]. C'est le contrepied de ces indications qui correspond à la réalité, Mouïn étant un Persan qui n'a jamais mis les pieds en Turquie. Son style, tellement apparenté à celui de Riza-i-Abbassi, et les coiffures et costumes persans de ses personnages, suffiraient à l'établir. Il a signé en 1672 un dessin représentant, près la porte du Palais de Chah Suleiman, par conséquent à Ispahan, un lion que ses gardiens n'arrivent pas à maîtriser et qui met en pièces un jeune garçon. Ce fauve avait été apporté en présent pour le Chah, par une ambassade de Boukhara (fig. 180).

Par contre Levni que M. Blochet met sur le même rang que Mouïn, est bien un peintre turc qui a produit à Constantinople [6] dans la première moitié du xviiie siècle.

Les dessins de Mouïn valent mieux que ses peintures, caractérisées par

1. Recueil n° 37092.

2. N° 37178.

3. SARRE et MITTWOCH, *op. cit.*, pl. 30.

4. La page du *mourakka* du Vieux-Sérail visé plus haut en offre un exemple, ainsi qu'un dessin de M. Demotte représentant un lion et un *kilin*. Reproduction dans MARTIN, *op. cit.*, vol. II, pl. 164.

5. BLOCHET, *Les Enluminures*, pp. 149 et 150.

6. Le Trésor du Vieux-Sérail possède un album, n° 37179, formé de miniatures authentiquement signées de Levni. A côté d'œuvres originales il a aussi des copies d'après le xviie persan.

des roses vineux, le minium et le violet foncé. La Bibliothèque Nationale possède un joueur de cornemuse, à barbiche, de Mouïn, daté de 1672[1]. Il est difficile d'y voir, avec M. Blochet, un auto portrait de cet artiste.

Riza-i-Abbassi a représenté en 1633, comme nous l'avons vu, dans une grande composition, Chah Safi offrant une coupe de vin au médecin Mohammed Chemsa (fig. 181). Le Chah, suivi de son échanson, et le médecin, ont été copiés séparément par Mouïn en 1701-1702. Mouïn les donne comme Chah Abbas et l'ambassadeur indien Khan Alem, que son maître aurait peints en 1613 et 1615[2]; aussi a-t-il soin de travestir le médecin en un personnage indien, avec force colliers de perles. Il ne pouvait s'agir du portrait de Chah Abbas, ni de celui de l'ambassadeur du Grand Mogol Djihanghir, comme le prétend Mouïn dans ses indications, du moment que la peinture originale ne remonte qu'à 1633, tandis que Chah Abbas est mort en 1629. M. Blochet en adoptant ces attributions et ces dates, est induit en erreur par Mouïn. Un excellent portrait de Chah Abbas, de l'ambassadeur Khan Alem, ainsi que de quelques personnages de leur suite[3] existe, mais par l'Indien Bichandas[4].

Mouïn a peint en 1701 une Européenne, une coupe de vin en main et la même personne en très grand décolleté[5].

C'est à la seconde moitié du xviie siècle qu'appartiennent également Mohammed Kassim, Mohammed Ali et Mohammed Zéman.

Sur un dessin de la Bibliothèque Nationale[6] signé de Mohammed Kassim et daté de Bagdad, un page tient en main un plateau chargé de tasses[7]. C'est là une œuvre du xviie siècle par le costume, les motifs qui le décorent et

---

1. Ms. Arabc 6075. Reproduction dans BLOCHET, *Les Enluminures*, pl. CVII a.

2. La date 1635 (Chewal 1044), que Mouïn donne pour la mort de Riza-i-Abbassi, sur son portrait posthume, n'est pas non plus exacte, du moment que des œuvres postérieures de Riza-i-Abbassi nous sont parvenues.

3. SCHULZ, *op. cit.*, vol. II, pl. 179. Ancienne collection Goloubew.

4. Bichandas passait pour le meilleur portraitiste du règne de Djihanghir. Il a accompagné une mission en Perse pour portraiturer le Chah et les principaux personnages de l'État. Cf. Percy BROWN, *op. cit.*, p. 151-152.

5. *Mourakka* du Vieux-Sérail, n° 3706g.

On possède aussi de lui une série d'œuvres plus que risquées, datées de 1692, dont les têtes, tant masculines que féminines, sont individualisées; aussi est-on en droit de se demander si ces portraits de couples amoureux dans l'intimité, n'ont pas été à la mode en Perse à la fin du xviie siècle.

6. O. D. 41, p. 33.

7. MARTIN, *op. cit.*, vol. II, pl. 165.

l'arbre qui sert de fond, et non du XVI[e][1], comme l'a cru M. Martin. Schulz reproduit[2] un dessin, signé du même artiste, et daté de 1702-1703[3], qui a pour sujet une scène de bastonnade sur la plante des pieds, dans une école en plein air. L'artiste est le même, quoique cette composition soit très inférieure à la précédente. On retrouve au Vieux-Sérail[4], toujours signées par Mohammed Kassim, une femme à tambour de basque, et une autre à décolletage immodeste fumant la pipe persienne.

Mohammed Ali est le fils de Mélik Hussein d'Ispahan[5], comme nous l'apprend un dessin signé représentant un homme à barbe, assis, du *Kunstgewerbe Museum* de Leipzig[6]. Il est très inférieur à son père. Le Vieux Sérail[7] possède quelques-unes de ses œuvres signées, dont l'une représente un couple amoureux d'après celui du Riza-i-Abbassi de M. Marquet de Vasselot. On peut constater qu'il n'est qu'un sous-Riza. Une composition originale datée de 1656-57 et qui n'est pas sans impliquer du courage chez son auteur, reproduit la scène classique du grand seigneur dans un jardin, buvant avec accompagnement de musique et de danses. Mais Mohammed Ali représente tous les personnages : seigneur, échanson, musiciens et danseuses, par des ours !

Le célèbre Nizami de Chah Tahmasp du British Museum compte, à côté d'Aka Mirek et de Soultan Mohammed, un collaborateur inattendu, Mohammed Zéman, qui a signé trois miniatures[8] et les a datées de 1675-76. Elles se caractérisent par les ombres, la perspective, et le modelé des visages. On peut même y voir un clair de lune et des ombres portées.

Mohammed Zéman est probablement le même qu'*Ibn Hadji Youssouf*[9] Mohammed Zéman, qui a copié deux tableaux de sainteté qui font illusion : une Visitation en 1678-79, et une Fuite en Égypte[10], datée d'Ispahan. Les

---

1. Il existe toutefois un Mohammed Kassim el-Tebrizi de la fin du XVIe siècle. Le recueil 37092 du Vieux-Sérail renferme un dessin teinté d'un personnage à haut bonnet mongol, une masse d'arme à la main, signé de lui et daté de 1590.

2. *Op. cit.*, vol. II, pl. 166.

3. La date a été mal déchiffrée par Schulz, qui a cru devoir compléter 114 en 1014, correspondant à l'année chrétienne 1605, tandis que c'est le chiffre des millièmes qui manque, suivant une pratique assez courante ; aussi faut-il lire 1114, ce qui équivaut à 1702-1703 de notre ère.

4. Recueil n° 37062.

5. Voir p. 141.

6. SCHULZ, *op. cit.*, vol. II, pl. 171.

7. Recueil n° 37071.

8. Or. 2265, fol. 203 v., 213 et 221 v.

9. Fils de Hadji Youssouf.

10. MARTIN, *op. cit.*, vol. II, pl. 173.

influences occidentales qui s'accusent dans ses additions au Nizami du British Museum, s'expliquent mieux chez un artiste qui a été à l'école italienne. Il aurait en effet été envoyé à Rome sous Abbas II (1642-1667) et se serait même converti. Obligé, après son retour, de quitter la Perse et de rechercher la protection de Chah Djihan, le Vénitien Manucci, médecin d'Aurengzeb, l'aurait connu aux Indes vers 1660[1].

Ainsi l'intérêt artistique de la peinture persane baisse de plus en plus au cours du xviie siècle, et l'emploi des ombres qu'elle avait de tout temps proscrit, à l'exemple de la Chine, marque sa déchéance définitive.

Au siècle suivant, c'est à peine si on rencontre encore quelques portraits intéressants. L'effigie de Nadir Chah[2] (1736-1747), le conquérant des Indes, a grande allure, et celle de son arrière-petite-fille réalise un type caractéristique de beauté orientale (fig. 189)[3]. Son père, Chah-Rokh l'Afcharide, a régné sur le Khorassan dans la seconde moitié du xviiie siècle. L'artiste a fait à cette princesse, suivant un canon de l'esthétique persane, des yeux plus grands que la bouche, et il a achevé de donner de l'expression à cette tête, que mangent des yeux langoureux, par des accroche-cœurs qui reviennent sur les joues.

1. MARTIN, *op. cit.*, vol. I, p. 124.
2. MARTIN, *op. cit.*, vol. II, pl. 168.
3. La jupe et le fond du portrait sont inachevés.

INDEX

TABLE DES PLANCHES

PLANCHES EN COULEURS

Planche I

Planche II

PLANCHES EN NOIR

Planche III

Planche IV

Planche V

Planche VI

Planche VII

Planche VIII

Planche IX

Planche X

Planche XI

Planche XII

Planche XIII

Planche XIV

Planche XV

Planche XVI

Planche XVII

Planche XVIII

Planche XIX

Planche XX

Planche XXI

Planche XXII

Planche XXIII

Planche XXXVIII

Planche XXXIX

Planche XL

Planche XLI

Planche XLII

Planche XLIII

Planche LXVI

Planche LXVII

Planche LXVIII

Planche LXIX

Planche LXX

Planche LXXI

Planche LXXII

Planche LXXIII

Planche LXXIV

Planche LXXV

Planche LXXVI

Planche LXXVII

Planche LXXVIII

Planche LXXIX

Planche LXXX

Planche LXXXI

Planche LXXXII

Planche LXXXIII

Planche LXXXIV

Planche LXXXV

Planche LXXXVI

154. Hérat, 1494. Kassim Ali? Assassinat de Khosrev aux côtés de Chirine.
      Nizami au nom d'un émir de Sultan Hussëïn Mirza. British Museum, Londres.

Planche LXXXVII

155. École Séfévie, commencement du xvie siècle. Abd-us-Samad. Cheval des
      écuries du Chah avec son groom.
156. École Séfévie, commencement du xvie siècle. Haïdar Ali. Cheval sellé attendant
      un cavalier royal.
      Collection de l'auteur.

Planche LXXXVIII

157. École Séfévie, milieu du xvie siècle. Siavouch. Cavalier lancé contre un dra-
      gon.
      Musée du Louvre, Paris.
158. École Séfévie, milieu du xvie siècle. Salomon, son vézir et la reine de Saba.
      Collection H. Vever.

Planche LXXXIX

159. École Séfévie, commencement du xviie siècle. Jeune femme aux tambourins.
160. École Séfévie, commencement du xviie siècle, Mohammedi. La feinte résistance.
      Museum of Fine Arts, Boston.

Planche XC

161. École Séfévie, Mohammedi, 1578. Dessin relevé. Scènes de la vie champêtre.
      Musée du Louvre, Paris.

Planche XCI

162. École Séfévie, deuxième moitié du xvie siècle. Kémal. Echassier et végétation
      stylisée.
      Bibliothèque de Yildiz, Constantinople.
163. École Séfévie, fin du xvie siècle. Aka Riza. Dessin au trait d'or relevé. L'insti-
      tuteur et son élève.
      Collection H. Vever.

Planche XCII

164. École Séfévie, fin du xvie siècle. Véli-Djan. Portrait d'un jeune Turc.
      Bibliothèque Nationale, Paris.
165. École Séfévie, fin du xvie siècle. Véli-Djan. Portrait d'une jeune femme turque.
      Ancienne collection F. R. Martin.

Planche C

179. École Séfévie, Mouïn Moussawir, 1673. Portrait posthume de son maître Riza-i-Abbassi.
Collection B. Quaritch, Londres.

Planche CI

180. École Séfévie, Mouïn Moussawir, Ispahan, 1672. Lion envoyé en présent au Chah.
Museum of Fine Arts, Boston.

Planche CII

181. École Séfévie, Riza-i-Abbassi, 1633. Chah Safi offrant une coupe de vin au médecin Mohammed Chemsa.
Léningrad.
182. École Séfévie, Haïdar Nakkach, 1623. Behram Gour sous la coupole verte. Nizami. Bibliothèque Nationale, Paris.

Planche CIII

183. École Séfévie, première moitié du xviie siècle. Le vieillard amoureux.
Bibliothèque Nationale, Paris.
184. École Séfévie, première moitié du xviie siècle. L'instituteur et sa jeune élève.
Musée des Arts Décoratifs, Paris.
185. École Séfévie, xviie siècle. Habib-ullah de Mechhed. Le chasseur au mousquet.
Museum für Volkerkunde, Berlin.

Planche CIV

186. École Séfévie, première moitié du xviie siècle, Riza-i-Abbassi. Portrait d'une femme comptant sur ses doigts.
Bibliothèque Nationale, Paris.
187. École Séfévie, première moitié du xviie siècle. Mélik Husséïn d'Ispahan. Offre d'une coupe de vin à un adolescent.
Bibliothèque Nationale, Paris.
188. École Séfévie, première moitié du xviie siècle. Portrait d'Imam Kouli Khan de Chiraz.
Ancienne collection Schulz.

Planche CV

Planche CVI

TABLE DES MATIÈRES

Achevé d'imprimer
le premier mars mil neuf cent vingt-neuf
par l'Imprimerie Berger-Levrault, a Nancy
pour les éditions G. Van Oest a Paris et Bruxelles.
Planches hors texte en héliotypie
de Faucheux et fils, a Chelles.

Les clichés de l'illustration proviennent
principalement des Archives photographiques
d'art et d'histoire, des Maisons Catala et
Vizzavona a Paris, et de la Maison Sébah
et Joailler, a Constantinople.

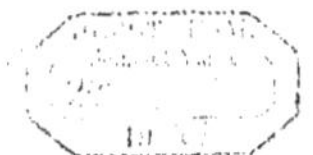

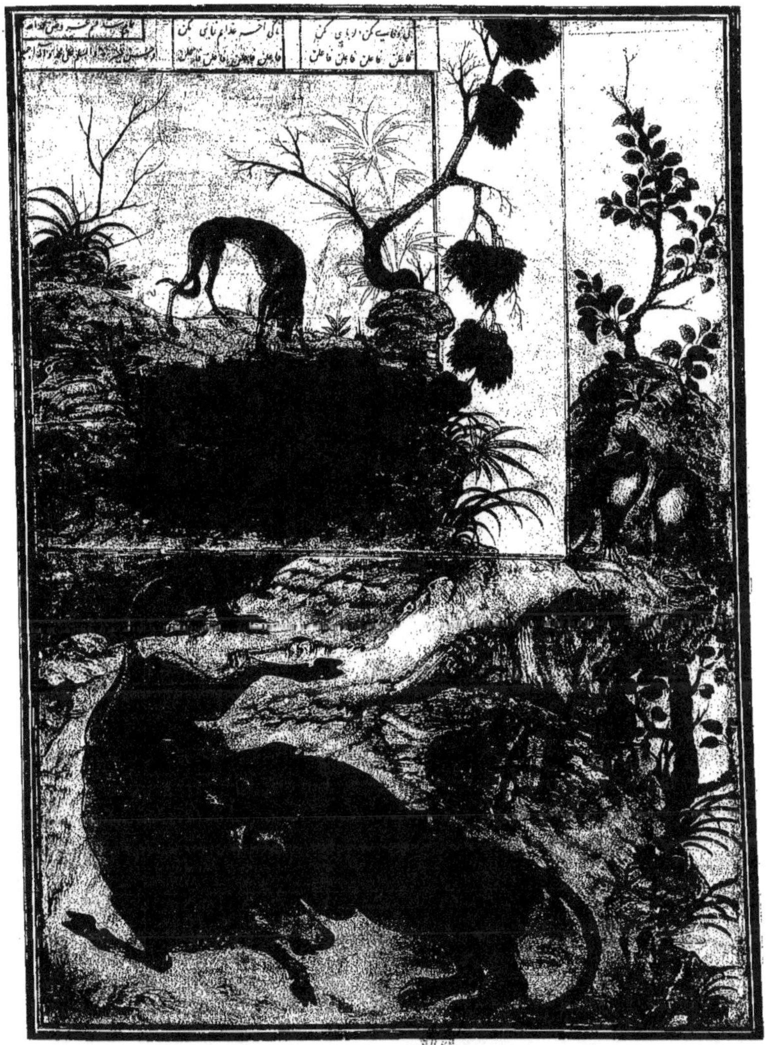

Fig 1. — PERSE ORIENTALE, XIIᵉ SIÈCLE.
Combat du lion et du taureau. — Le chien lâchant sa proie pour l'ombre.
Fables de Bidpay.
Bibliothèque de Yildiz, Constantinople.

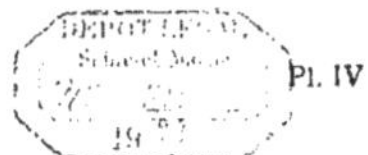

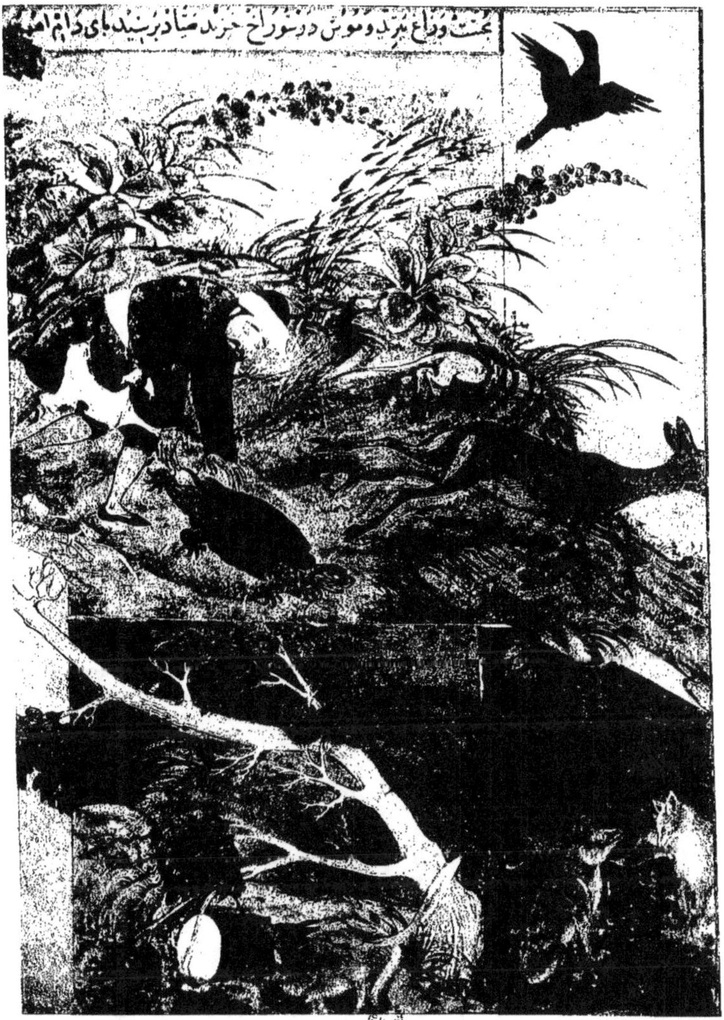

Fig 2. — PERSE ORIENTALE, XIIe SIÈCLE
Le Chasseur. Le renard et le tambour.
Fables de Bidpay.
Bibliothèque de Yildiz, Constantinople.

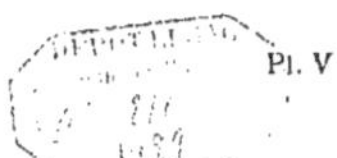

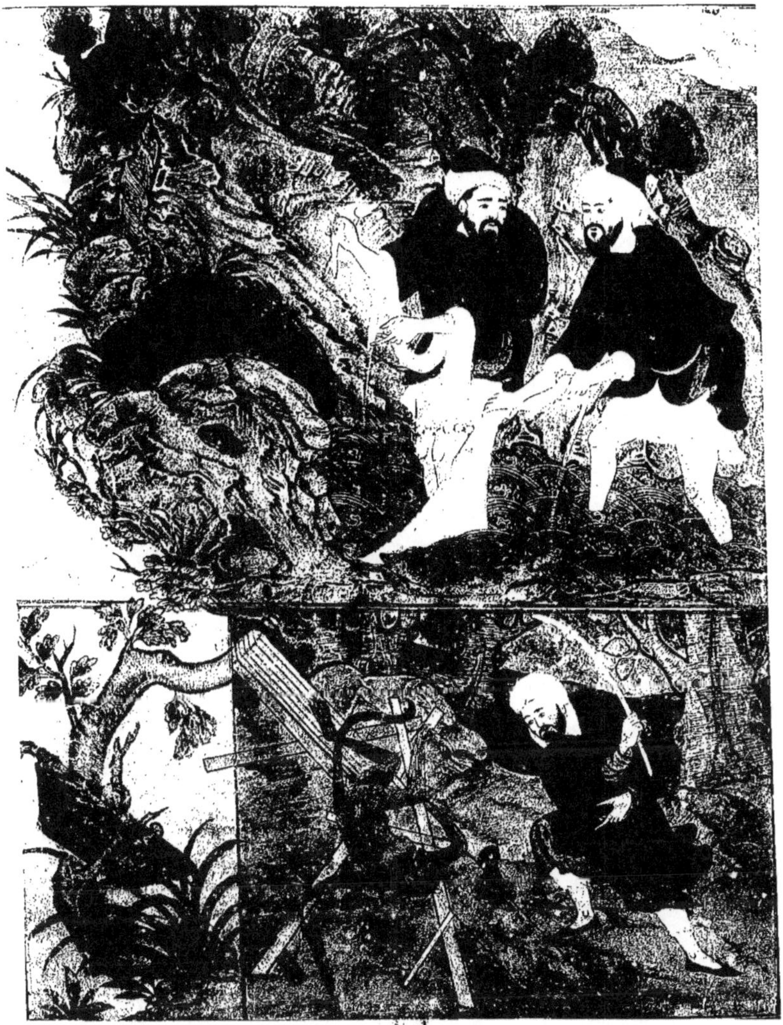

Fig. 3. — PERSE ORIENTALE, XIIe SIÈCLE.
Les trois poissons et les pêcheurs. Le singe et le menuisier.
Fables de Bidpay.
Bibliothèque de Yildiz, Constantinople.

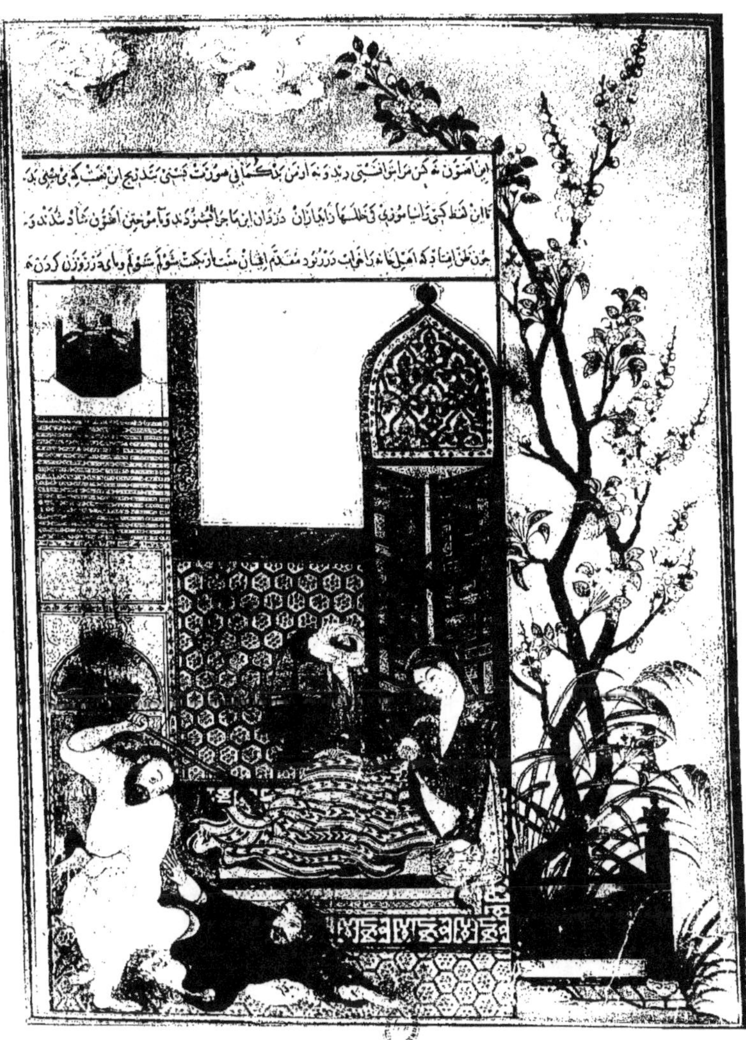

Fig. 4. — PERSE ORIENTALE, XIIᵉ SIÈCLE.
Le voleur découvert.
Fables de Bidpay.
Bibliothèque de Yildiz, Constantinople.

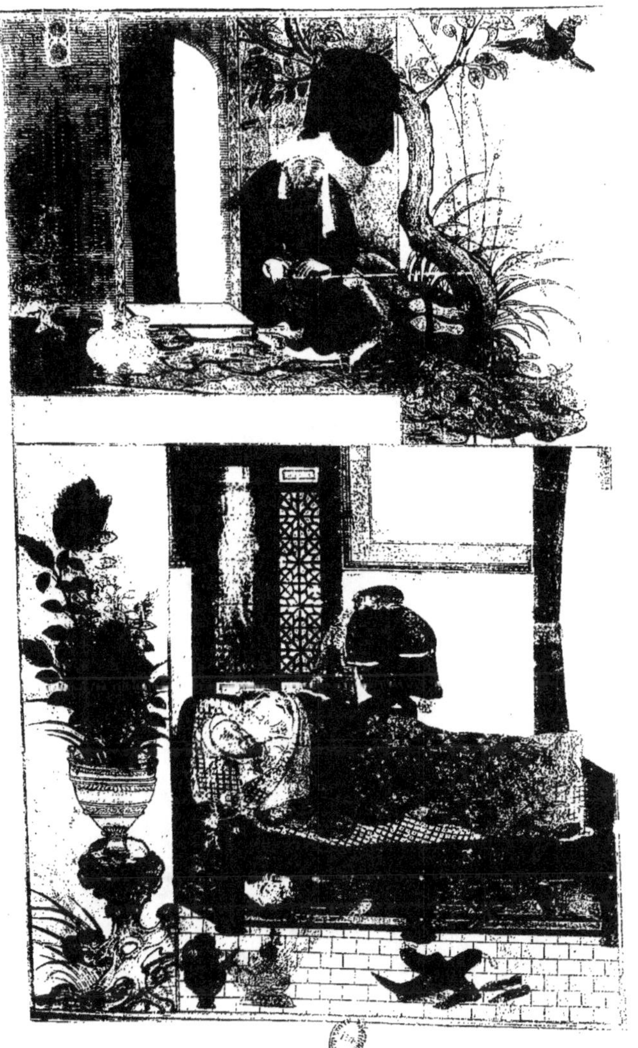

Fig. 5. — PERSE ORIENTALE, XIIᵉ SIÈCLE.
Le voleur. — La belette.
Fables de Bidpay.
Bibliothèque de Yildiz, Constantinople.

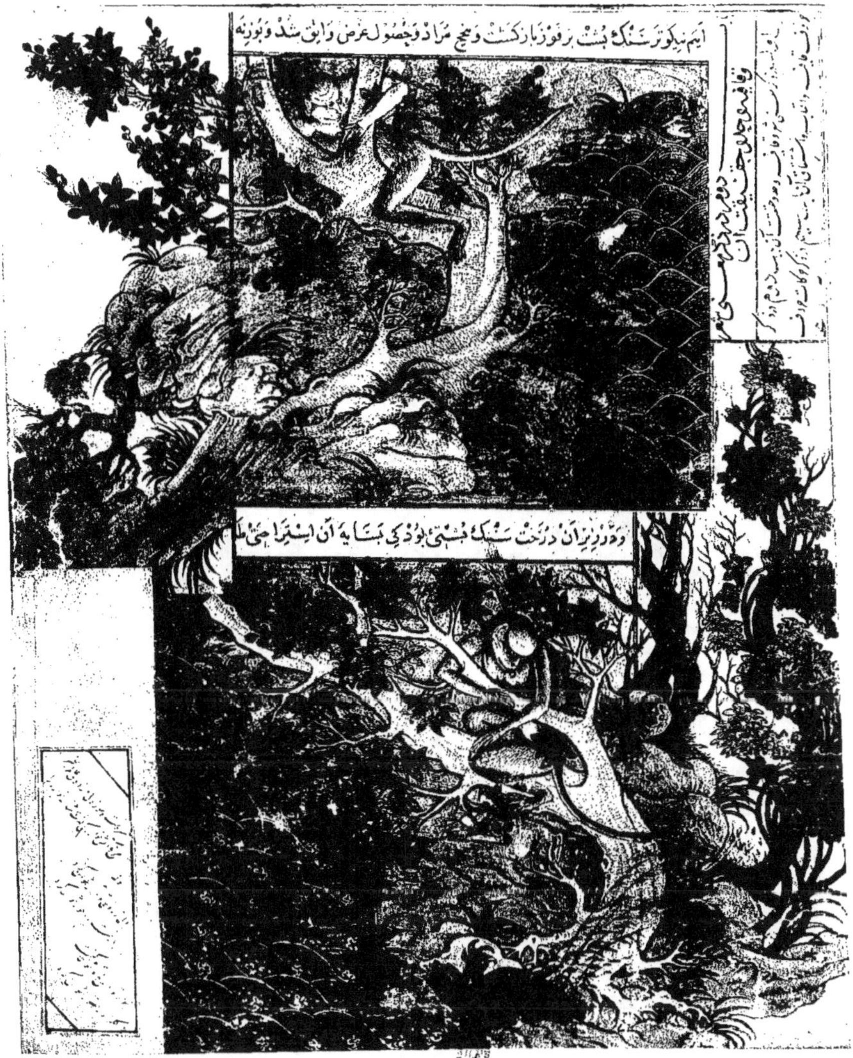

Fig. 6. — PERSE ORIENTALE, XIIe SIÈCLE.
Le singe et la tortue.
Fables de Bidpay.
Bibliothèque de Yildiz, Constantinople.

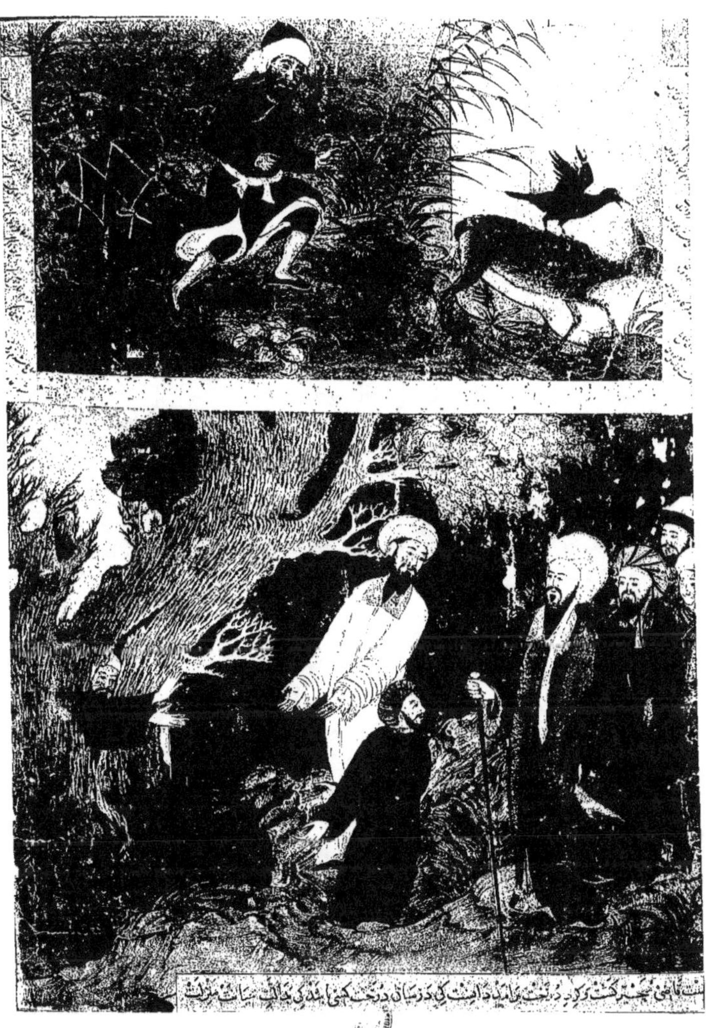

Fig. 7. — PERSE ORIENTALE, XIIe SIÈCLE.
Le juge et le voleur.
Fables de Bidpay.
Bibliothèque de Yildiz, Constantinople.

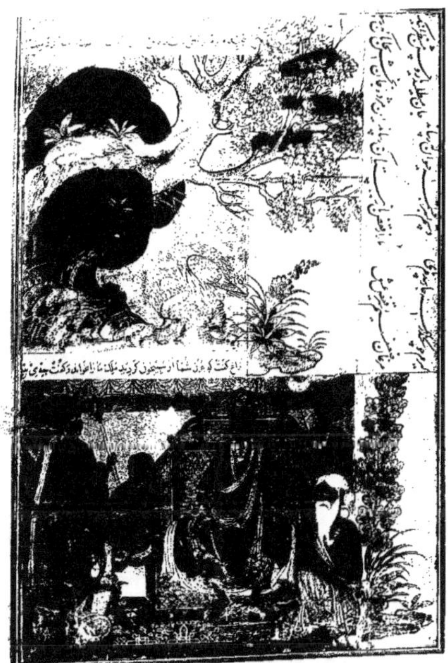

Fig. 8. — ÉCOLE ORIENTALE, XIIe SIÈCLE.
Le Radjah et l'auteur des fables. Le hibou et le corbeau.

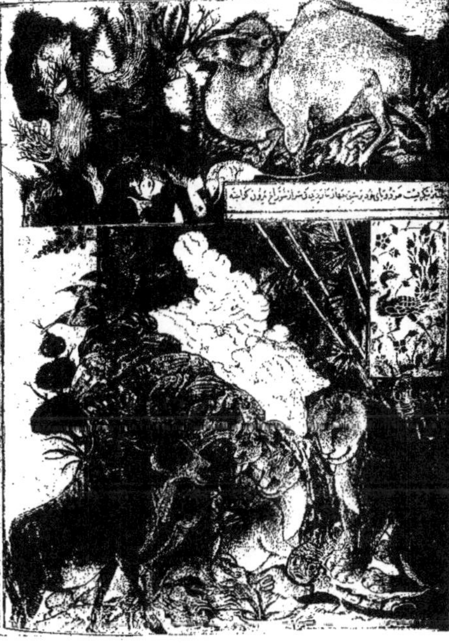

Fig. 9. — ÉCOLE ORIENTALE, XIIe SIÈCLE.
Le lion et le taureau. L'homme et le serpent.

Fables de Bidpay.
Bibliothèque de Yildiz, Constantinople.

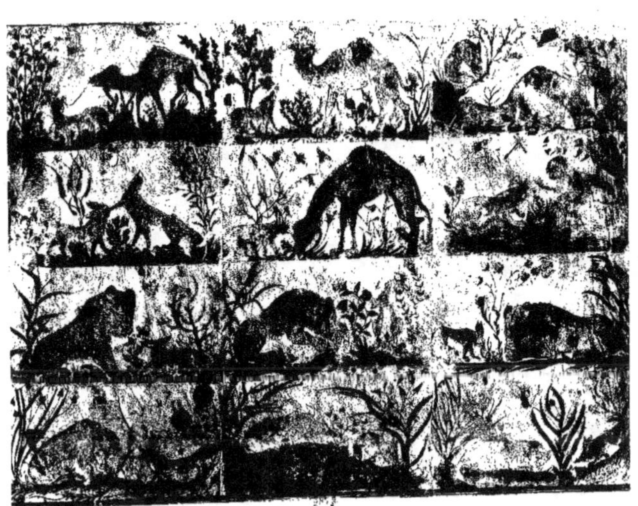

Fig. 10. — PERSE ORIENTALE. XIIᵉ SIÈCLE
Chameaux, lions et renards.
Fables de Bidpay.
Trésor du Vieux-Sérail, Constantinople.

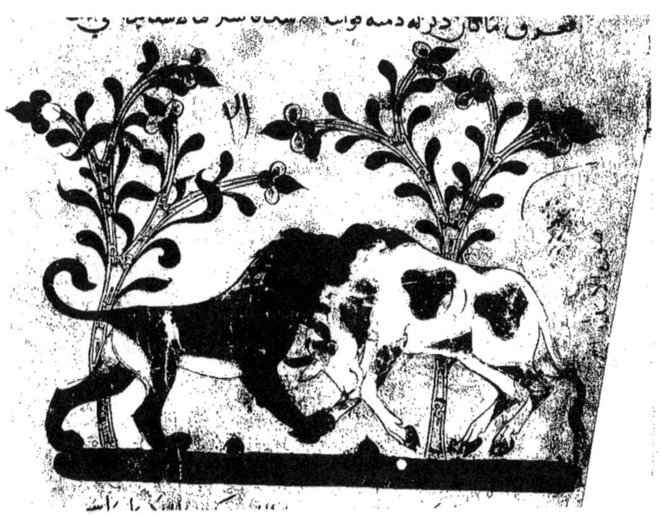

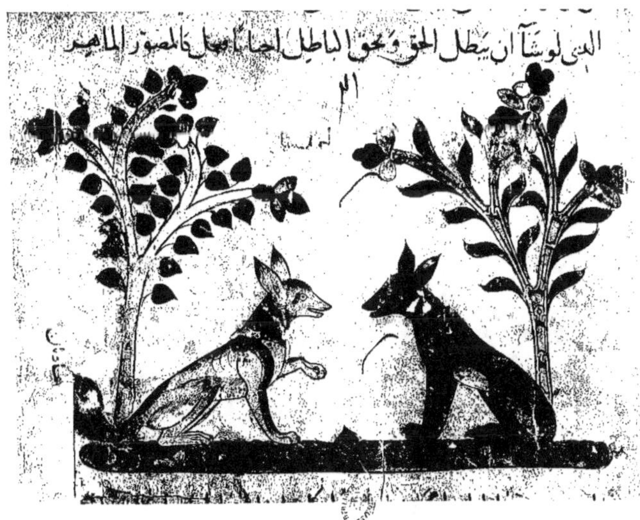

Fig. 11 et 12. — ÉCOLE DE BAGDAD, PREMIÈRE MOITIÉ DU XIIIe SIÈCLE.

Le lion et le taureau. Les deux renards Kélilé et Déminé.

Fables de Bidpay.

Bibliothèque Nationale, Paris.

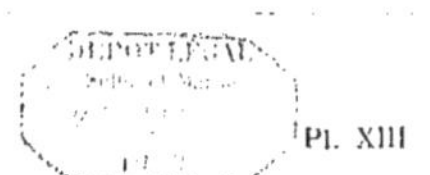

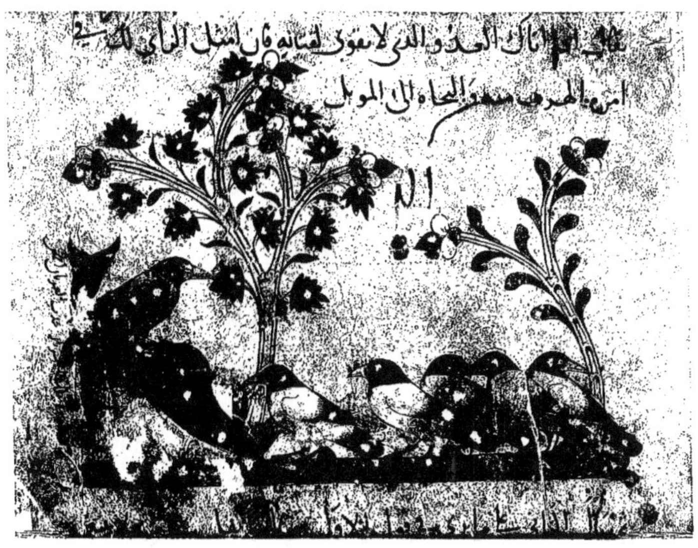

Fig. 13. — ÉCOLE DE BAGDAD, PREMIÈRE MOITIÉ DU XIIIe SIÈCLE.
Les corbeaux.

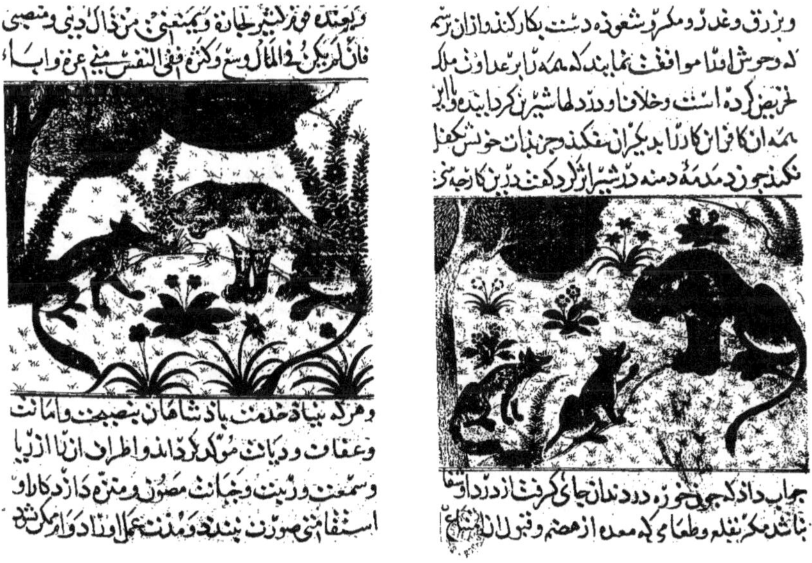

Fig. 14 et 15. — ÉCOLE MONGOLE, 1280.
Le lion et les renards.
Fables de Bidpay.
Bibliothèque Nationale, Paris.

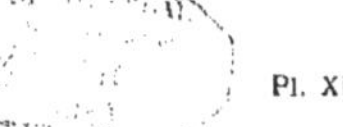

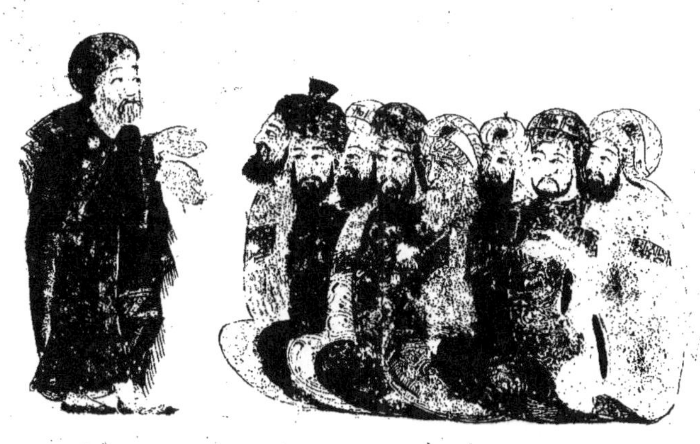

Fig. 18. — ÉCOLE DE BAGDAD, 1237.
Un groupe de personnages.
Hariri Schefer.
Bibliothèque Nationale, Paris.

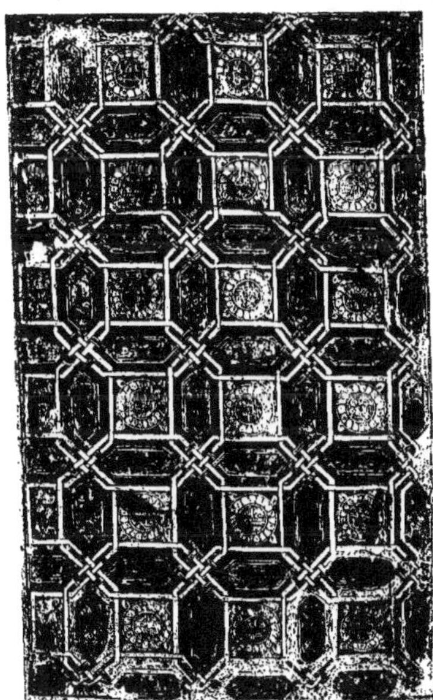

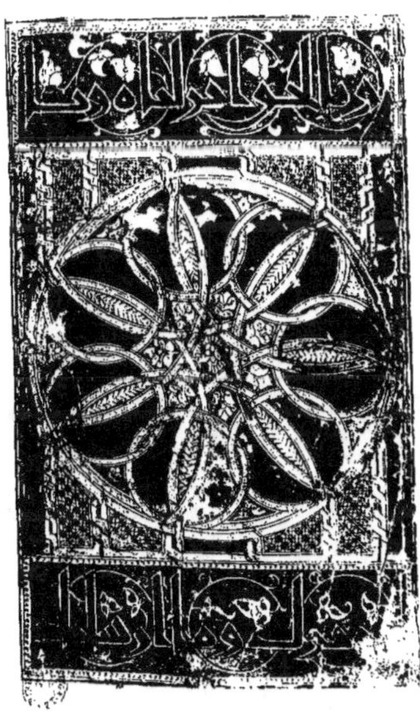

Fig. 16 et 17. — YÉMEN, 1026.
Enluminures d'un coran au nom d'un prince Suleyhide.
Musée de l'Evkaf, Constantinople.

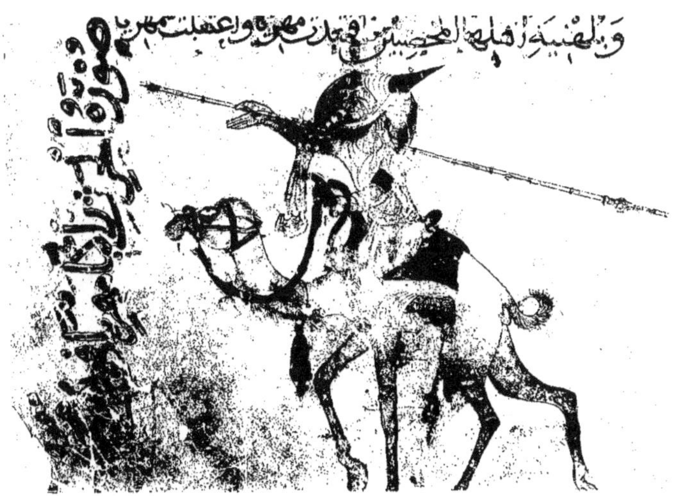

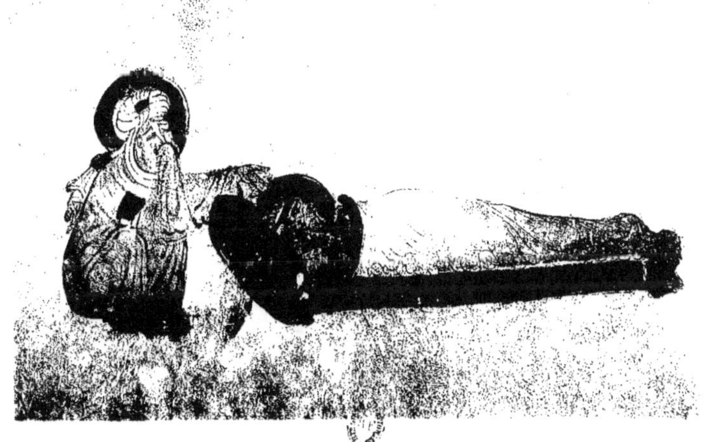

Fig. 19 et 20. — ÉCOLE DE BAGDAD, PREMIÈRE MOITIÉ DU XIIIᵉ SIÈCLE.
Guerrier à chameau. Un mort.
Hariri Saint Waast.
Bibliothèque Nationale. Paris.

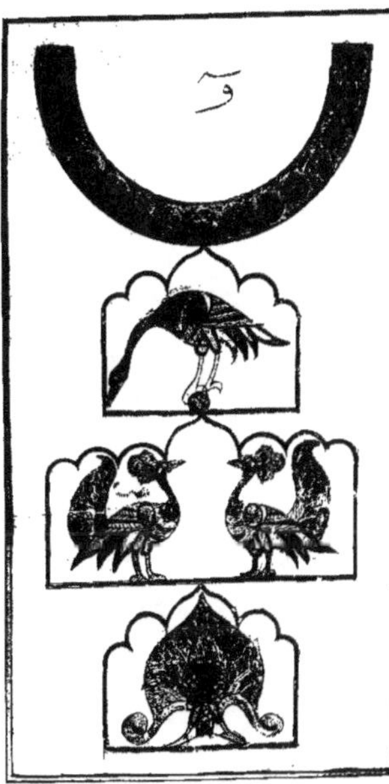

Fig. 21. — ÉCOLE DE BAGDAD, ÉGYPTE, XIVe SIÈCLE.
La pendule aux paons.
Musée du Louvre, Paris.

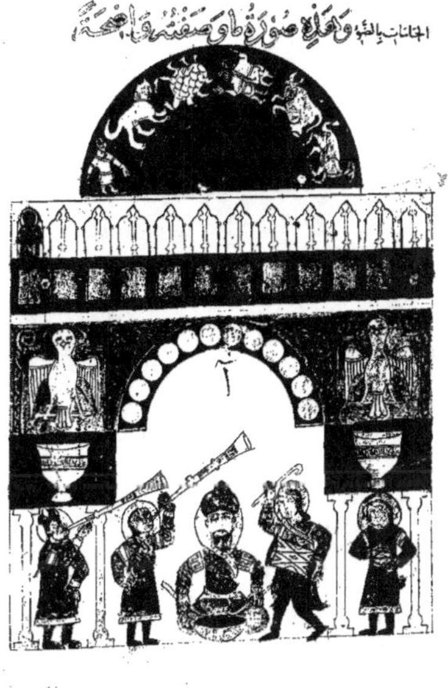

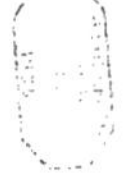

Fig. 22. — ÉCOLE DE BAGDAD, ÉGYPTE, XIVe SIÈCLE.
La clepsydre à automates de Djézir.
Museum of Fine Arts, Boston.

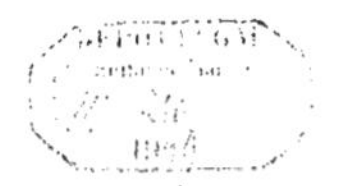

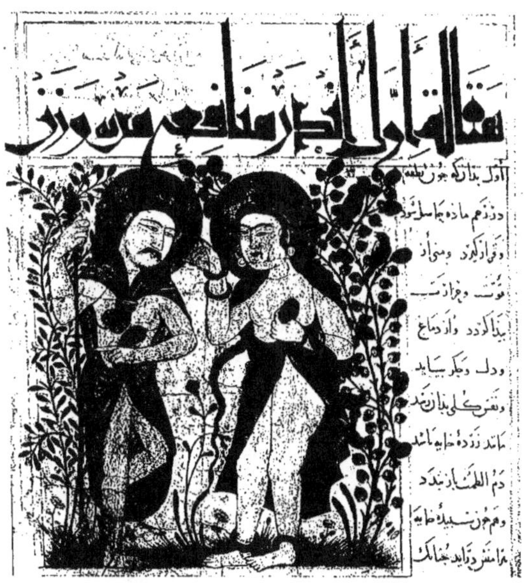

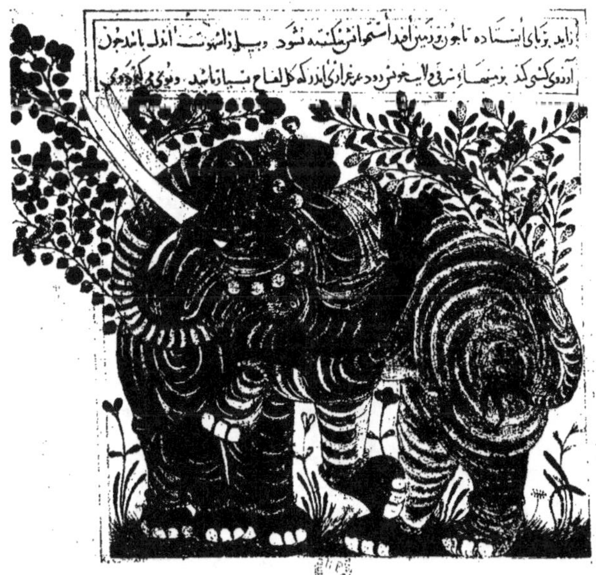

Fig. 23 et 24. — ÉCOLE MONGOLE, 1295.
Adam et Ève. Paire d'éléphants.
Pierpont Morgan Library, New-York.

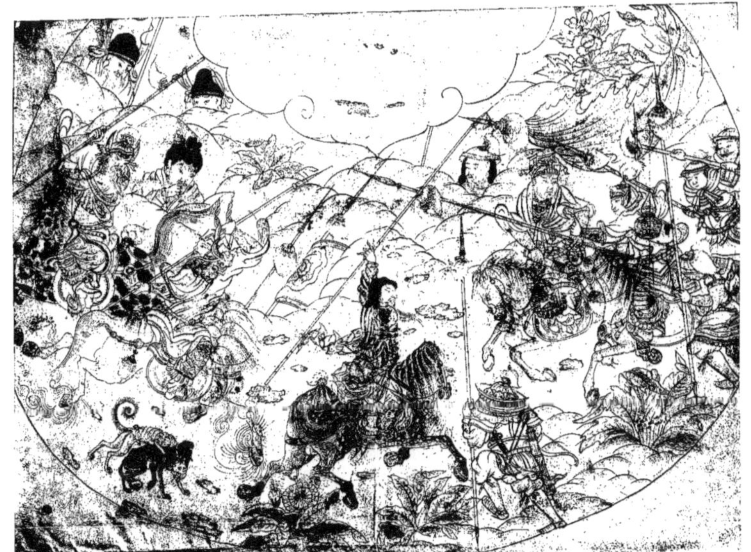

Fig. 25. — CHINE. XVe SIÈCLE.
Fantasia.
Museum of Fine Arts. Boston.

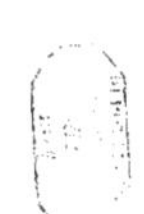

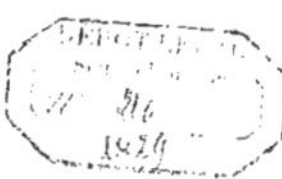

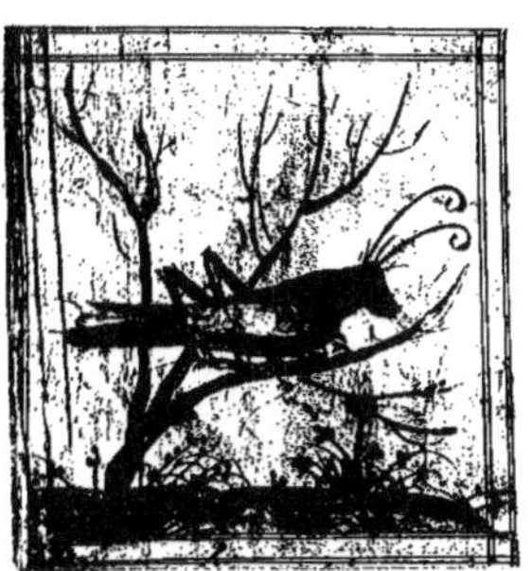

Fig. 26 et 27. — ÉCOLE MONGOLE, 1295.
La Sauterelle. Le Faucon.
Pierpont Morgan Library, New-York.

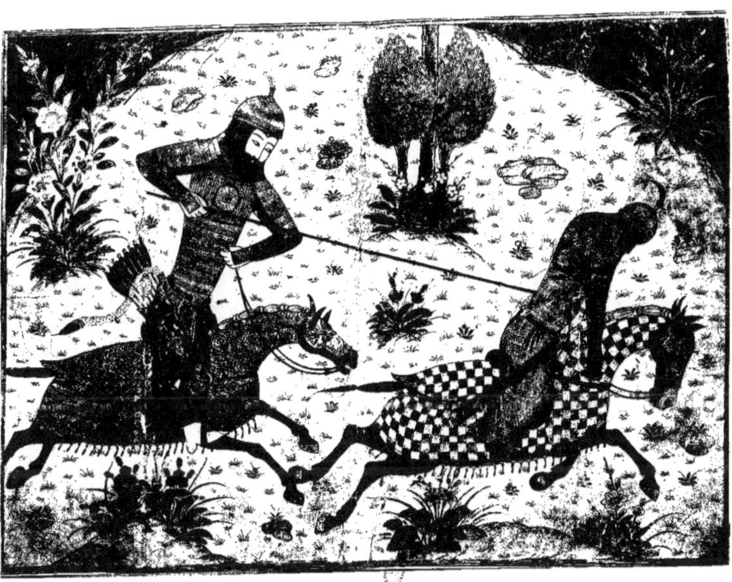 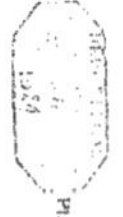

Fig. 38. — ÉCOLE MONGOLE, DÉBUT DU XIVe SIÈCLE.
Le cavalier vaincu. 0,39 × 0,55.
Trésor du Vieux Sérail. Constantinople.

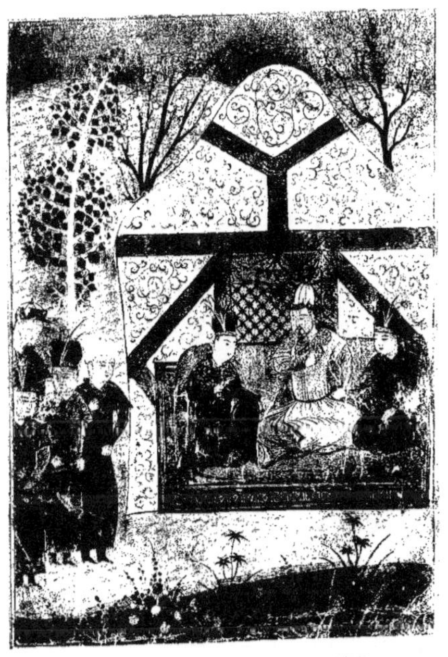

Fig. 29. — ÉCOLE MONGOLE, COMMENCEMENT DU XIVe SIÈCLE.
Oguétal, successeur de Djinguiz Khan, et ses fils.

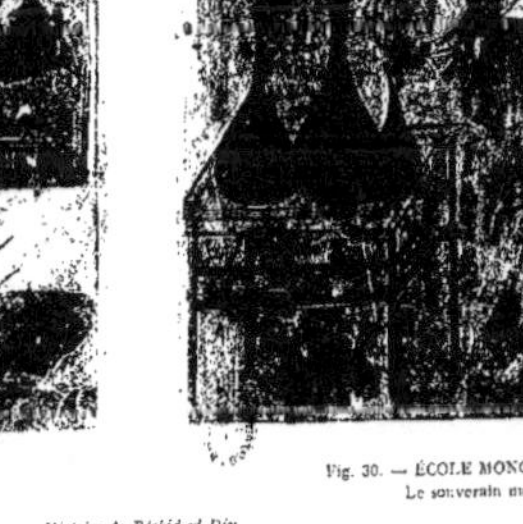

Fig. 30. — ÉCOLE MONGOLE, COMMENCEMENT DU XIVe SIÈCLE.
Le souverain mongol de Perse Ghazan et ses épouses.

Histoire de Réchid-ed-Din.
Bibliothèque Nationale, Paris.

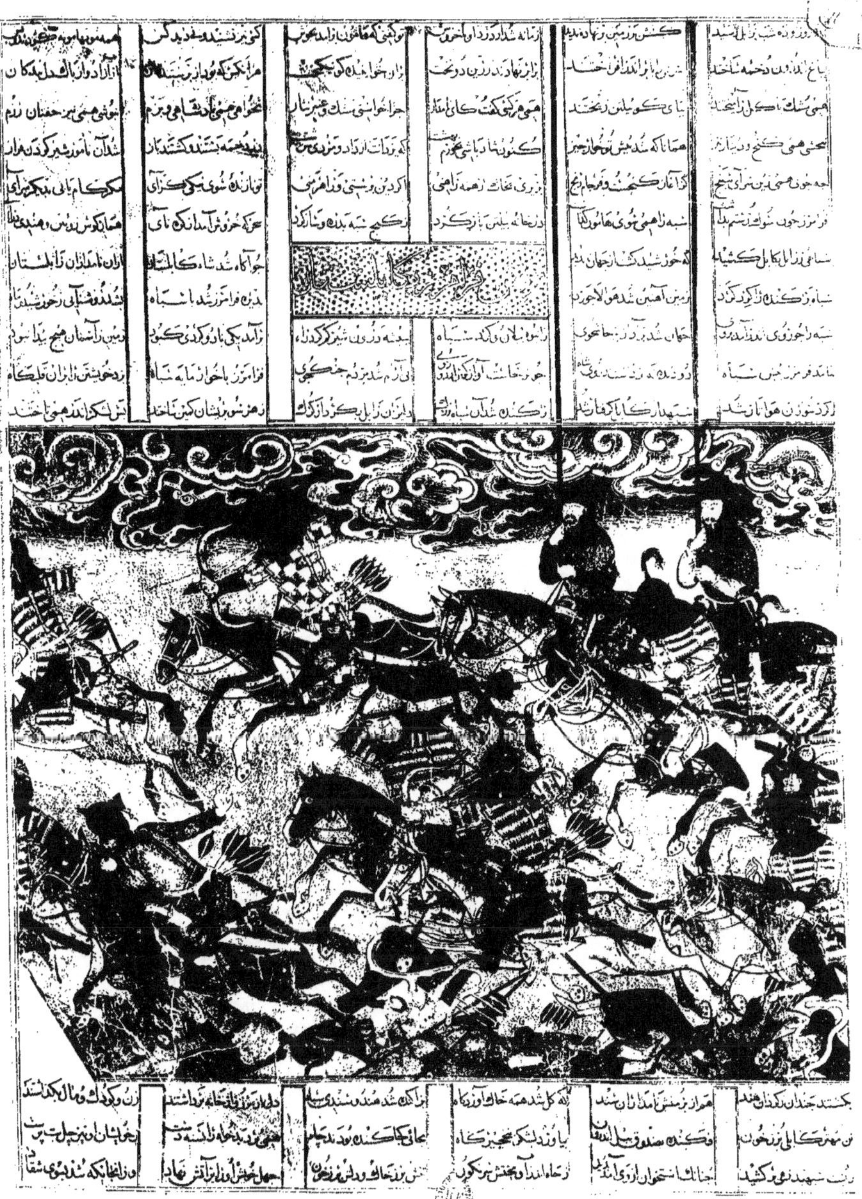

Fig. 31. — ÉCOLE MONGOLE, COMMENCEMENT DU XIVᵉ SIÈCLE.
Poursuite de cavalerie.
Page d'un Livre des Rois.
Musée du Louvre, Paris.

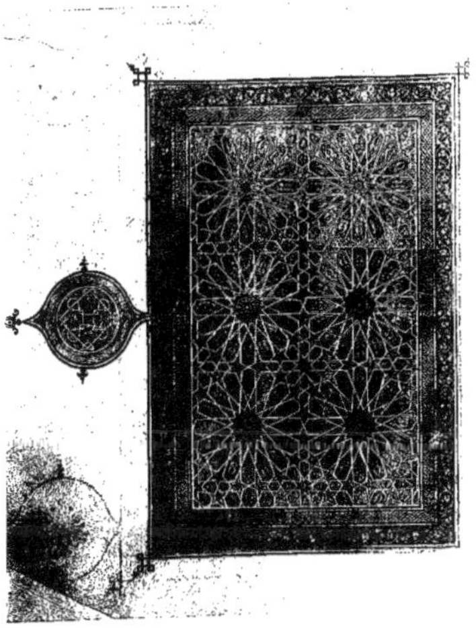

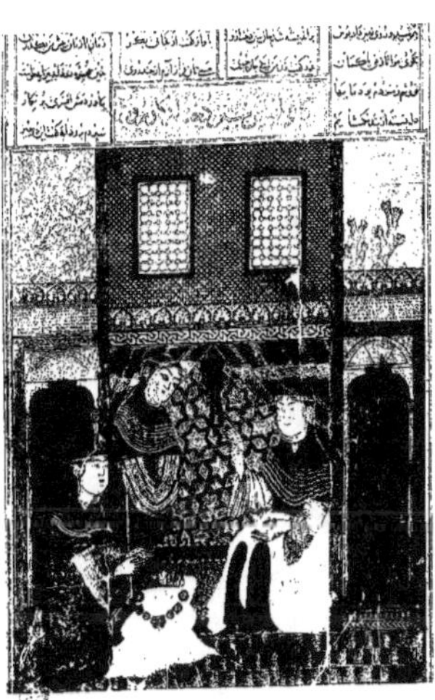
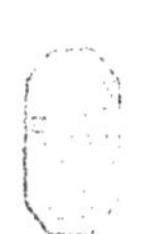

Fig. 32. — ÉCOLE MONGOLE, 1310.
Enluminure d'un Coran au nom d'Ouldjaïtou.
Musée de l'Evkaf, Constantinople.

Fig. 33. — ÉCOLE MONGOLE, COMMENCEMENT DU XIVᵉ SIÈCLE.
Découverte de la correspondance amoureuse de Roudabé.
Page d'un Livre des Rois.
Collection H. Vever.

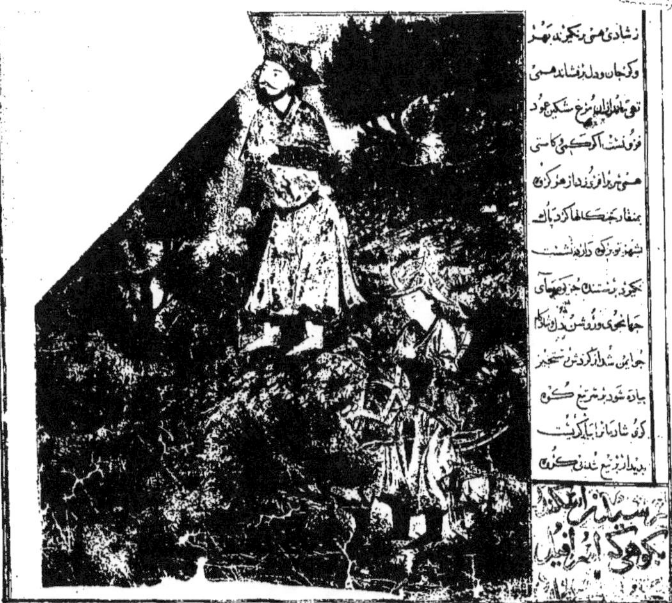

Fig. 34. — ÉCOLE MONGOLE, COMMENCEMENT DU XIVᵉ SIÈCLE.
Alexandre (Iskender).
Page d'un Livre des Rois.
Musée du Louvre. Paris.

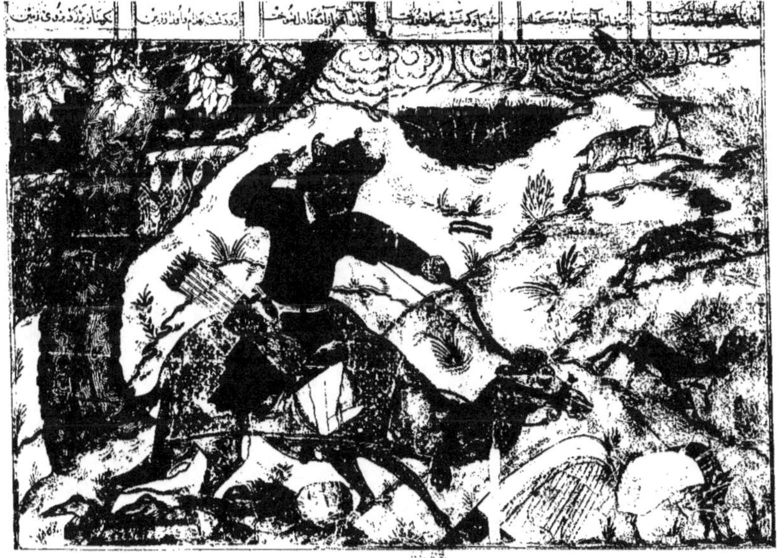

Fig. 35. — ÉCOLE MONGOLE, COMMENCEMENT DU XIVᵉ SIÈCLE.
Exploit de chasse de Behram Gour.
Page d'un Livre des Rois.
Ancienne Collection Demotte.

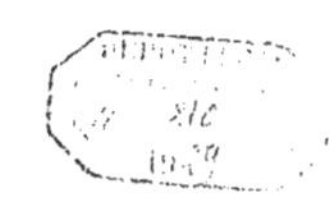

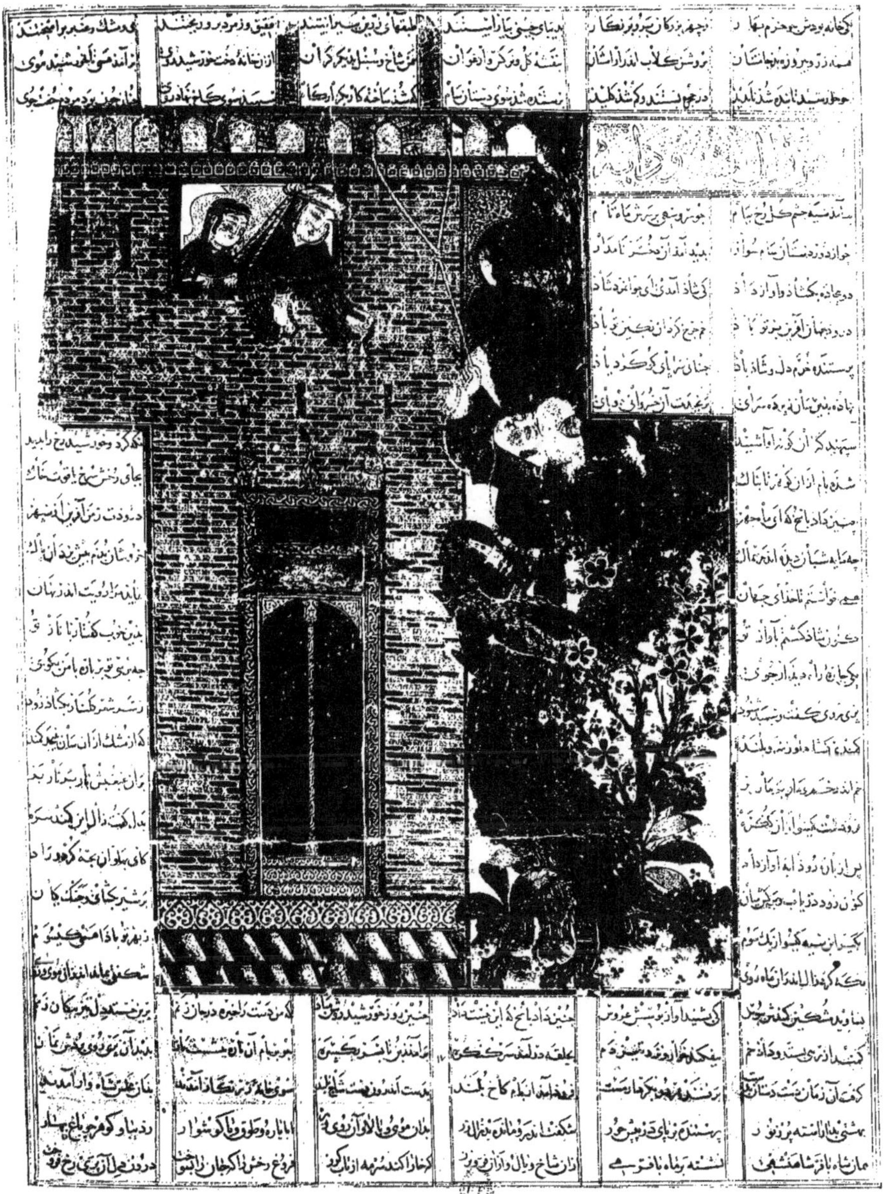

Fig. 36. — ÉCOLE MONGOLE, COMMENCEMENT DU XIVᵉ SIÈCLE.

L'échelle de soie : Zal et Roudabé.

Page d'un Livre des Rois.

Ancienne Collection Demotte.

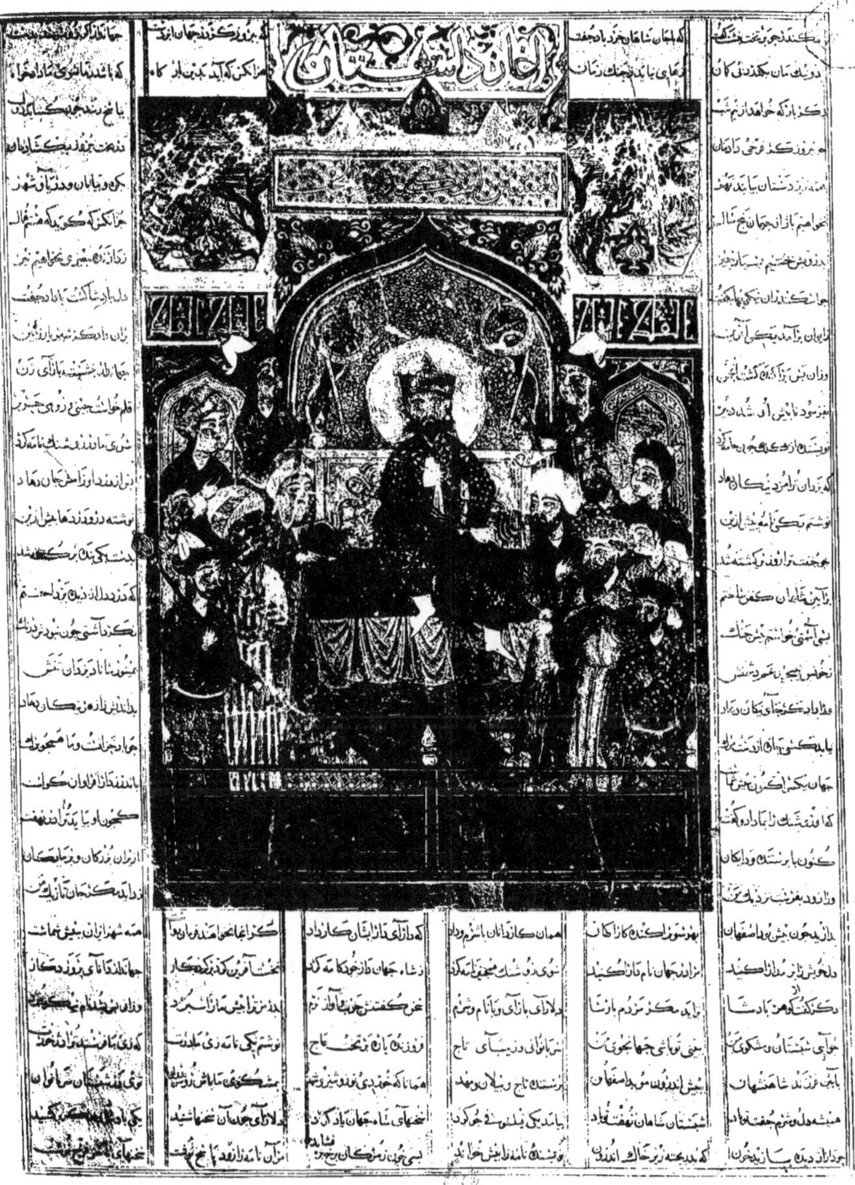

Fig. 37. — ÉCOLE MONGOLE, COMMENCEMENT DU XIVᵉ SIÈCLE.
Alexandre (Iskender) sur son trône.
Page d'un Livre des Rois.
Musée du Louvre, Paris.

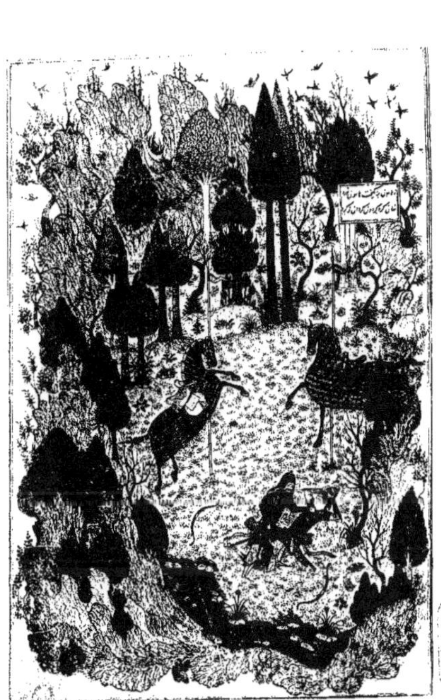

Fig. 38. — ÉCOLE MONGOLE, DJUNÉÏD NAKKACH, BAGDAD, 1397.
Scène dans un jardin.

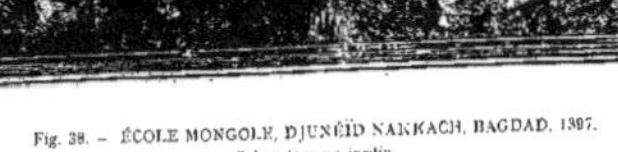

Fig. 39. — ÉCOLE MONGOLE, DJUNÉÏD NAKKACH, BAGDAD, 1397.
Le combat singulier.

Ms. de Khadjou Kirmani.
British Museum, Londres.

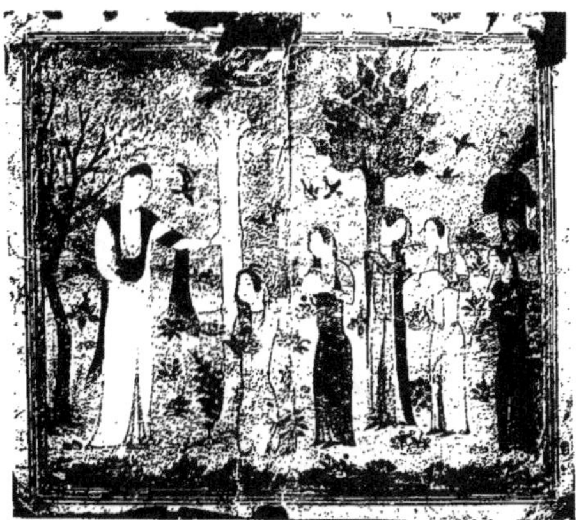

Fig. 41. — ÉCOLE MONGOLE, FIN DU XIVᵉ SIÈCLE.
Délassement dans un jardin.
Collection de l'auteur.

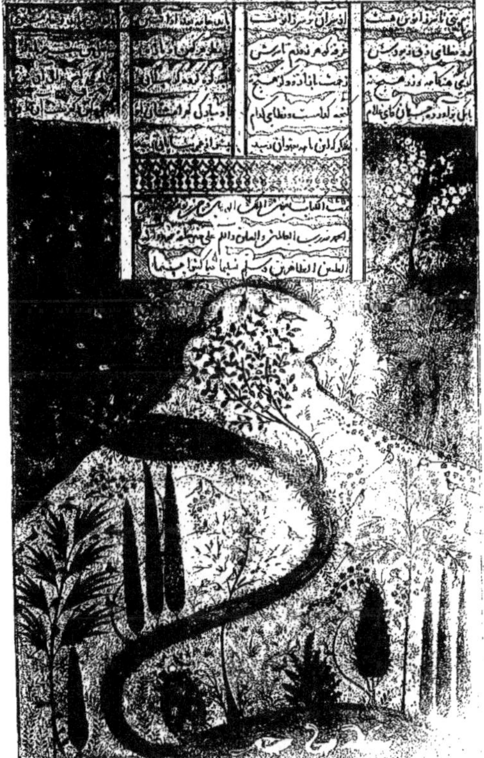

Fig. 40. — ÉCOLE MONGOLE, 1399.
Paysage.
Musée de l'Evkaf, Constantinople.

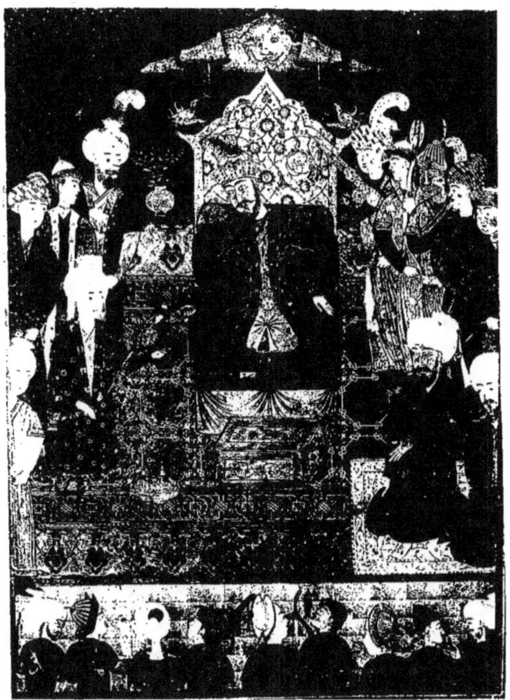

Fig. 42. — ÉCOLE MONGOLE, FIN DU XVe SIÈCLE.
Souverain au milieu de sa cour.
Livre des Rois d'Ali Mirza, frère de Chah Ismaïl,
Musée de l'Evkaf. Constantinople.

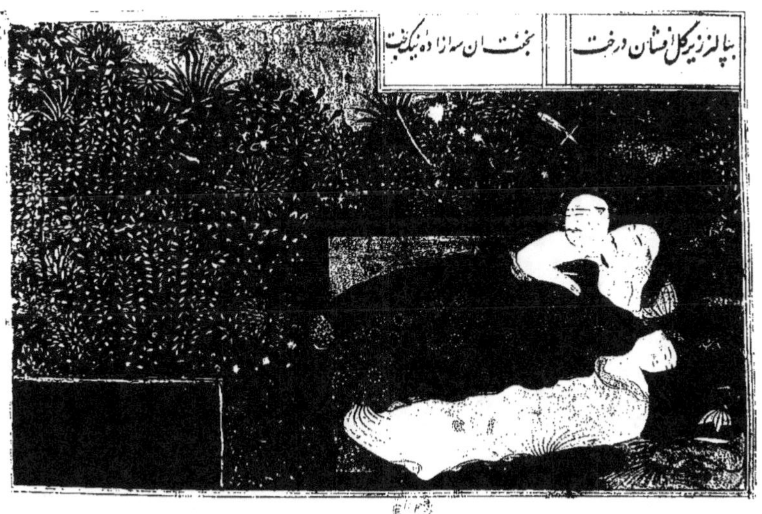

Fig. 43 — ÉCOLE MONGOLE, FIN DU XVe SIÈCLE.
Personnages endormis dans un jardin.
Livre des Rois d'Ali Mirza, frère de Chah Ismaïl
Musée de l'Evkaf. Constantinople.

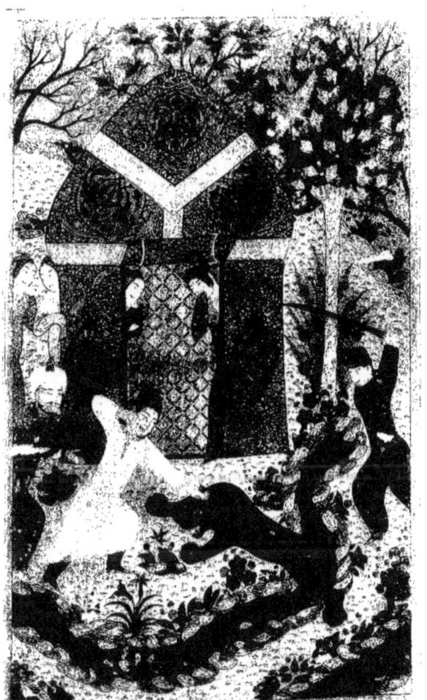
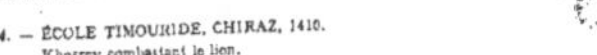

Fig. 44. — ÉCOLE TIMOURIDE, CHIRAZ, 1410.
Khosrev combattant le lion.

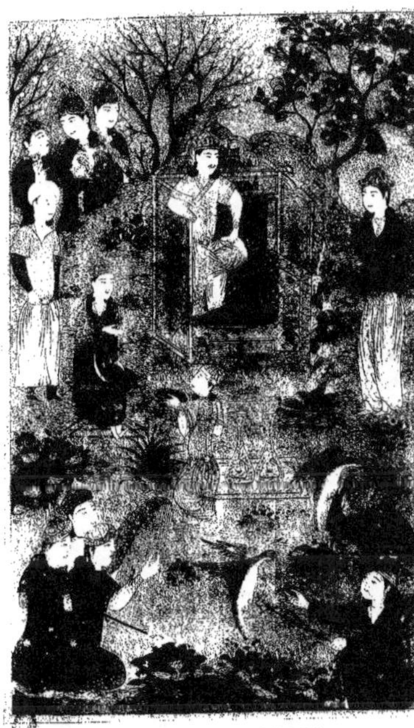

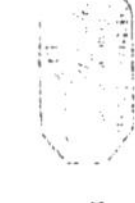

Fig. 45. — ÉCOLE TIMOURIDE, CHIRAZ, 1410.
La cour de Khosrev.

Anthologie au nom d'Iskender Sultan.
Collection C. Gulbenkian.

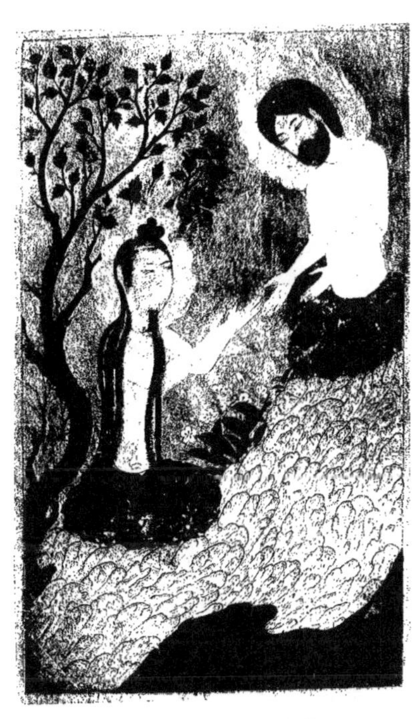

Fig. 46. — ÉCOLE TIMOURIDE, CHIRAZ, 1410.
Adam et Ève.

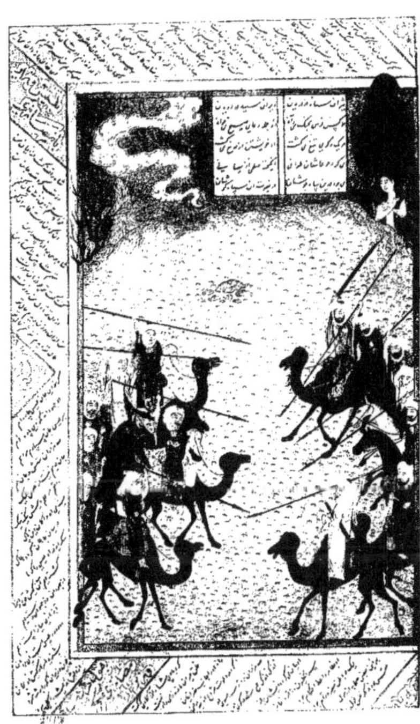

Fig. 47. — ÉCOLE TIMOURIDE, CHIRAZ, 1410.
Bataille des partisans de Medjnoun et de Leïla.

Anthologie au nom d'Iskender Sultan.
Collection C. Gulbenkian.

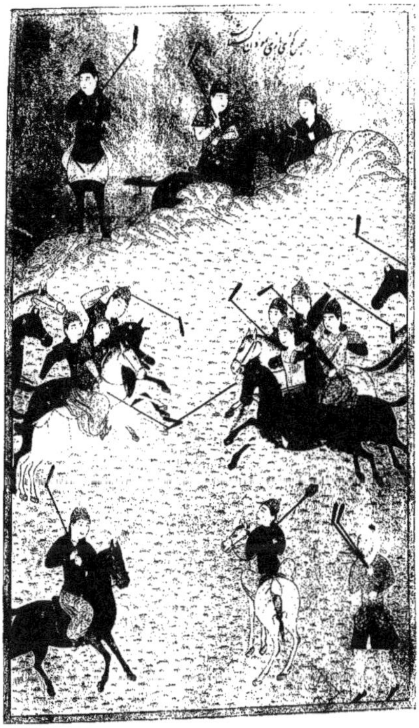

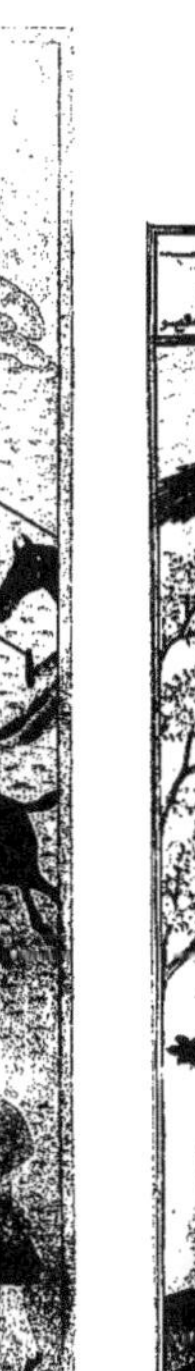

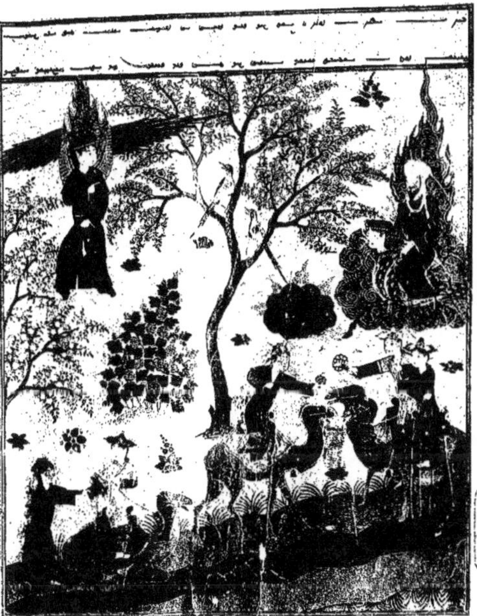

Fig. 48. — ÉCOLE TIMOURIDE, CHIRAZ, 1410.
Partie de Polo.
Anthologie au nom d'Iskender Sultan.
Collection C. Gulbenkian.

Fig. 49. — ÉCOLE DE HÉRAT, 1436.
Mahomet et les houris, Miradjnamé.
Bibliothèque Nationale, Paris.

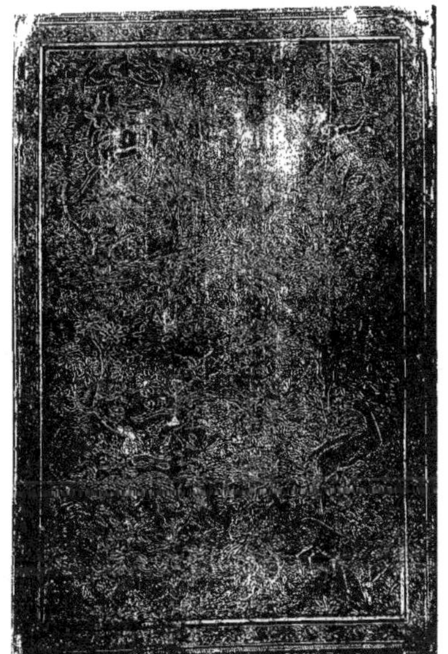

Fig. 50. — ÉCOLE DE HÉRAT.
Plat de reliure d'un Ms de 1438 au nom de Chah-Rokh.
Bibliothèque de Vieux-Sérail, Constantinople.

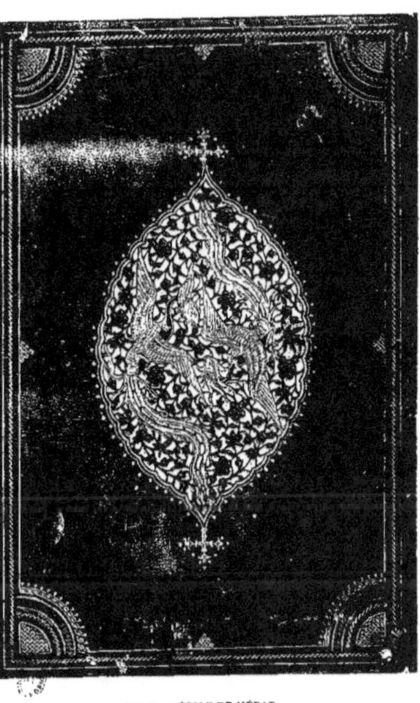

Fig. 51. — ÉCOLE DE HÉRAT.
Intérieur de reliure à phénix d'un Ms de 1446.
Musée de l'Évkaf, Constantinople.

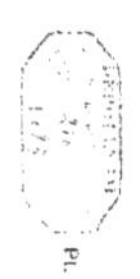

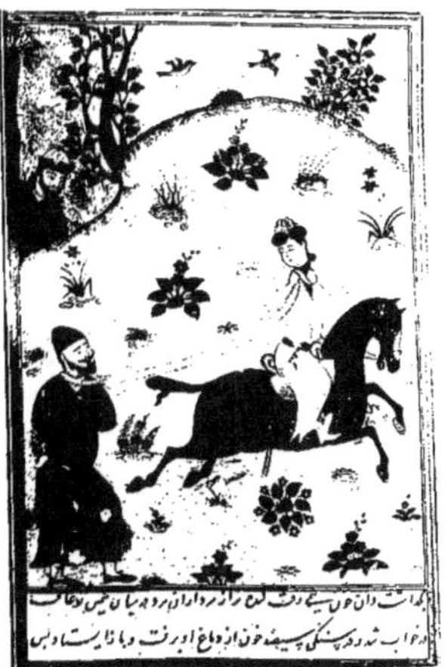

Fig. 52. — ÉCOLE DE HÉRAT, 1431.
Cavalier traînant un prisonnier.
Ms au nom de Baïsonnkour Mirza.
Musée de l'Evkaf, Constantinople.

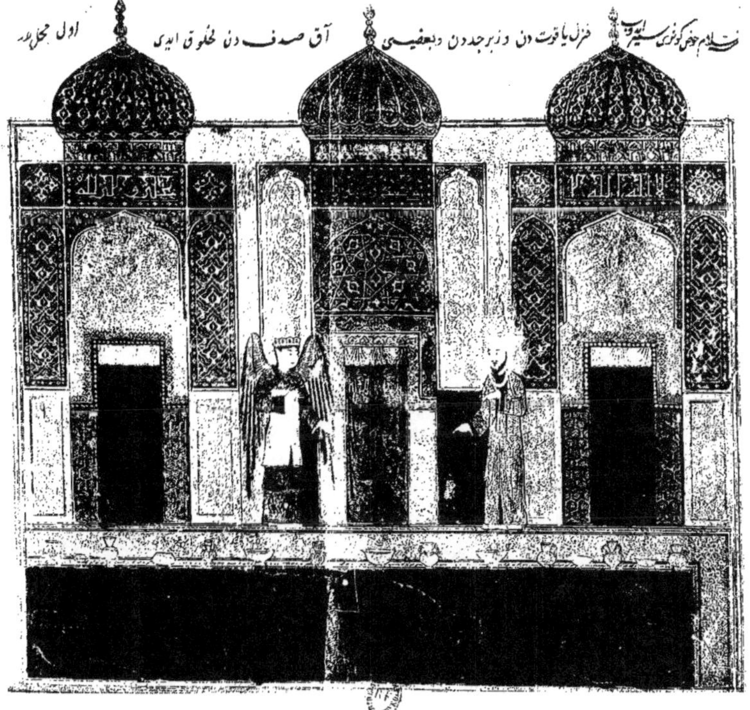

Fig. 53. — ÉCOLE DE HÉRAT, 1436.
Mahomet devant le bassin de Kevther. *Miradjnamé.*
Bibliothèque Nationale, Paris.

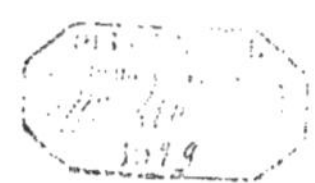

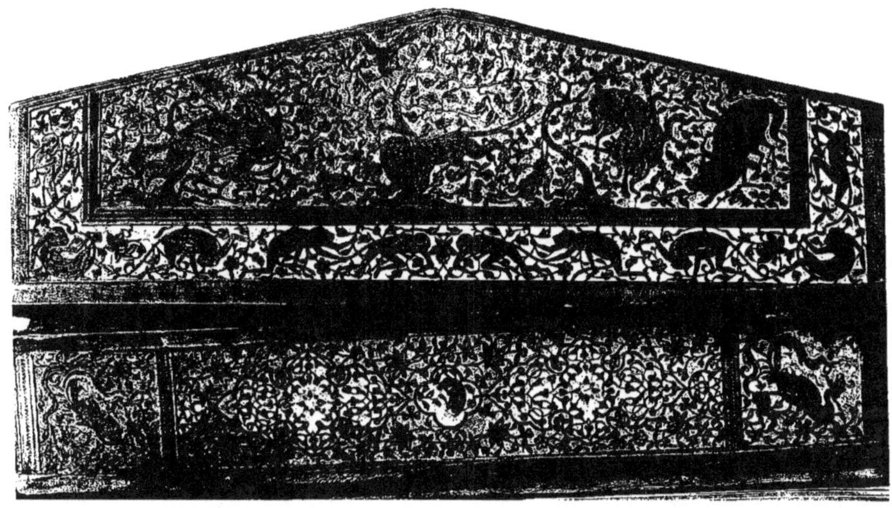

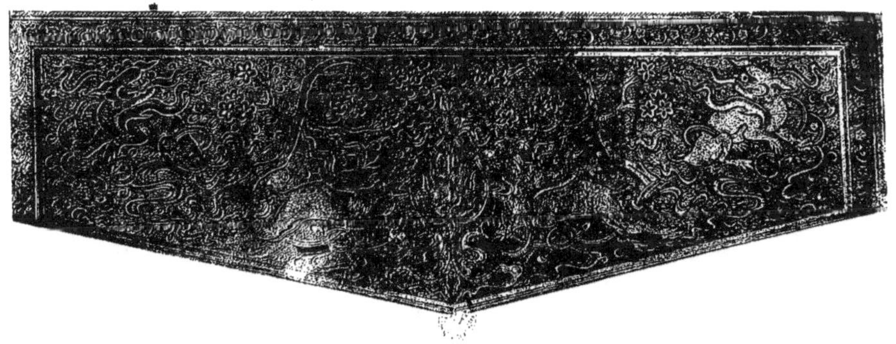

Fig. 54 et 55. — ÉCOLE DE HÉRAT, 1438.
Intérieur et extérieur de rabat.
Ms. d'Attar au nom de Chah-Rokh.
Bibliothèque du Vieux-Sérail, Constantinople.

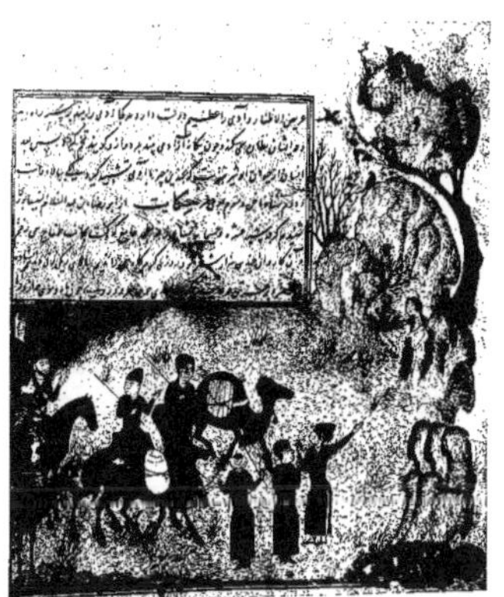

Fig. 56. — ÉCOLE DE HÉRAT. 1431.
Caravane arrêtée.

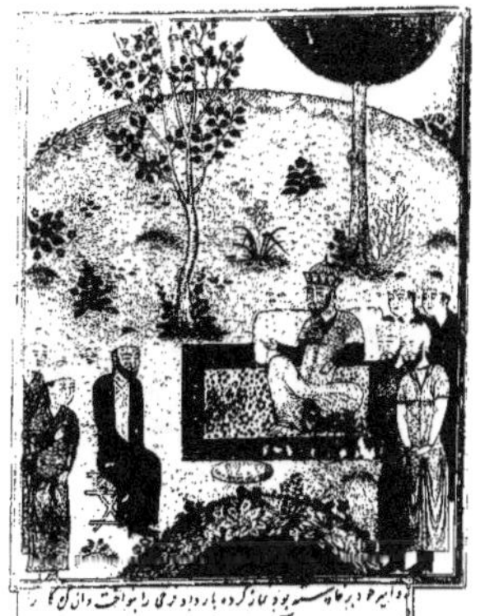

Fig. 57. — ÉCOLE DE HÉRAT. 1431.
Une audience.

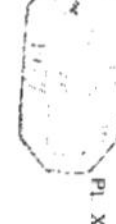

Manuscrit au nom de Baïssunkour Mirza.
Musée de l'Evkaf, Constantinople.

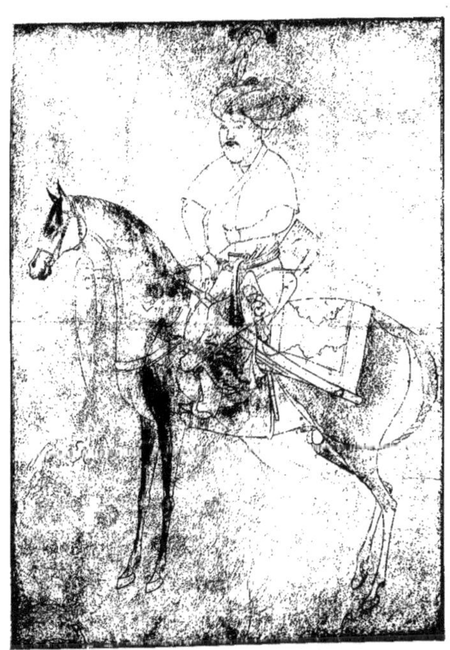

Fig. 58. — ÉCOLE DE HÉRAT, BEHZAD, VERS 1468.
Portrait équestre de Sultan Husséin Mirza.
Museum of Fine Arts, Boston.

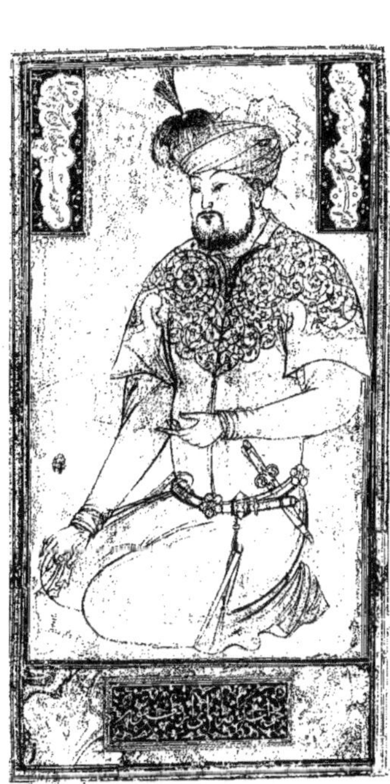

Fig. 59. — ÉCOLE DE HÉRAT, BEHZAD, VERS 1485.
Portrait de Sultan Husséin Mirza.
Collection L. Cartier.

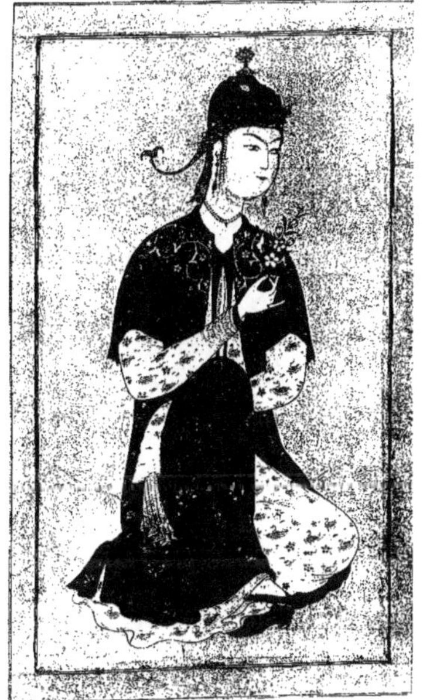

Fig. 60. — ÉCOLE DE HÉRAT, FIN DU XVe SIÈCLE.
Portrait d'une princesse.
Collection L. Cartier.

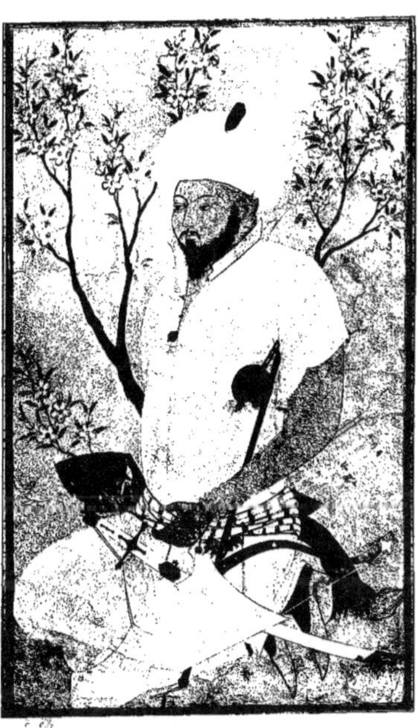

Fig. 61. — ÉCOLE DE HÉRAT, FIN DU XVe SIÈCLE.
Portrait d'un émir.
Museum of Fine Arts, Boston.

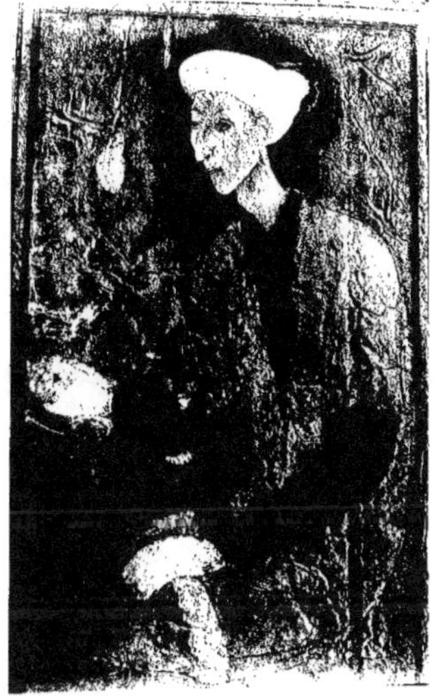

Fig. 62. — ÉCOLE DE HÉRAT, DEUXIÈME MOITIÉ DU XVe SIÈCLE.
Le Prince poète Gharib Mirza, fils de Sultan Husséïn Mirza.
Bibliothèque de Yildiz, Constantinople.

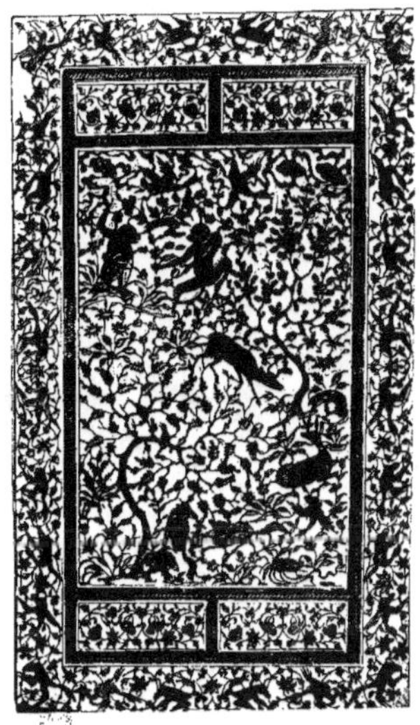

Fig. 63. — ÉCOLE DE HÉRAT, 1482.
Intérieur d'une reliure de Mesnévi au nom de Sultan Husséïn Mirza.
Musée de l'Evkaf, Constantinople.

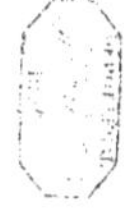

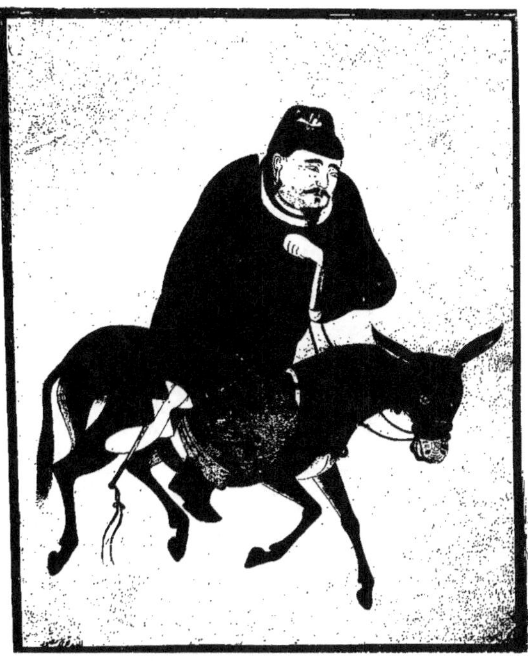

Fig. 64. — ÉCOLE DE HÉRAT, XVe SIÈCLE.
Kadimi. Copie d'après le chinois.
Bibliothèque de Yildiz, Constantinople.

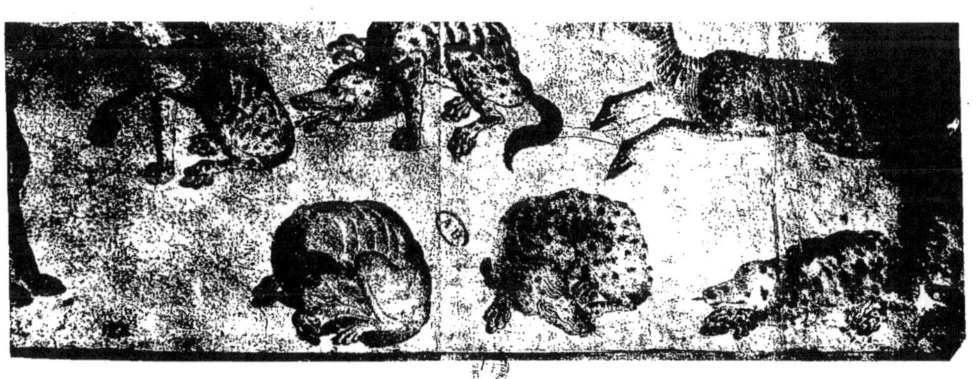

Fig. 65. — DESSIN CHINOIS, OU COPIE D'APRÈS LE CHINOIS.
Chiens loups (0,15 × 0,50).
Trésor du Vieux-Sérail, Constantinople.

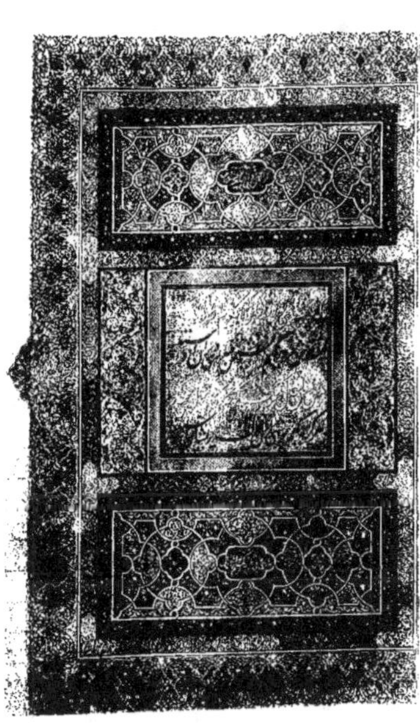

Fig. 66. — ÉCOLE DE HÉRAT, FIN DU XVe SIÈCLE.
Enluminure des poésies de Sultan Hussein Mirza.
Musée de l'Evkaf, Constantinople.

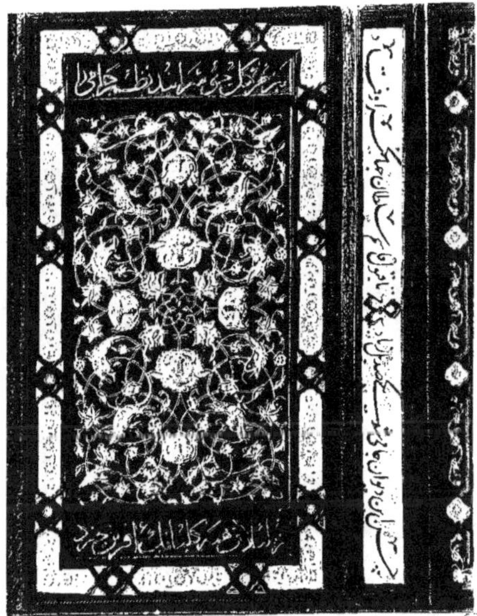

Fig. 67. — ÉCOLE DE HÉRAT, FIN DU XVe SIÈCLE.
Reliure à grotesques pour les œuvres du poète Djami.
Bibliothèque Nationale, Paris.

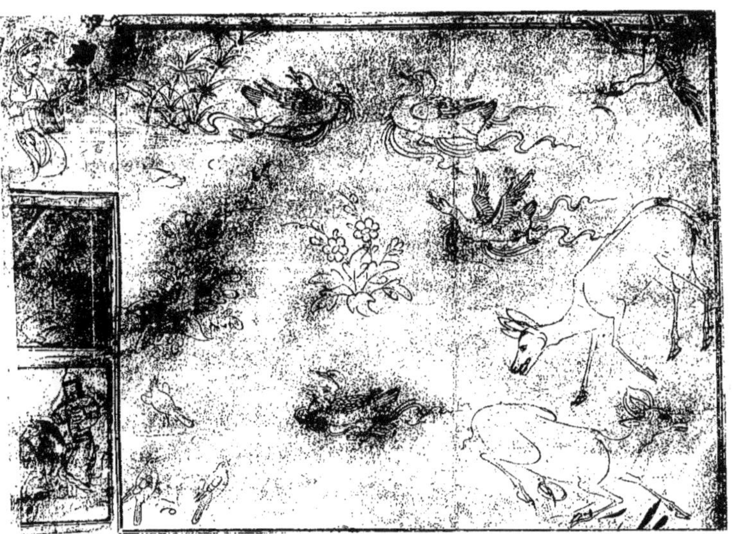

Fig. 68. — ÉCOLE DE HÉRAT, PREMIÈRE MOITIÉ DU XVᵉ SIÈCLE.
Dessin dans le style chinois. Canards et cerfs.
Trésor du Vieux-Sérail, Constantinople.

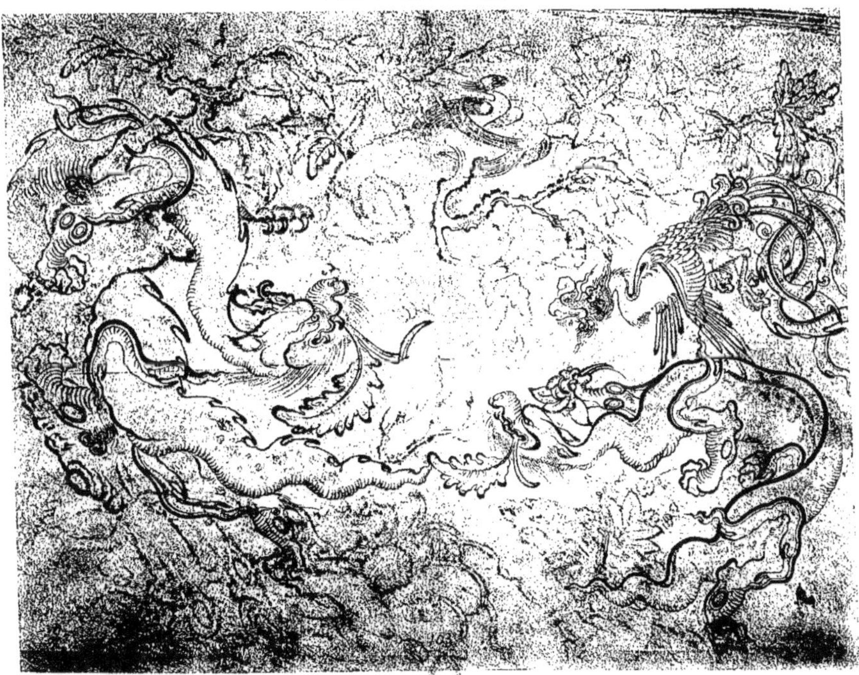

Fig. 69. — ÉCOLE DE HÉRAT, PREMIÈRE MOITIÉ DU XVᵉ SIÈCLE.
Dessin dans le style chinois. Dragons et phénix.
Trésor du Vieux-Sérail, Constantinople.

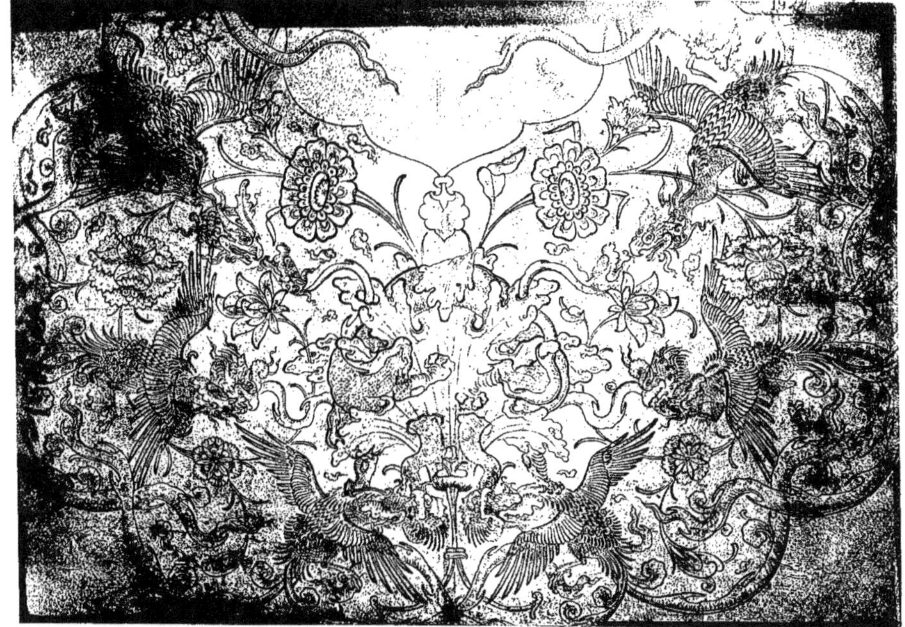

Fig. 70. — ÉCOLE DE HÉRAT, PREMIÈRE MOITIÉ DU XVᵉ SIÈCLE.
Dessin dans le style chinois. Phénix et dragons.
Trésor du Vieux-Sérail, Constantinople.

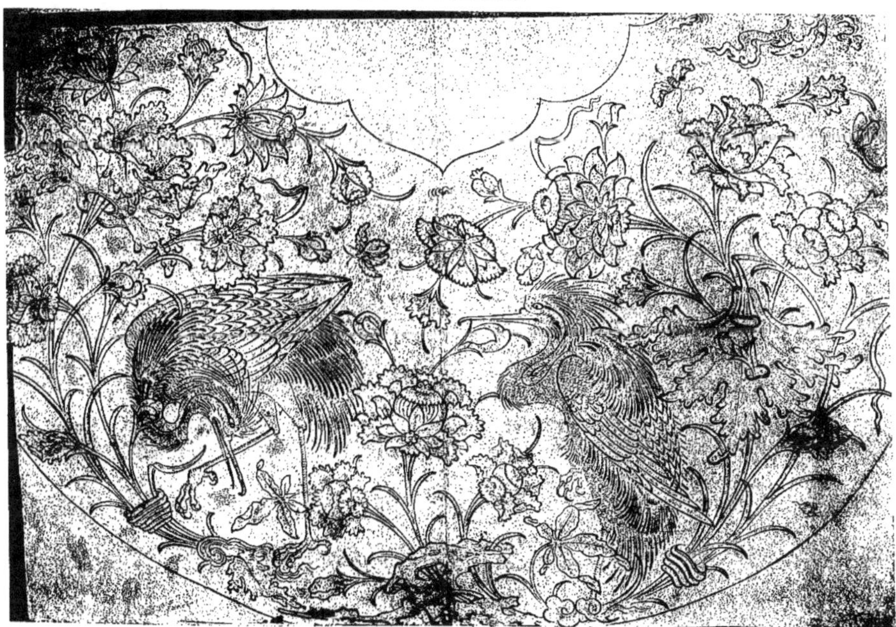

Fig. 71. — ÉCOLE DE HÉRAT, PREMIÈRE MOITIÉ DU XVᵉ SIÈCLE.
Dessin dans le style chinois. Grues et lotus.
Trésor du Vieux-Sérail, Constantinople.

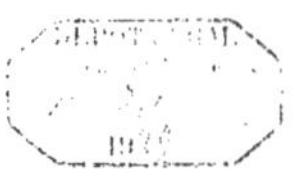

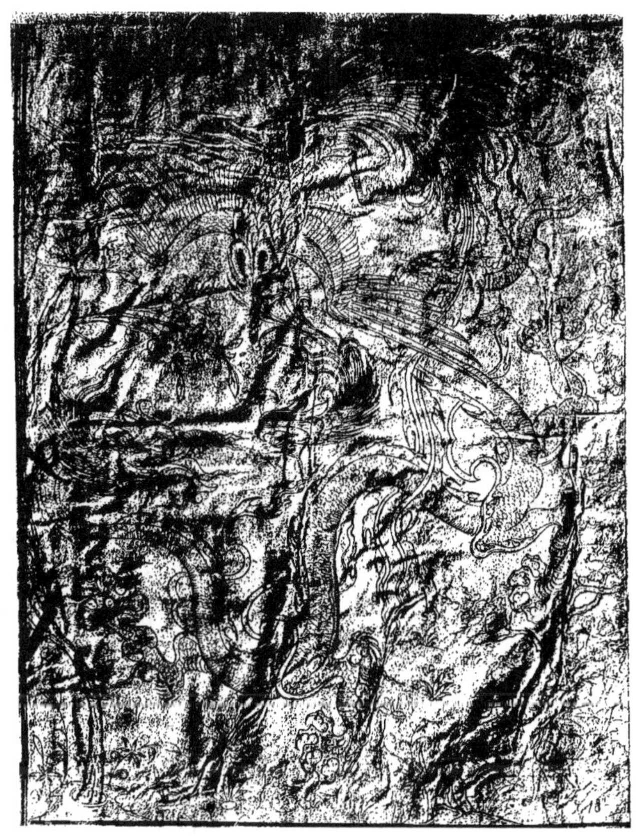

Fig. 73. — ÉCOLE DE HÉRAT, PREMIÈRE MOITIÉ DU XVe SIÈCLE.
Hussein de Chiraz. Dragon et phénix dans le style chinois.
Trésor du Vieux-Sérail, Constantinople.

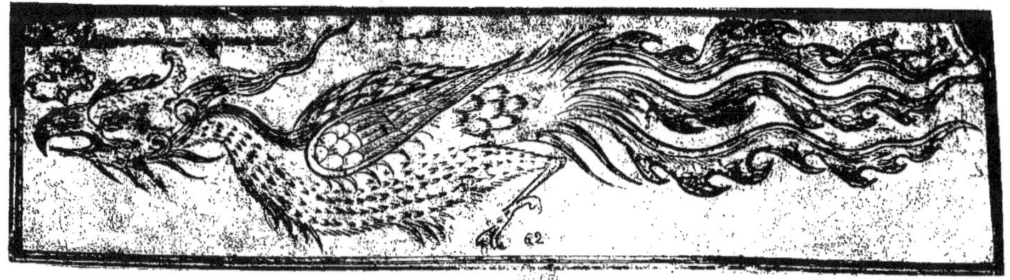

Fig. 72. — ÉCOLE DE HÉRAT, PREMIÈRE MOITIÉ DU XVe SIÈCLE.
Phénix.
Trésor du Vieux-Sérail, Constantinople.

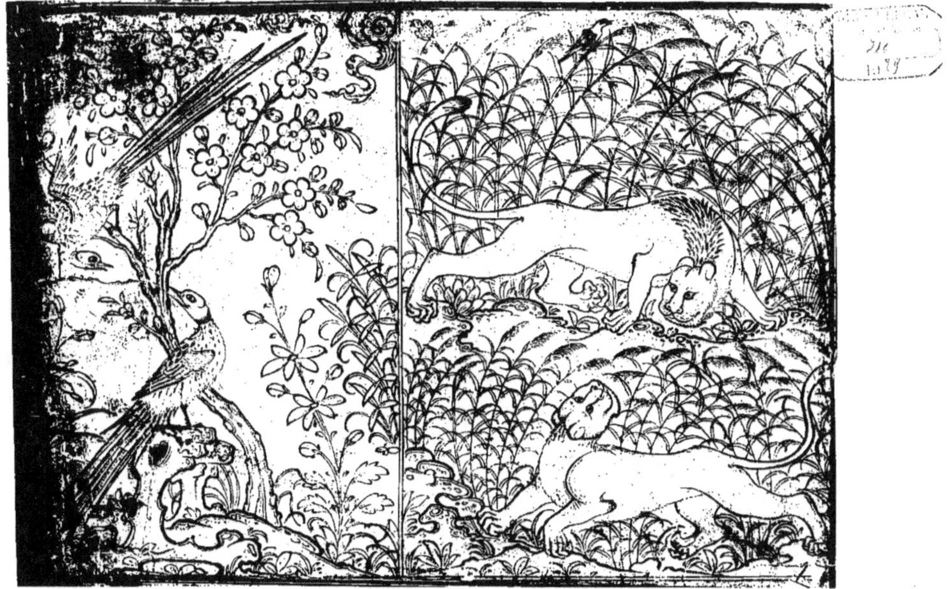

Fig. 74. — ÉCOLE DE HÉRAT, PREMIÈRE MOITIÉ DU XVe SIÈCLE.
Dessin de lions et d'oiseaux.
Trésor du Vieux-Sérail, Constantinople.

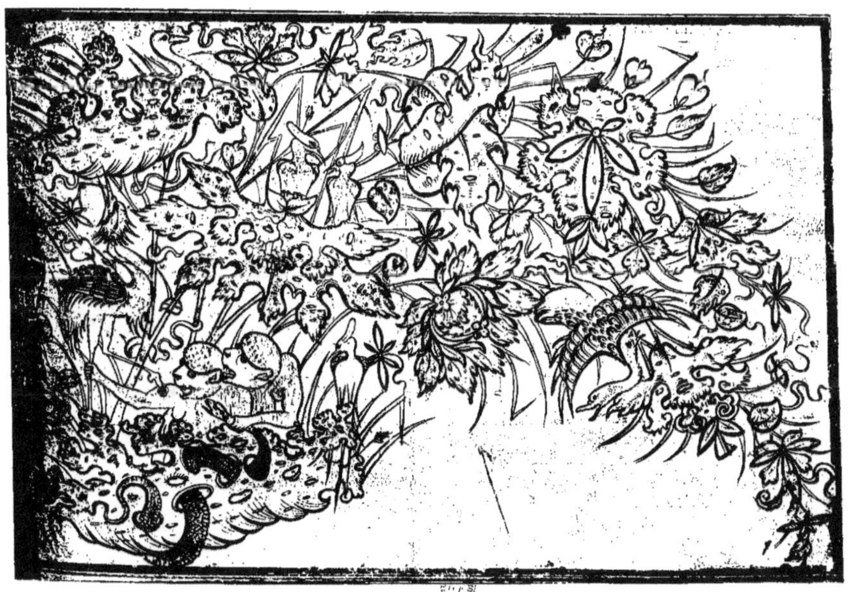

Fig. 75. — ÉCOLE DE HÉRAT, PREMIÈRE MOITIÉ DU XVe SIÈCLE.
Singes, oiseaux et serpents, entremêlés de végétation.
Trésor du Vieux-Sérail, Constantinople.

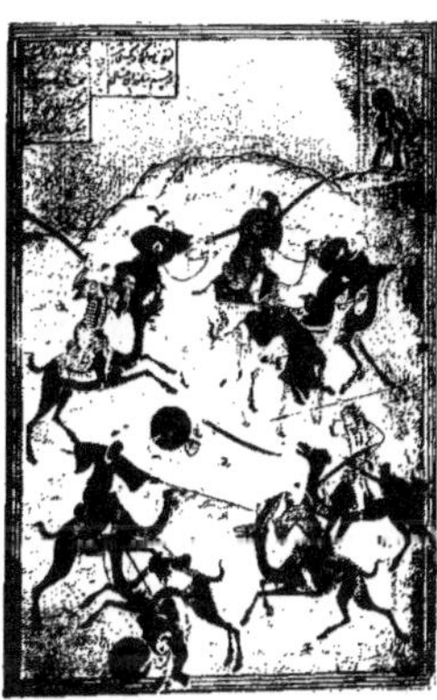

Fig. 76. — ÉCOLE DE HÉRAT, BEHZAD, DEUXIÈME
MOITIÉ DU XVe SIÈCLE.
Medjnoun et la bataille livrée par ses partisans.

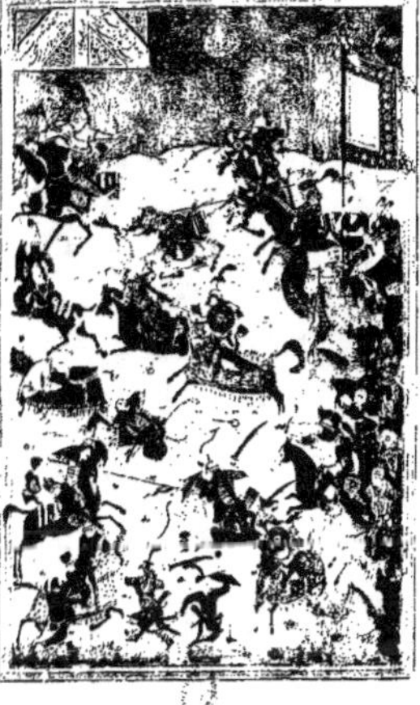

Fig. 78. — ÉCOLE DE HÉRAT, BEHZAD, DEUXIÈME
MOITIÉ DU XVe SIÈCLE.
Bataille de cavalerie.

British Museum, Londres.

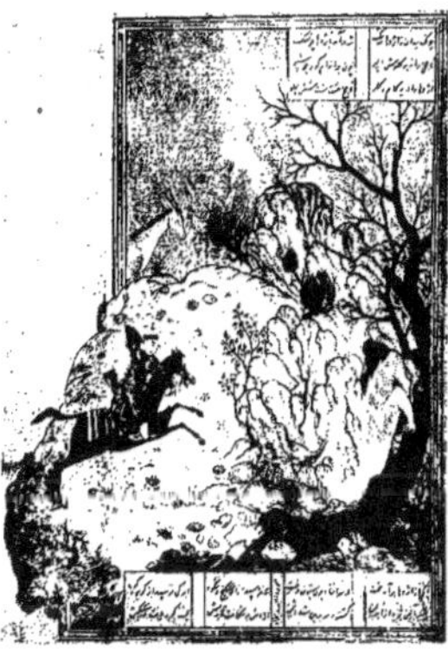

Fig. 77. — ÉCOLE DE HÉRAT, BEHZAD, DEUXIÈME
MOITIÉ DU XVe SIÈCLE.
Behram Gour et le dragon.

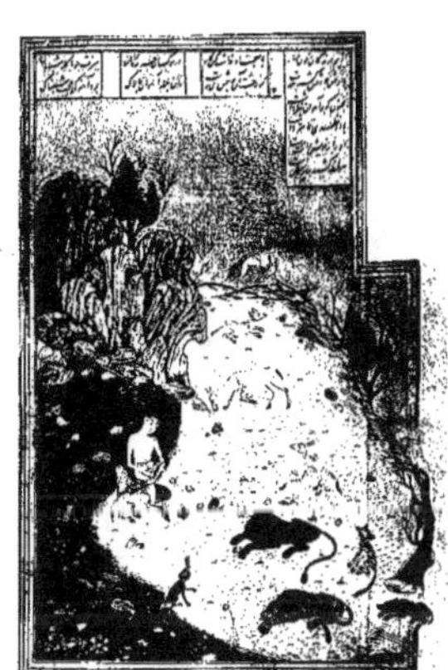

Fig. 79. — ÉCOLE DE HÉRAT, DEUXIÈME
MOITIÉ DU XVe SIÈCLE.
Medjnoun au désert.

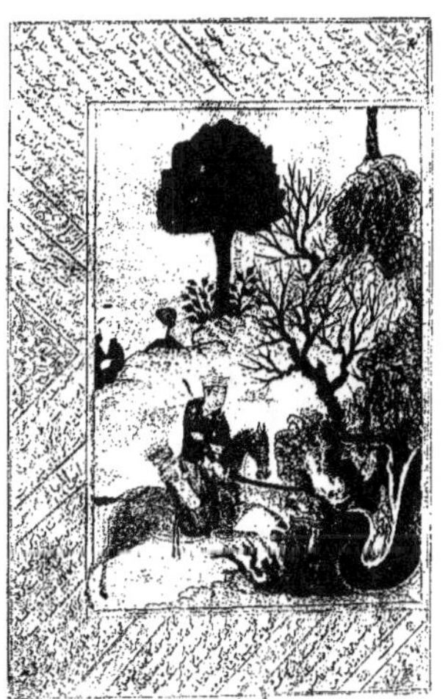

Fig. 80. — ÉCOLE DE HÉRAT, 1411.
Behram Gour et le dragon.

British Museum. Londres.

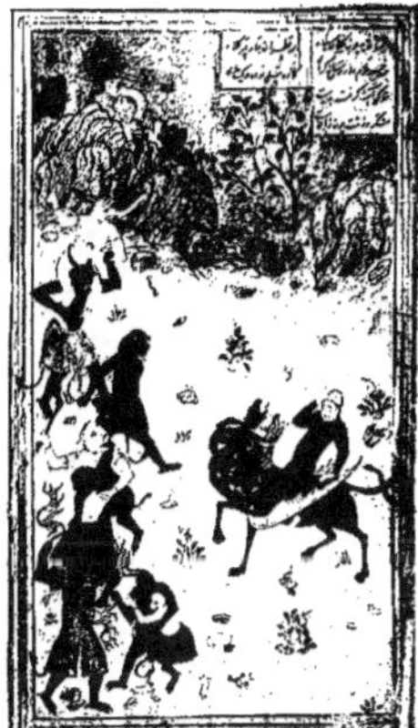

Fig. 81. — ÉCOLE DE HÉRAT, BEHZAD ?,
DEUXIÈME MOITIÉ DU XVe SIÈCLE.
Dragon à sept têtes et divs.

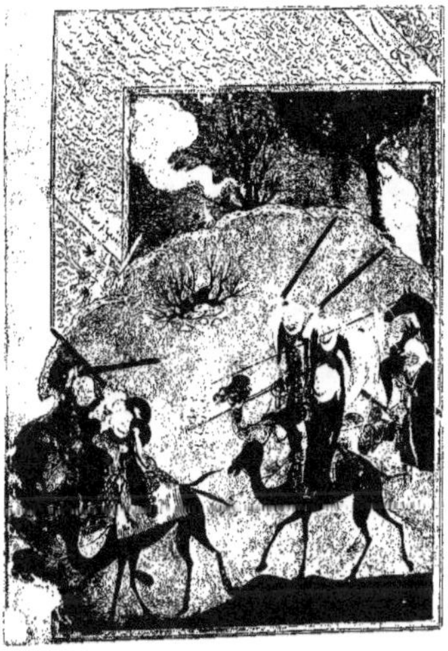

Fig. 82. — ÉCOLE DE HÉRAT, 1411.
Medjnoun et la bataille livrée par ses partisans.

British Museum, Londres.

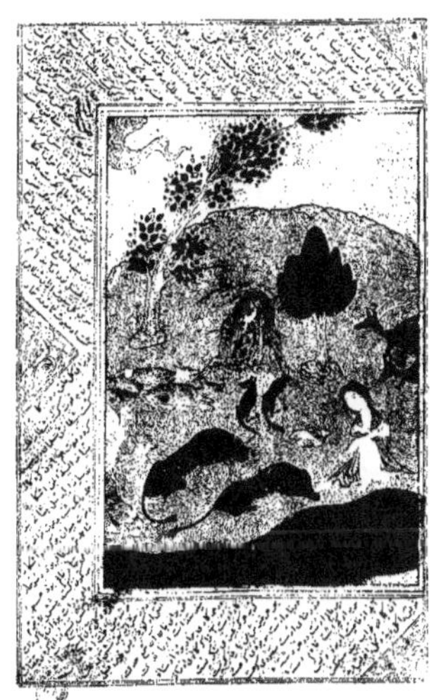

Fig. 83. — ÉCOLE DE HÉRAT, 1411.
Medjnoun au désert.

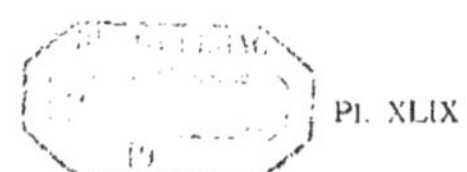

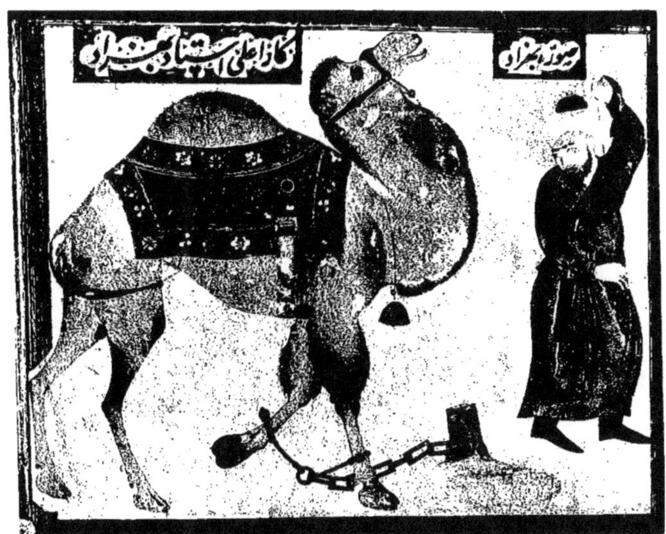

Fig. 84. — ÉCOLE DE HÉRAT, BEHZAD
Dromadaire avec son chamelier.
Collection de l'auteur.

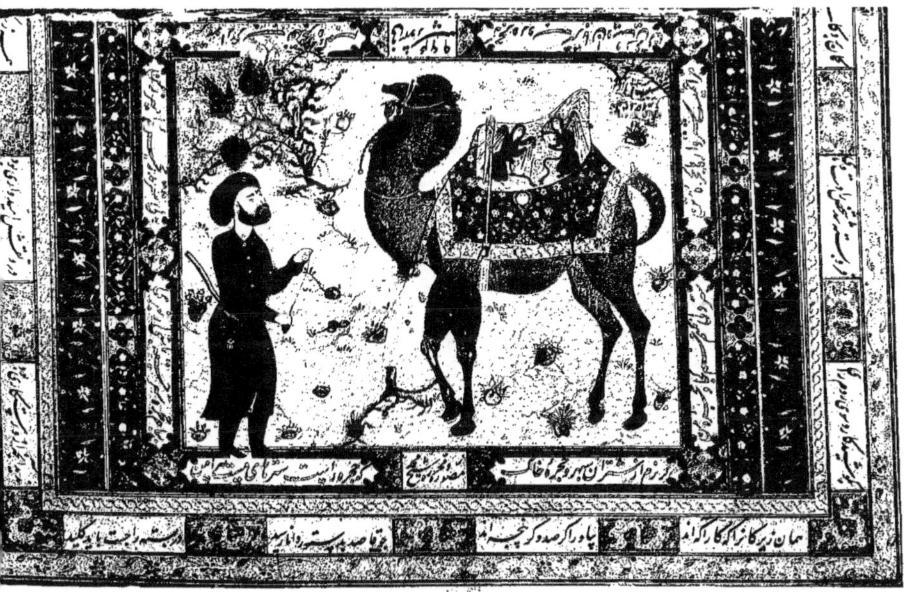

Fig. 85. — CHEIKH MOHAMMED, 1557.
Chameau de parade avec son conducteur.
Collection de l'auteur.

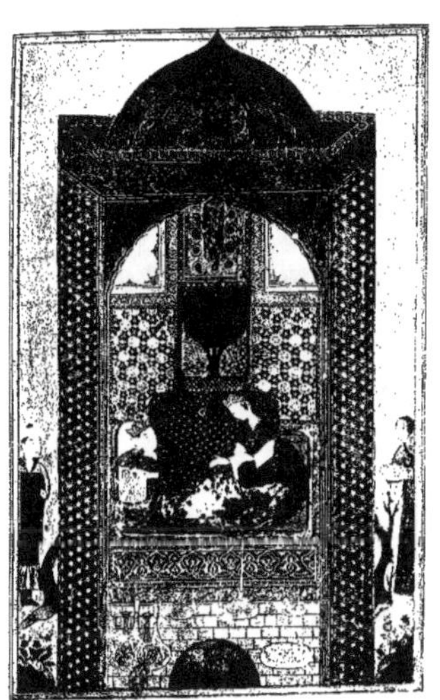

Fig. 86. — ÉCOLE DE HÉRAT, 1411.
Bèhram Gour et une dame des sept climats.
British Museum, Londres.

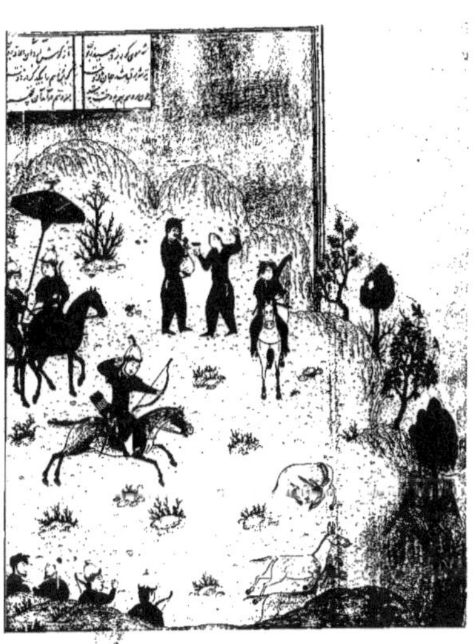

Fig. 87. — BEHZAD.
Exploit de chasse de Behram Gour.
Metropolitan Museum of Art, New-York.

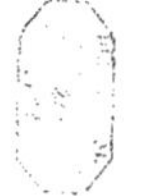

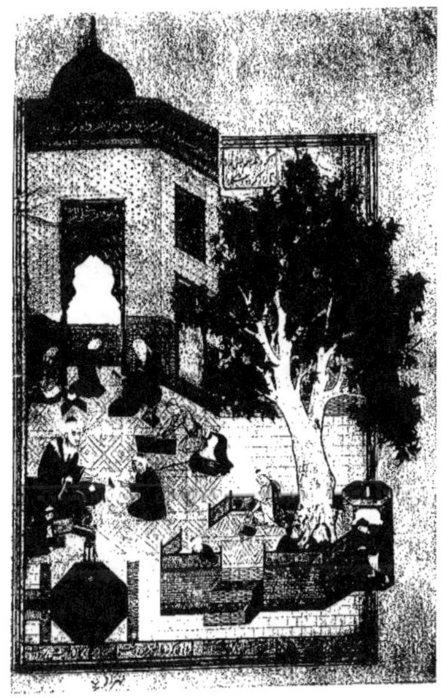

Fig. 88. — HÉRAT, KASSIM ALI, 1494.
L'École en plein air.

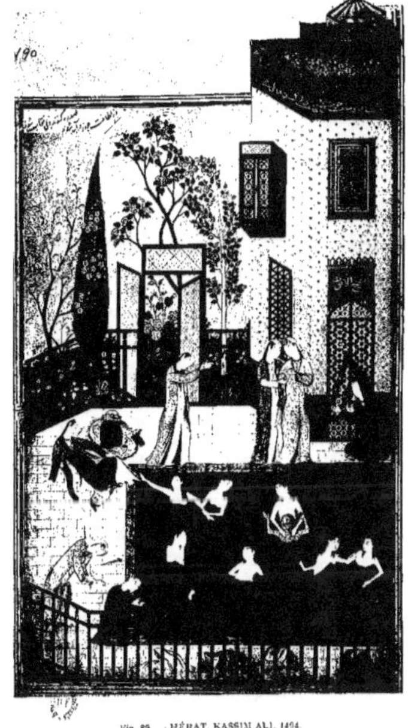
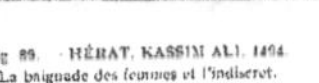

Fig. 89. — HÉRAT, KASSIM ALI, 1494.
La baignade des femmes et l'indiscret.

Nizami au nom d'un émir de Sultan Hussein Mirza.
British Museum, Londres.

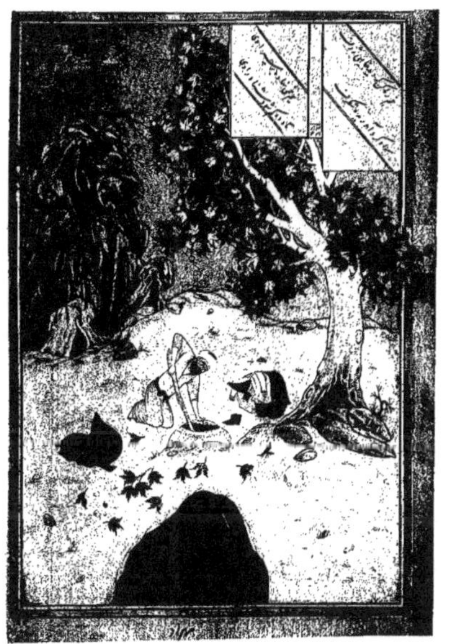

Fig. 90. — HÉRAT, KASSIM ALI, 1494.
Accident de chasse.

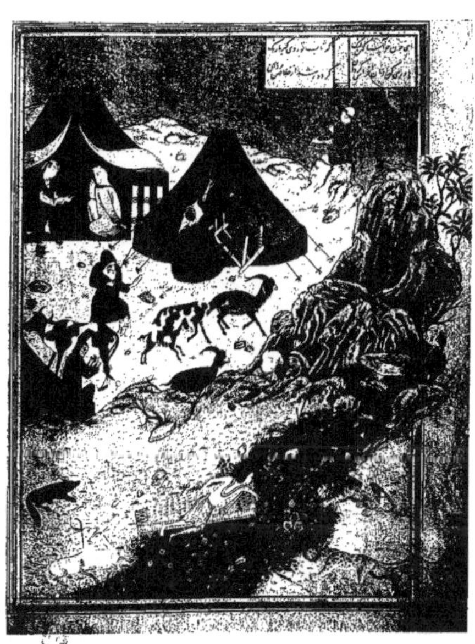

Fig. 91. — HÉRAT, KASSIM ALI, 1494.
Medjnoun entouré de bêtes sauvages.

Nizami au nom d'un émir de Sultan Husséin Mirza.
British Museum. Londres.

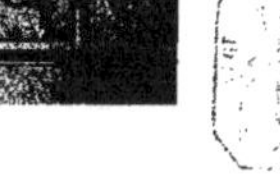

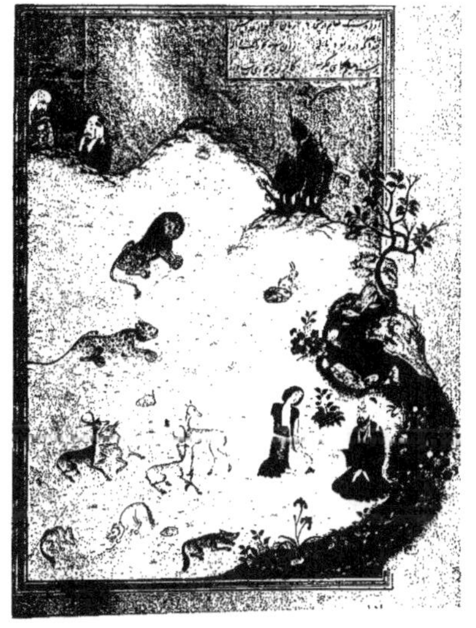
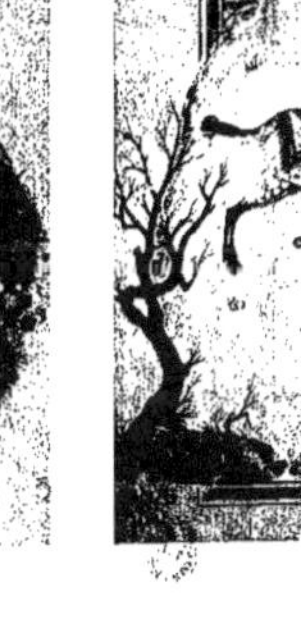

Fig. 92. — HÉRAT, KASSIM ALI, 1494.
Medjnoun visité au désert.

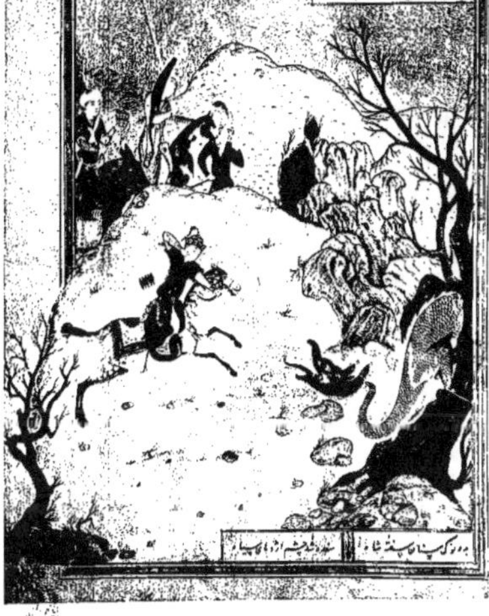
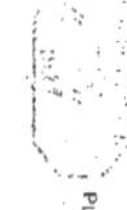

Fig. 93. — HÉRAT, KASSIM ALI, 1494.
Combat de Behram Gour contre le dragon.

Nisami au nom d'un Émir de Sultan Huséin Mirza.
British Museum.

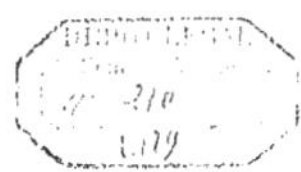

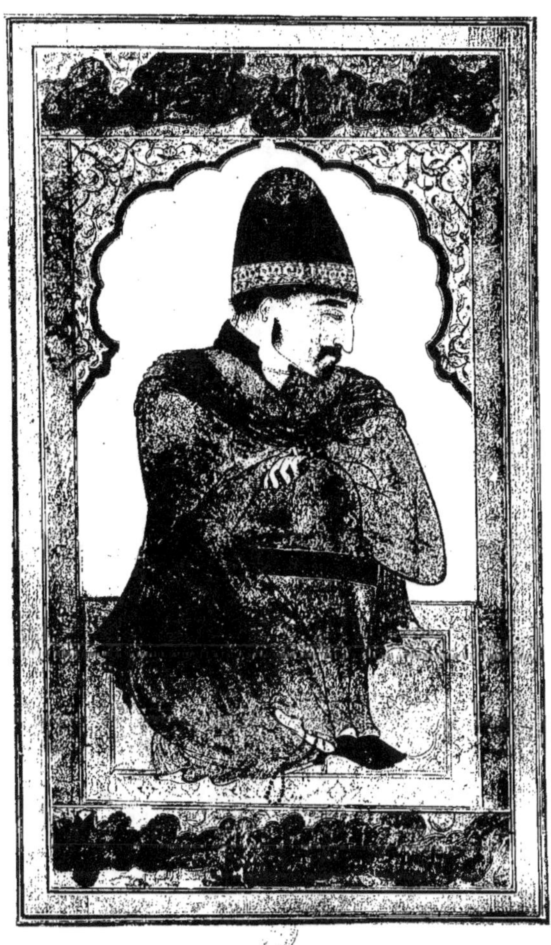

Fig. 94. — ÉCOLE DE HÉRAT, FIN DU XVᵉ SIÈCLE.
Le derviche.
Collection J. Doucet.

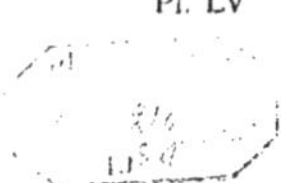

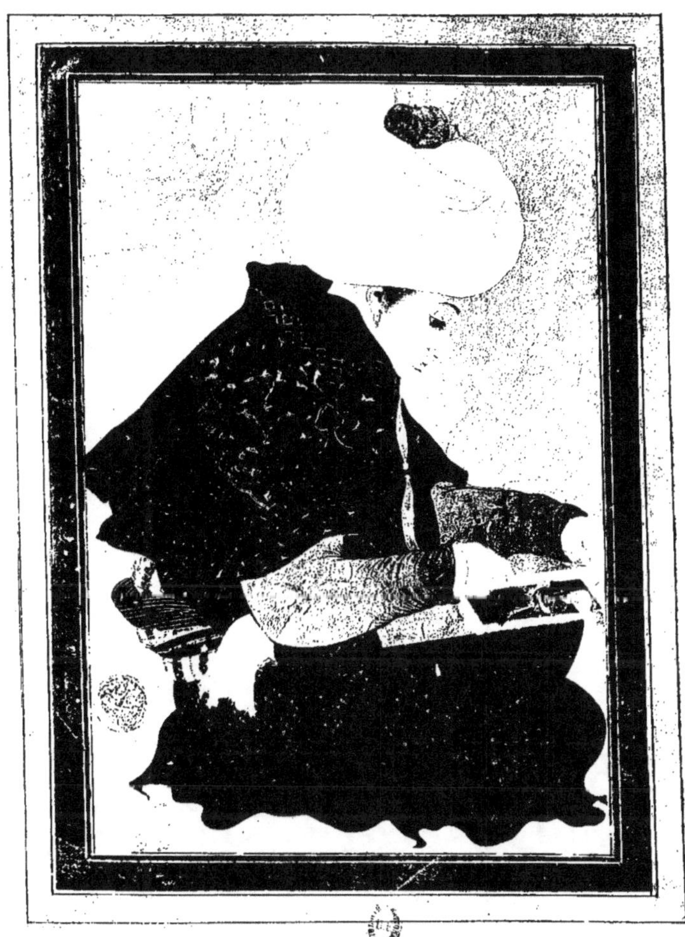

Fig. 95. — Copie persane du portrait d'un personnage turc attribué à Gentile Bellini.
Collection J. Doucet.

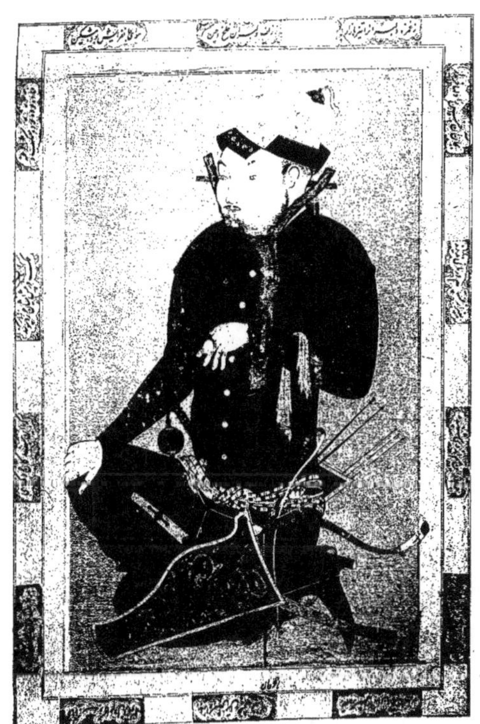

Fig. 96. — ÉCOLE DE HÉRAT, XVe SIÈCLE
Prisonnier Mongol.
Collection J. Doucet.

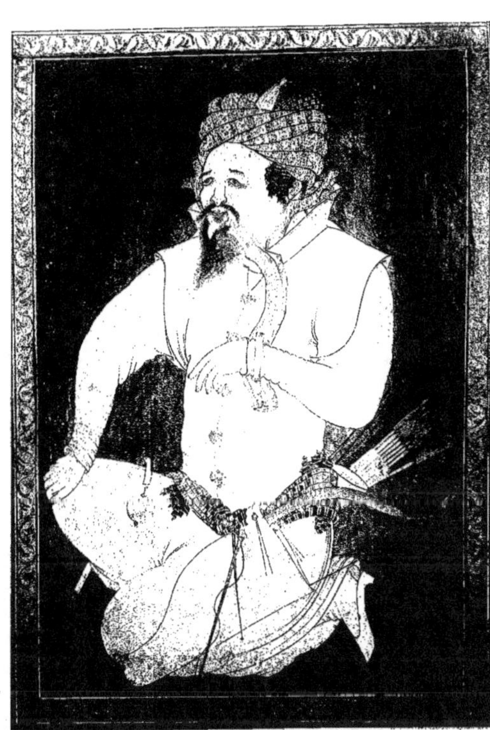

Fig. 97. — ÉCOLE DE HÉRAT, FIN DU XVe SIÈCLE.
Prisonnier Mongol.
Collection R. Koechlin.

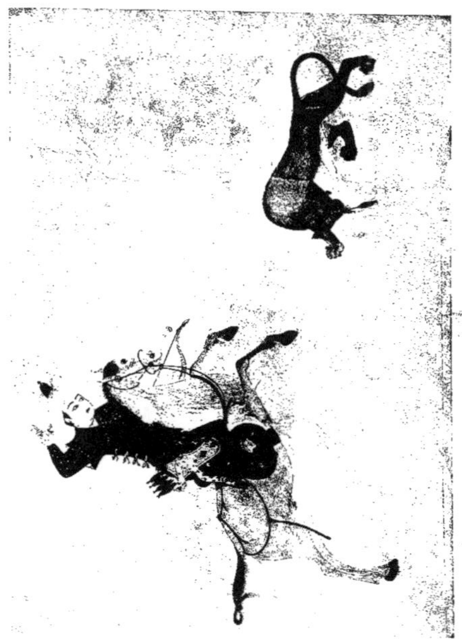
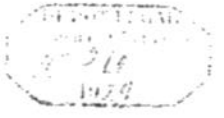

Fig. 98. — ÉCOLE DE HÉRAT, DÉBUT DU XVe SIÈCLE.
Cavalier combattant un lion.
Collection de l'auteur.

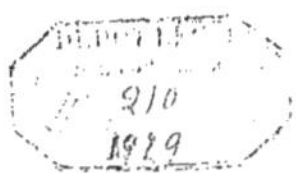

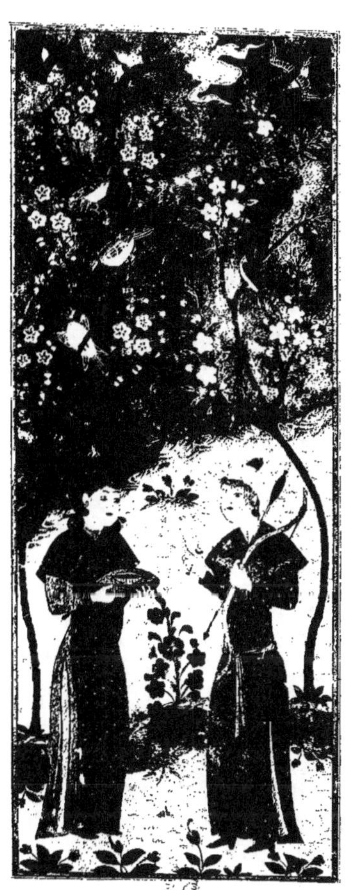

Fig. 99. — ÉCOLE DE HÉRAT. XVᵉ SIÈCLE.
Scène sous des arbres en fleurs.
Collection de l'auteur.

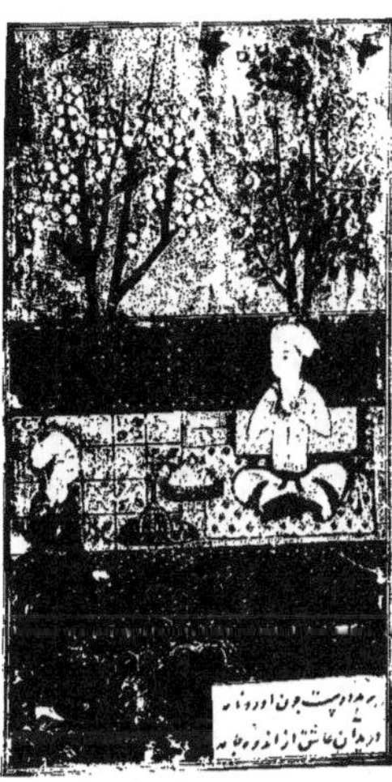

Fig. 100. — ÉCOLE DE HÉRAT, DEBUT DU XVe SIÈCLE
Scène à deux personnages.
Collection de l'auteur.

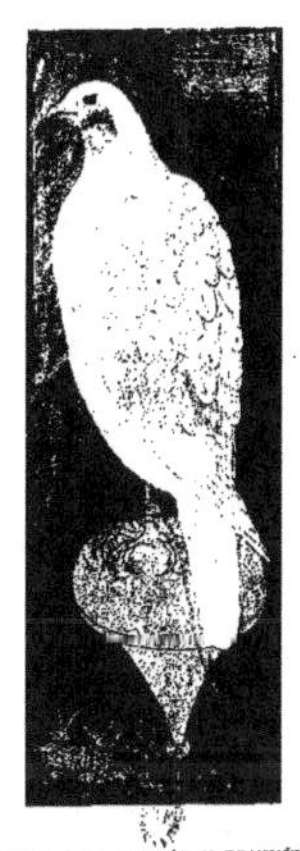

Fig. 102. ÉCOLE DE HÉRAT, DEUXIÈME
MOITIÉ DU XVe SIÈCLE.
Faucon.
Collection de l'auteur.

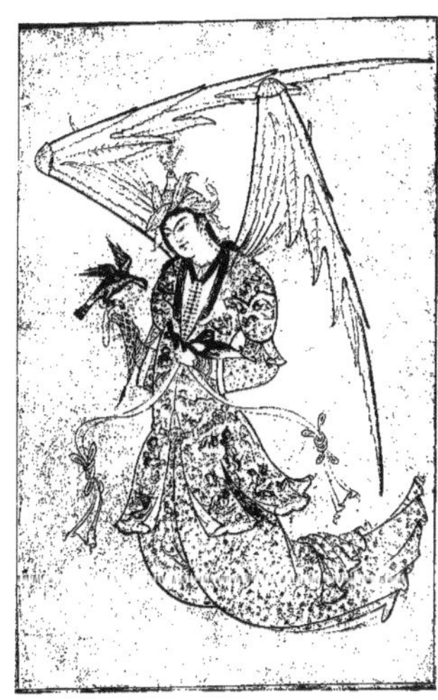
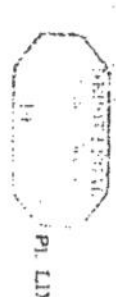

Fig. 101. — ÉCOLE DE HÉRAT, DEUXIÈME MOITIÉ
DU XVe SIÈCLE.
Dessin relevé de génie ailé.
Bibliothèque de Yildiz, Constantinople

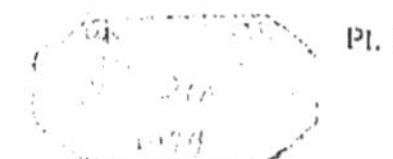

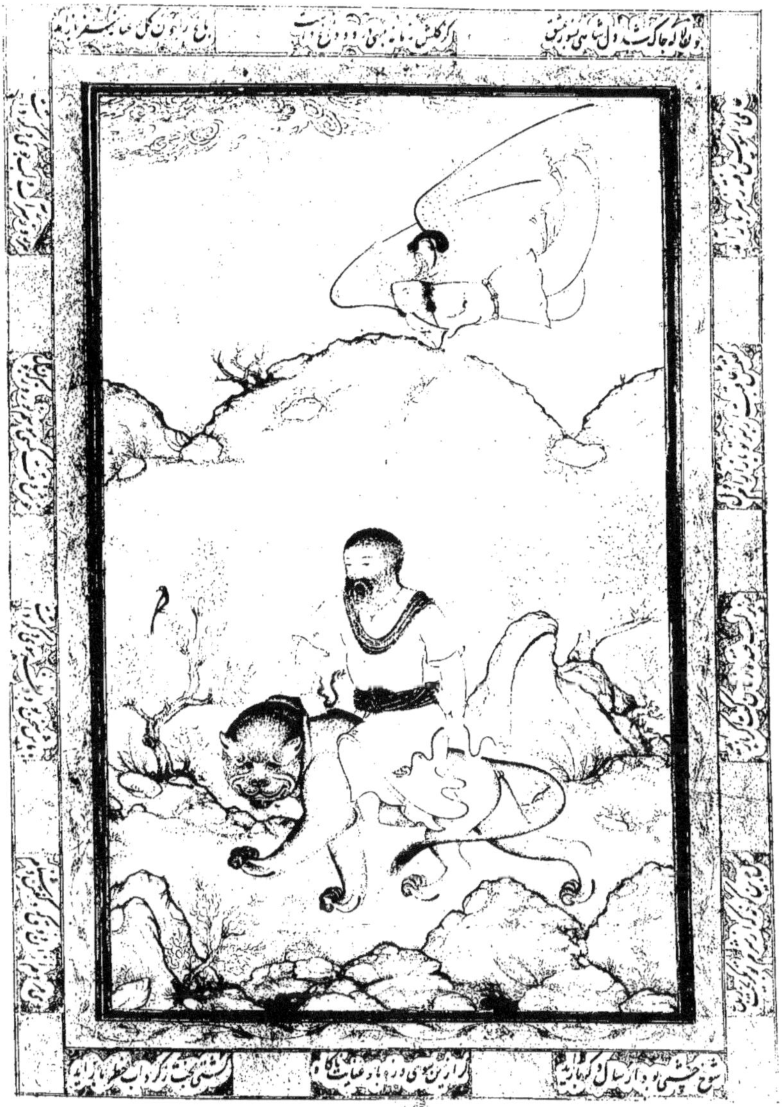

Fig. 103. — ÉCOLE DE HÉRAT, XVe SIÈCLE.
Saint personnage chevauchant un lion.
Collection A. Stoclet, Bruxelles.

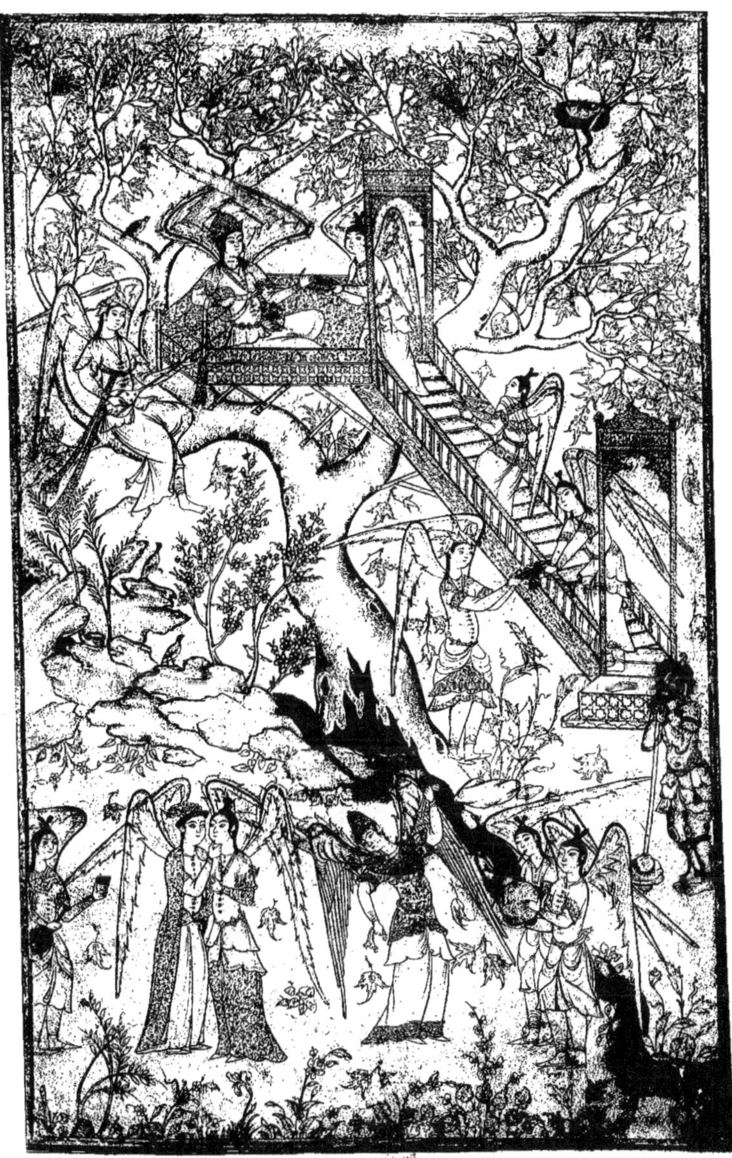

Fig. 104. — ÉCOLE DE HÉRAT, FIN DU XVe SIÈCLE.
L'arbre des houris.
Collection F. Sarre, Berlin.

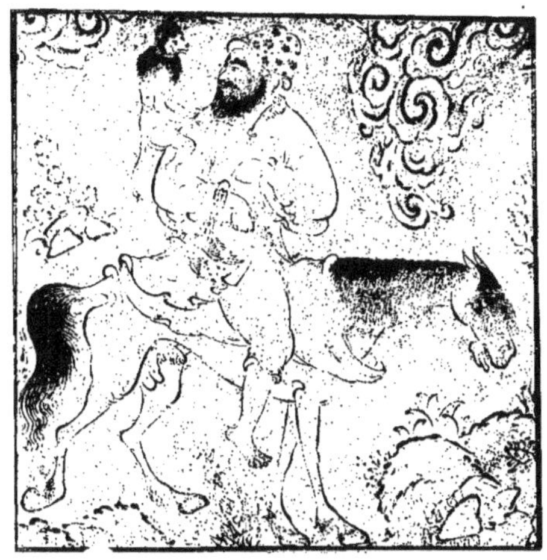

Fig. 107. — ÉCOLE DE HÉRAT, PREMIÈRE MOITIÉ
DU XVe SIÈCLE.
Rosse et cavalier au singe.
Collection de l'auteur.

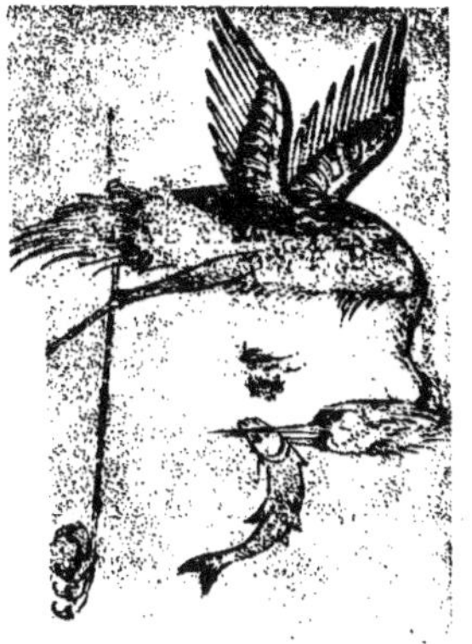

Fig. 105. — ÉCOLE DE HÉRAT, XVIe SIÈCLE.
Soultan Ali Chustéri. — Dessin de grue.
Bibliothèque Nationale, Paris.

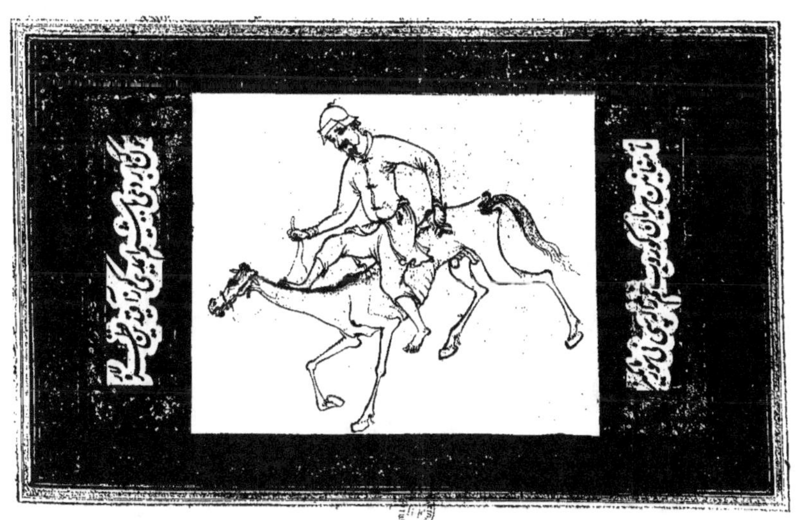

Fig. 106. — ÉCOLE DE HÉRAT, FIN DU XVe SIÈCLE.
Cheval étique.
Bibliothèque Nationale, Paris.

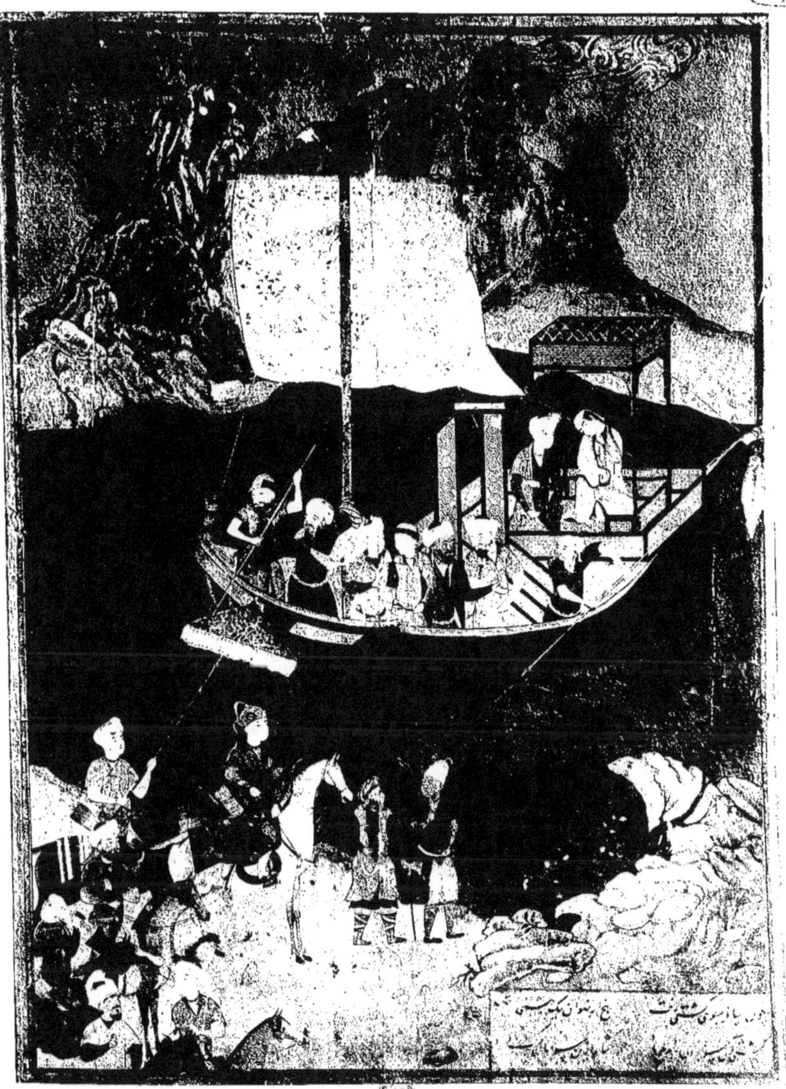

Fig. 108. — ÉCOLE DE HÉRAT, DEUXIÈME MOITIÉ DU XVe SIÈCLE.
L'Enlèvement par mer.
Page d'un Emir Khosrev Dihlévi.
Collection de l'auteur.

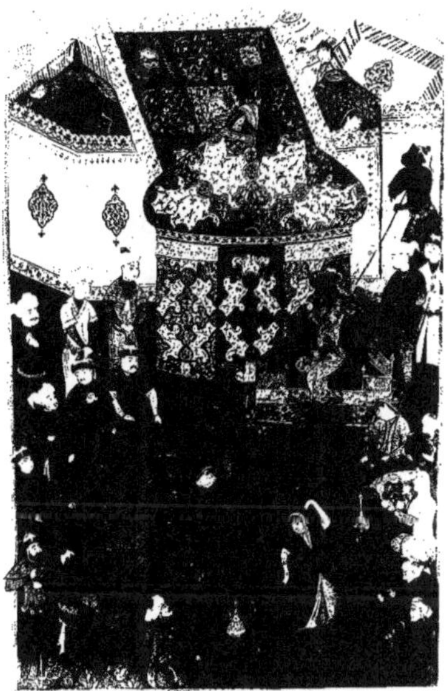

Fig. 109. — ÉCOLE DE HÉRAT, 1486.
Danses devant Tamerlan.
Musée de l'Evkaf, Constantinople.

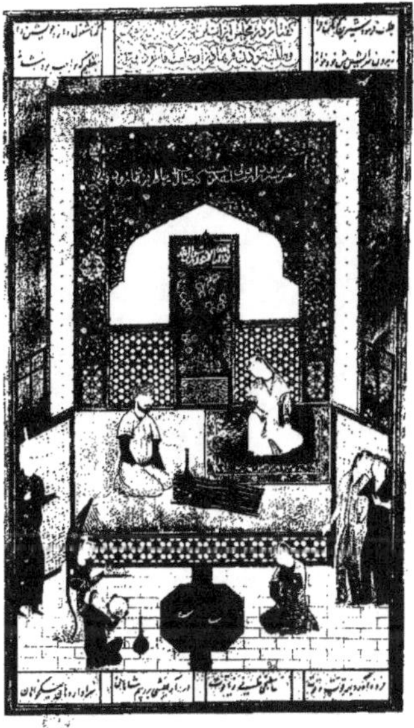

Fig. 110. — ÉCOLE DE HÉRAT, COMMENCEMENT DU XVIᵉ SIÈCLE.
Ferhad et Chirine.
Musée du Louvre, Paris.

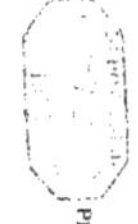

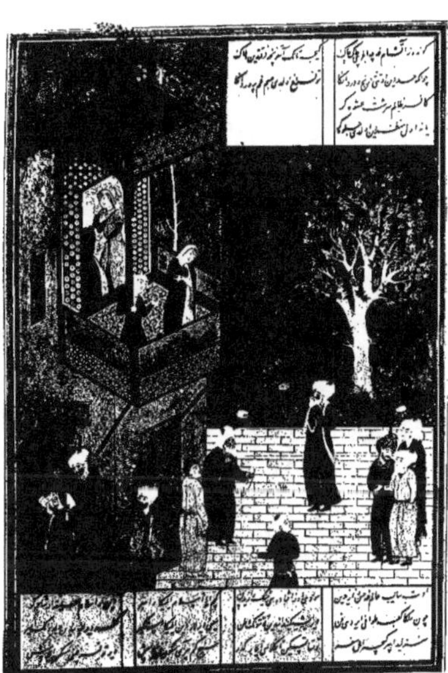

Fig. 111 — ÉCOLE DE HÉRAT, 1527.
Mahmoud Muzéhib. Le Cheikh de Sanaan.

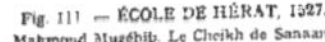

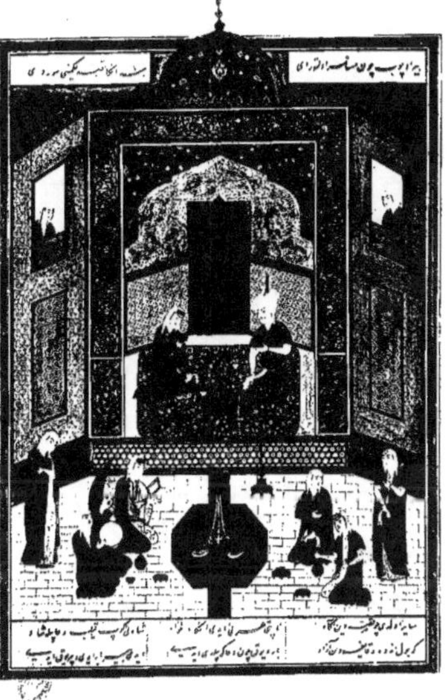

Fig. 112. — ÉCOLE DE HÉRAT, 1527.
Mahmoud Muzéhib. Behram Gour dans le pavillon noir.

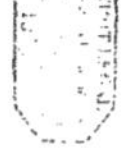

Œuvres de Mir Ali Chir.
Bibliothèque Nationale, Paris.

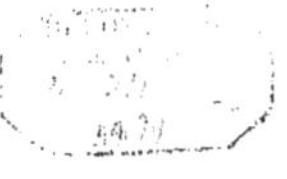

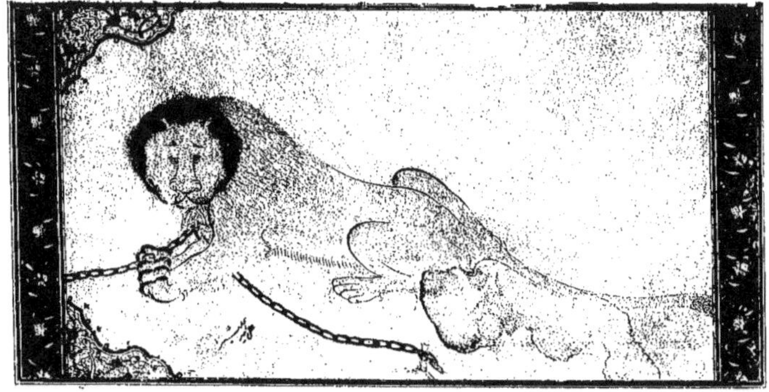

Fig. 113. — ÉCOLE DE HÉRAT, MIR ALI CHIR, 1500.
Étude de lion.
Museum of Fine Arts, Boston.

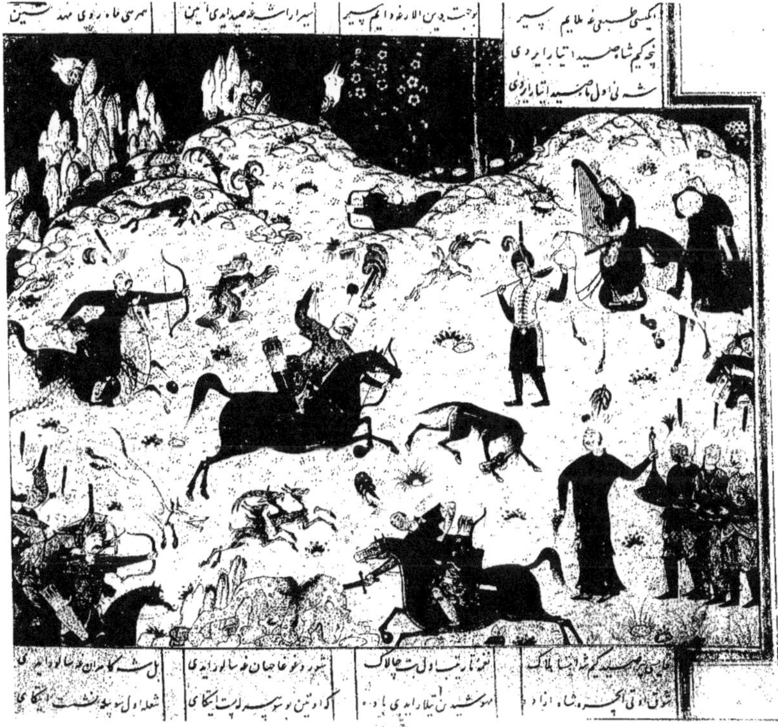

Fig. 114. — ÉCOLE DE HÉRAT, 1527.
Behram Gour à la chasse.
Œuvres de Mir Ali Chir.
Bibliothèque Nationale, Paris.

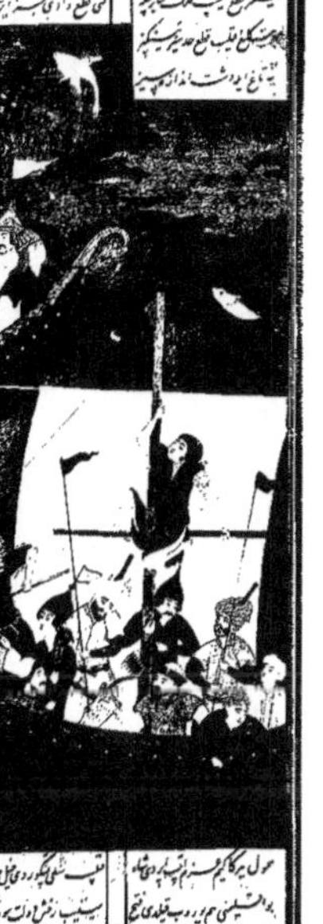

Fig. 116. — ÉCOLE DE HÉRAT, 1527.
Alexandre (Iskender) en bateau.

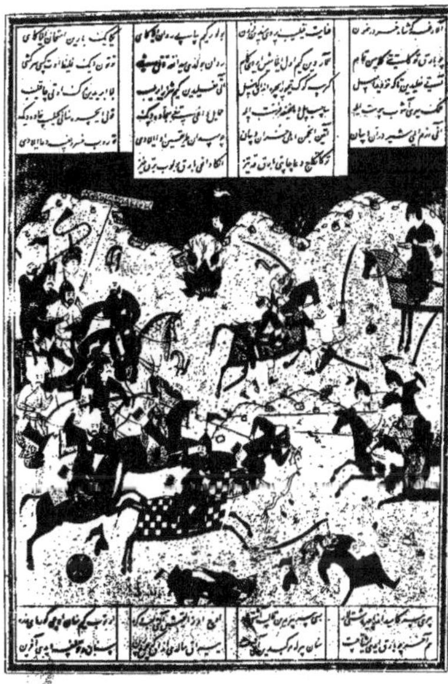

Fig. 115. — ÉCOLE DE HÉRAT, 1527.
Bataille d'Alexandre (Iskender) contre Darius.

Œuvres de Mir Ali Chir.
Bibliothèque Nationale, Paris.

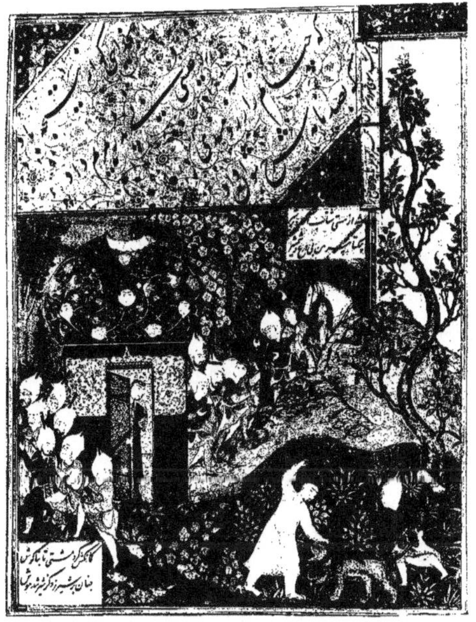

Fig. 118. — ÉCOLE DE HÉRAT, DÉBUT DU XVIe SIÈCLE.
Khosrev luttant contre le lion.
Collection de l'auteur.

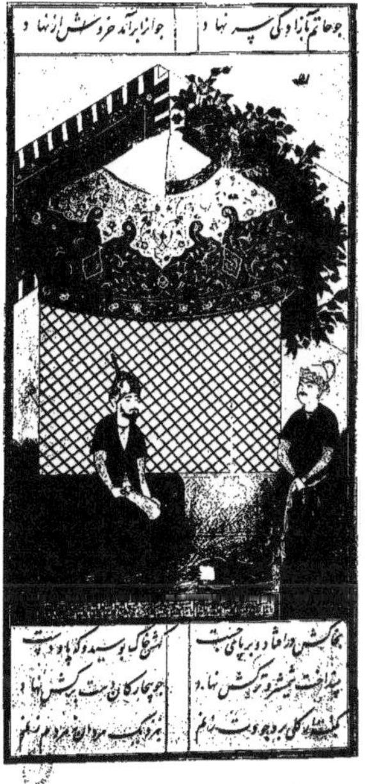

Fig. 117. — ÉCOLE DE HÉRAT, 1519.
Scène d'après Sâdi.
Musée de l'Evkaf, Constantinople.

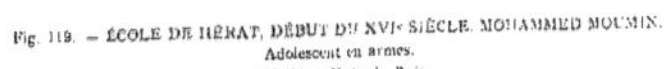

Fig. 119. — ÉCOLE DE HÉRAT, DÉBUT DU XVIe SIÈCLE. MOHAMMED MOUMIN.
Adolescent en armes.
Bibliothèque Nationale, Paris.

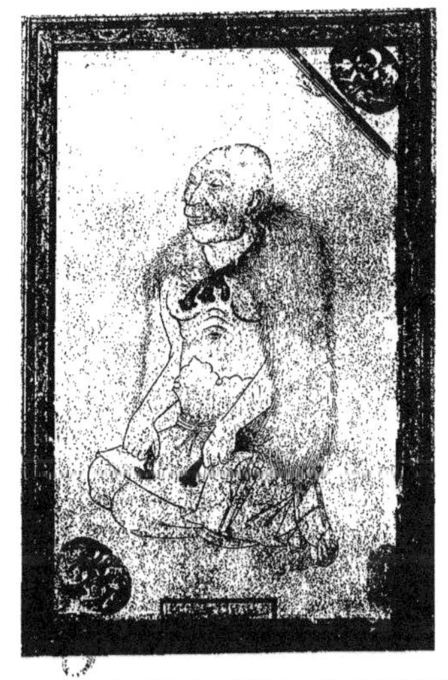

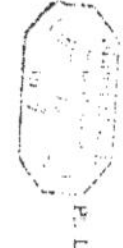

Fig. 120. — ÉCOLE SÉFÉVIE, PREMIÈRE MOITIÉ DU XVIe SIÈCLE. DERVICHE HUSSEÏN.
Personnage simiesque.
Museum of Fine Arts, Boston.

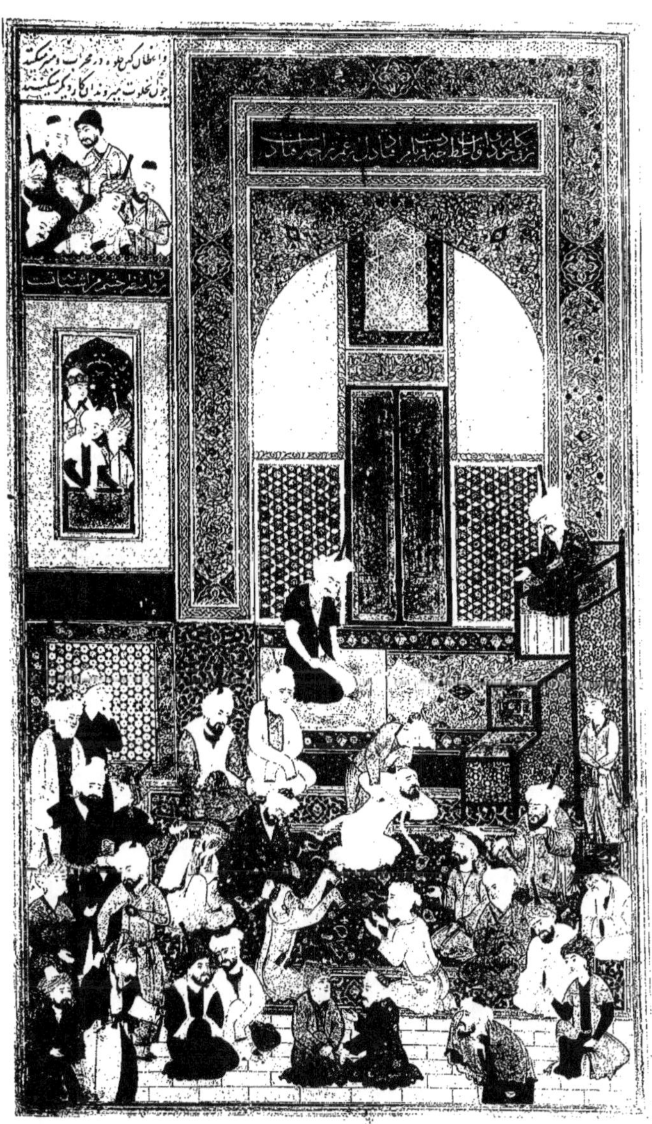

Fig. 121. — ÉCOLE SÉFÉVIE, PREMIÈRE MOITIÉ DU XVIᵉ SIÈCLE. CHEIKH ZADÉ.
Scène de prédication.
Collection L. Cartier.

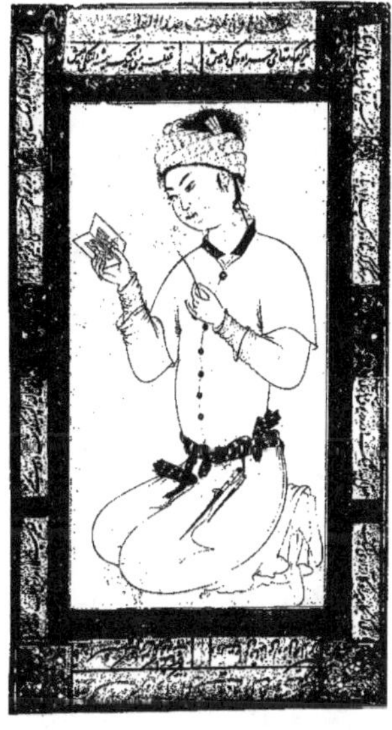

Fig. 122. — FIN DU XVᵉ SIÈCLE. CHEIKH MOHAMMED.
Portrait d'un prince Turcoman du Mouton Blanc.
Collection R. Kœchlin.

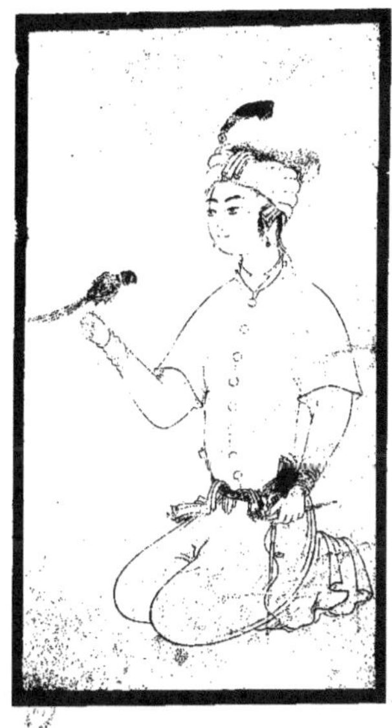

Fig. 123. — FIN DU XVᵉ SIÈCLE. CHEIKH MOHAMMED.
Portrait du même prince.
Collection de l'auteur.

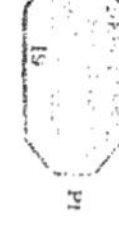

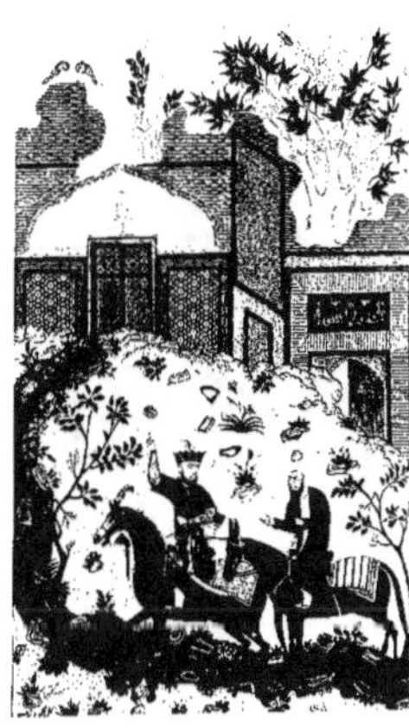

Fig. 124. — BOUKHARA, 1539. MOHAMMED
TCHEHRÉ MOUHASSIN.
Anouchirvan et son vézir dans les ruines.

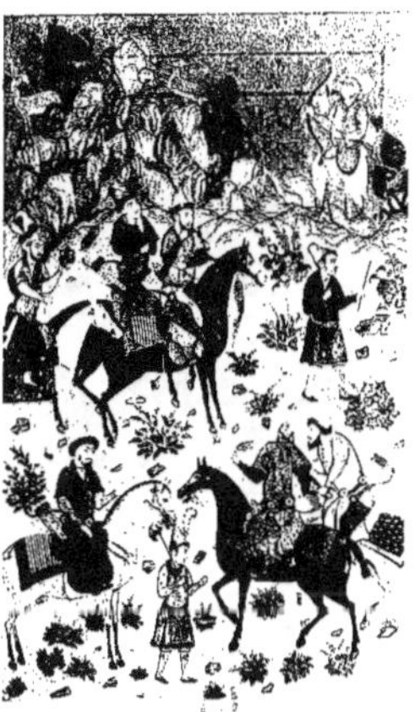

Fig. 125 et 126. — BOUKHARA, 1546. MAHMOUD MUZÉHIB.
La vieille demandant justice à Sinjar.

Nizami.
Bibliothèque Nationale, Paris.

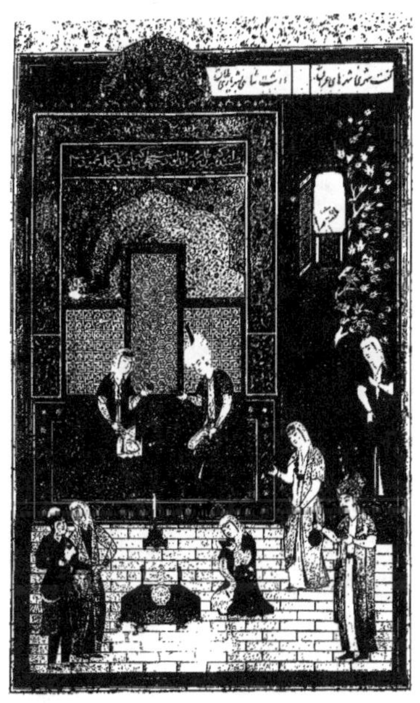

Fig. 127. — ÉCOLE DE HÉRAT, 1525. MAHMOUD MUZÊHIB.
Behram Gour dans le pavillon jaune.
Metropolitan Museum of Art, New-York.

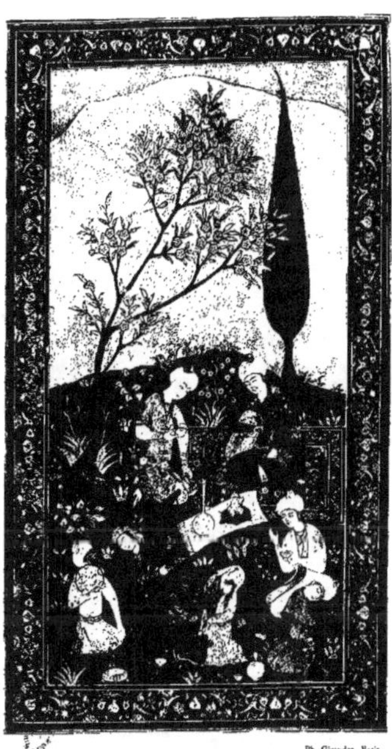

Ph. Giraudon. Paris.

Fig. 128. — BOUKHARA, POSTÉRIEUR A 1525. MAHMOUD MUZÊHIB.
Divertissement dans un jardin.
Bibliothèque Nationale, Paris.

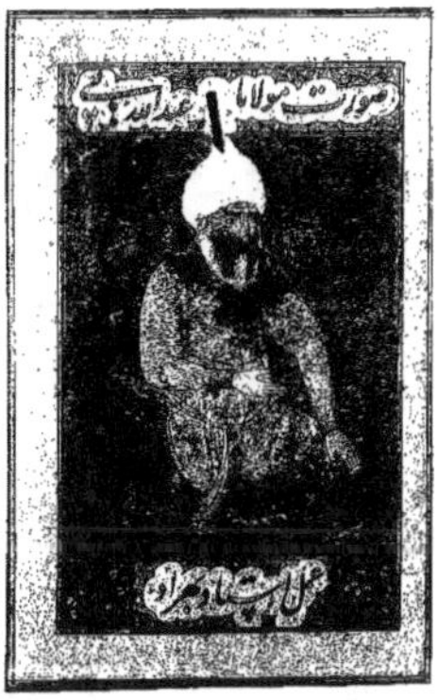

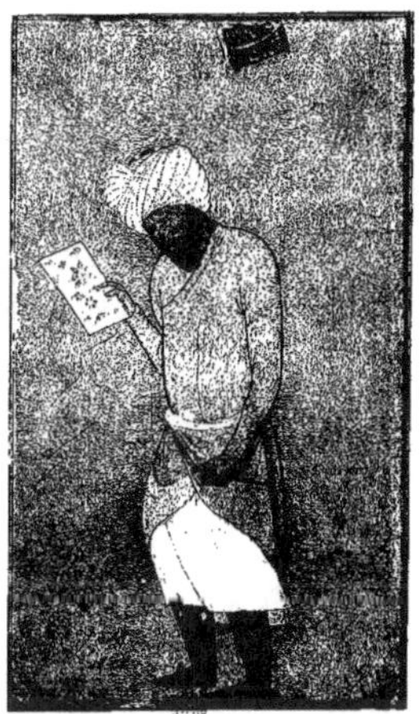

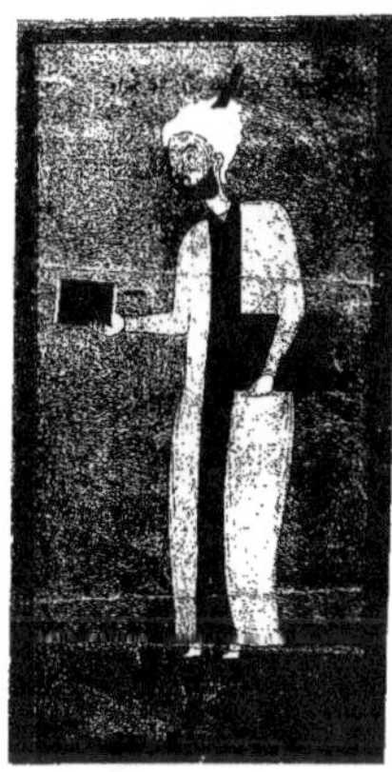

Fig. 129. — ÉCOLE SÉFÉVIE, BEHZAD, 1511-1521.
Portrait du poète Hatifi.
Collection de l'auteur.

Fig. 131. — ÉCOLE SÉFÉVIE, XVIe SIÈCLE.
Mohammedi. Portrait de l'artiste.
Museum of Fine Arts, Boston.

Fig. 130. — ÉCOLE SÉFÉVIE, 1511-1534.
Portrait du miniaturiste Behzad.
Bibliothèque de Yildiz, Constantinople.

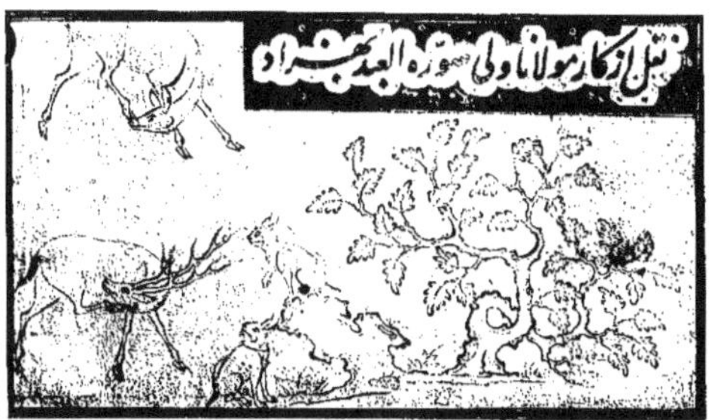

Fig. 134. — BEHZAD. COPIE D'APRÈS VÉLI.
Dessin de cerfs et de chats sauvages.
Collection de l'auteur.

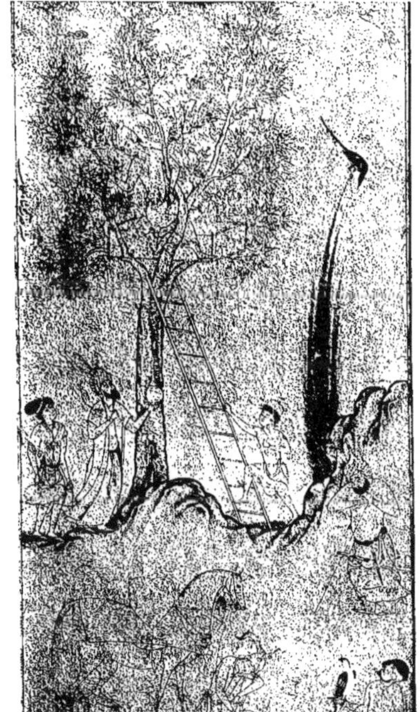

Fig. 133. — ÉCOLE SÉFÉVIE. BEHZAD, VERS 1530.
Chah Tahmasp dans un arbre.
Musée du Louvre.

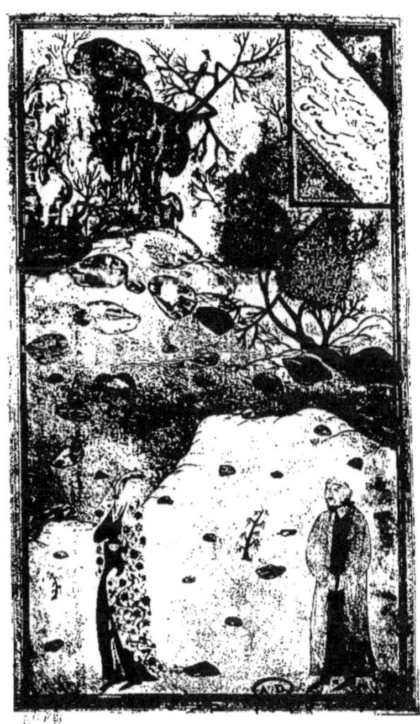

Fig. 132. — BOUKHARA, 1575. ABDULLAH.
La rencontre.
Ancienne collection Demotte.

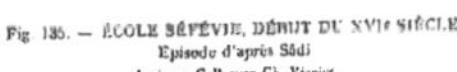

Fig. 135. — ÉCOLE SÉFÉVIE, DÉBUT DU XVIe SIÈCLE
Épisode d'après Sâdi
Ancienne Collection Ch. Vignier.

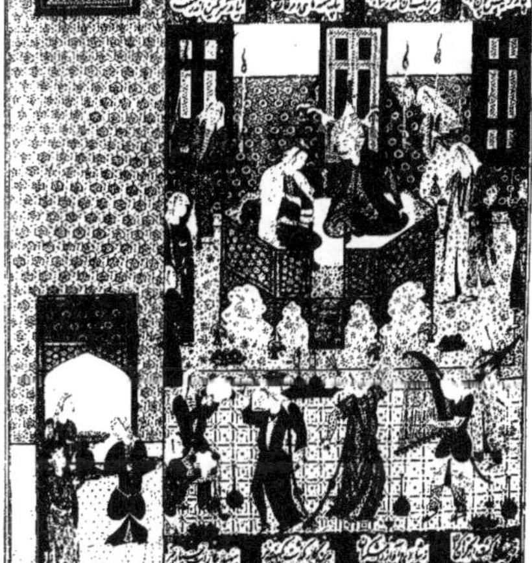

Fig. 136. — ÉCOLE SÉFÉVIE, DÉBUT DU XVIe SIÈCLE. CHIRAZ.
Danseuses devant un couple royal
Musée de l'Evkaf, Constantinople.

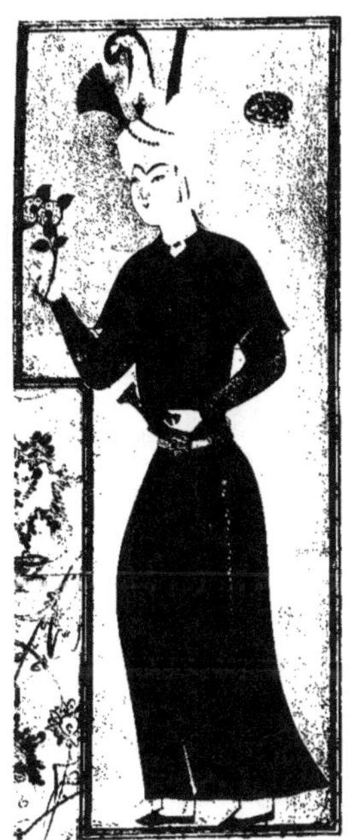

Fig. 137. — PREMIÈRE MOITIÉ DU XVIᵉ SIÈCLE.
CHAH MOHAMMED.
Portrait d'un prince Séfévi.
Museum of Fine Arts, Boston.

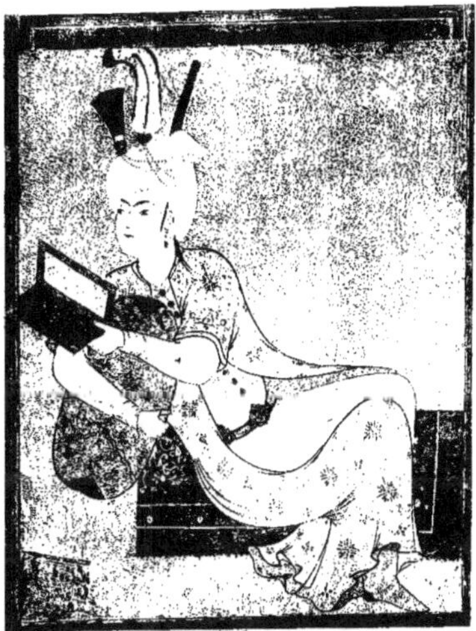

Fig. 138. — PREMIÈRE MOITIÉ DU XVIᵉ SIÈCLE.
Portrait d'un prince Séfévi.
Collection H. Yever.

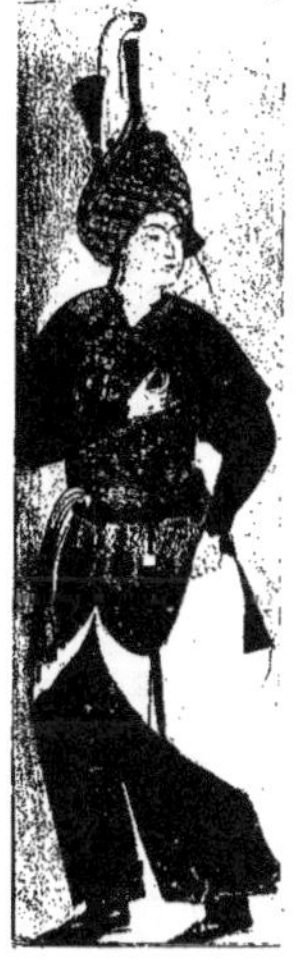
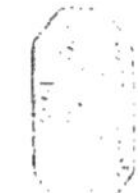

Fig. 139. — PREMIÈRE MOITIÉ
DU XVIᵉ SIÈCLE. CHAH MOHAMMED.
Portrait d'un prince Séfévi.
Bibliothèque de Yildiz, Constantinople.

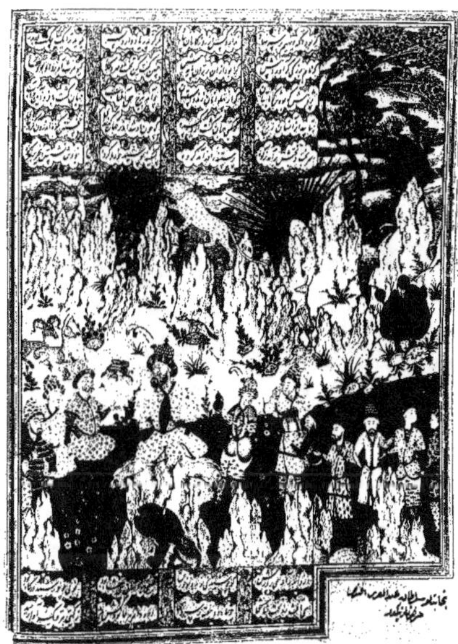

Fig. 140. — ÉCOLE SÉFÉVIE, DÉBUT DU XVIe SIÈCLE. CHIRAZ.
Le premier roi du monde.

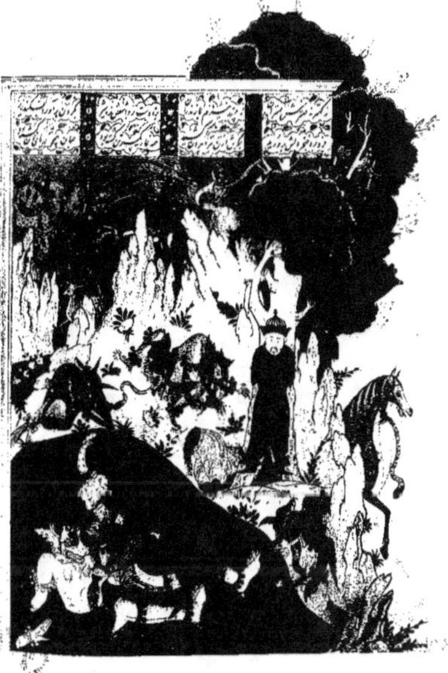

Fig. 141. — ÉCOLE SÉFÉVIE, DÉBUT DU XVIe SIÈCLE. CHIRAZ.
Combat de Rustem contre le div blanc.

Livre des Rois.
Musée de l'Evkaf, Constantinople.

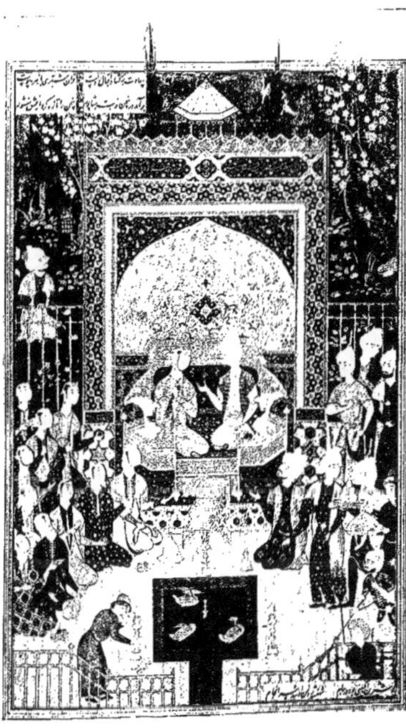

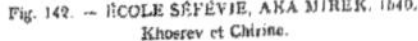

Fig. 142. — ÉCOLE SÉFÉVIE, AKA MIREK. 1540.
Khosrev et Chirine.

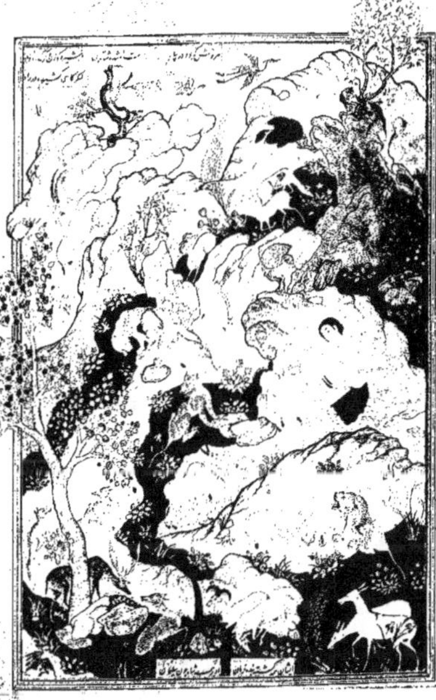

Fig. 143. — ÉCOLE SÉFÉVIE, AKA MIREK, 1533-1543.
Medjnoun au milieu des bêtes fauves.

Nizami de Chah Tahmasp.
British Museum.

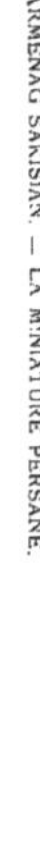

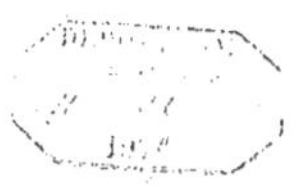

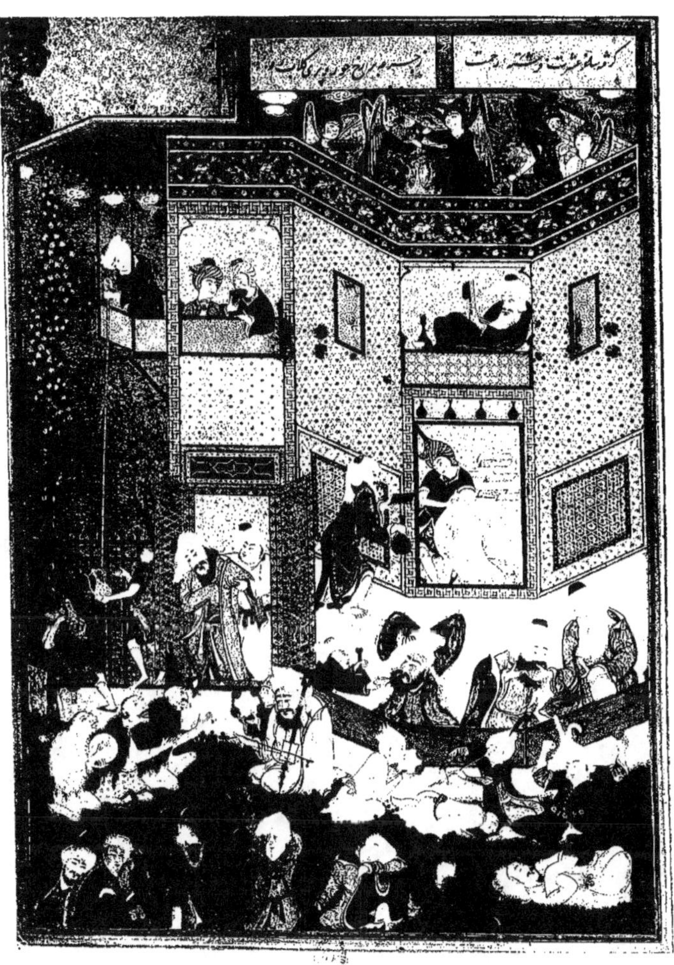

Fig. 144. — ÉCOLE SÉFÉVIE, COMMENCEMENT DU XVIᵉ SIÈCLE. SOULTAN MOHAMMED.
Beuverie.
Collection L. Cartier.

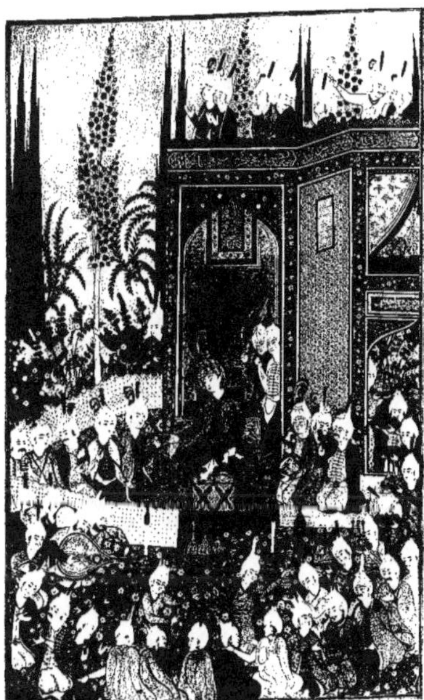

Fig. 145. — COMMENCEMENT DU XVIᵉ SIÈCLE. SOULTAN MOHAMMED.
Prince séfévi au milieu de sa cour.

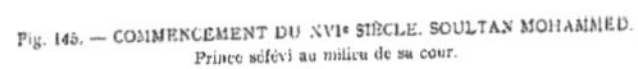

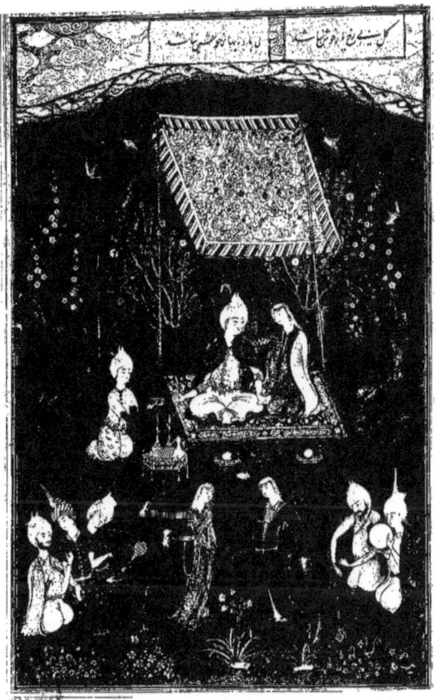

Fig. 146. — COMMENCEMENT DU XVIᵉ SIÈCLE. SOULTAN MOHAMMED.
Danseuses devant un couple royal séfévi.

Collection L. Cartier.

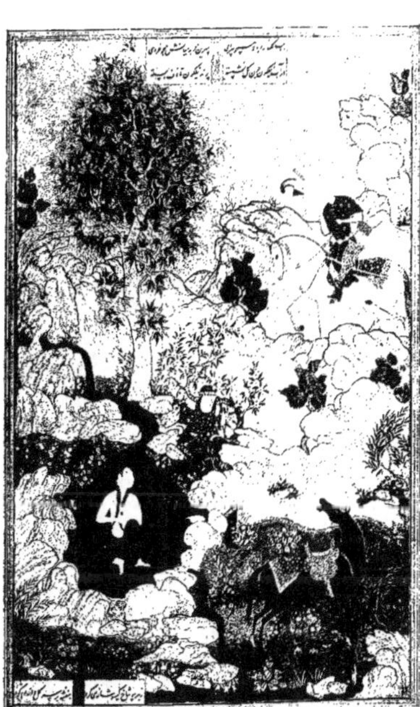

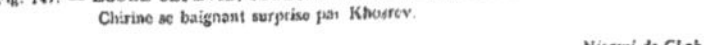

Fig. 147. — ÉCOLE SÉFÉVIE, SOULTAN MOHAMMED, 1533-43.
Chirine se baignant surprise par Khosrev.

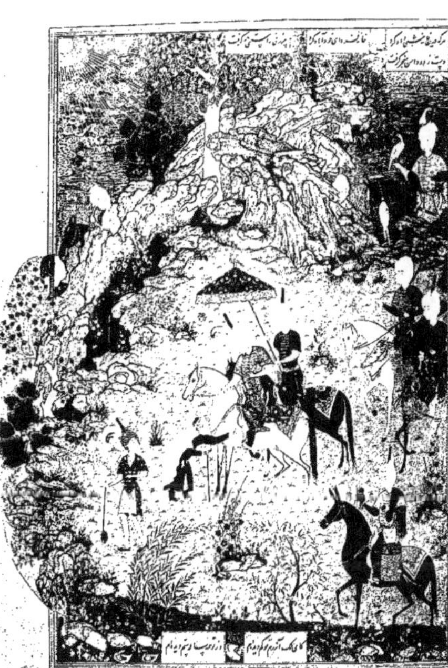

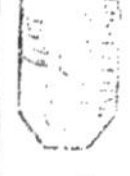

Fig. 148. — ÉCOLE SÉFÉVIE, SOULTAN MOHAMMED, 1539-43.
La vieille demandant justice à Sinjar.

Nizami de Chah Tahmasp.
Britsh Museum.

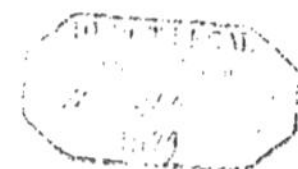

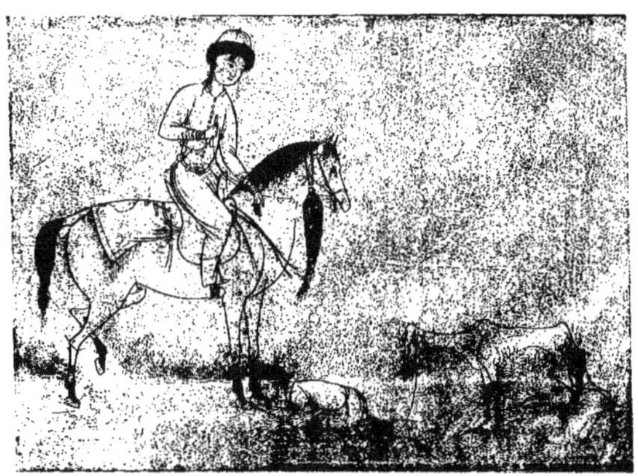

Fig. 149. — ÉCOLE SÉFÉVIE, COMMENCEMENT DU XVI° SIÈCLE. SOULTAN MOHAMMED.
Le seigneur et le manant.
Collection de l'auteur.

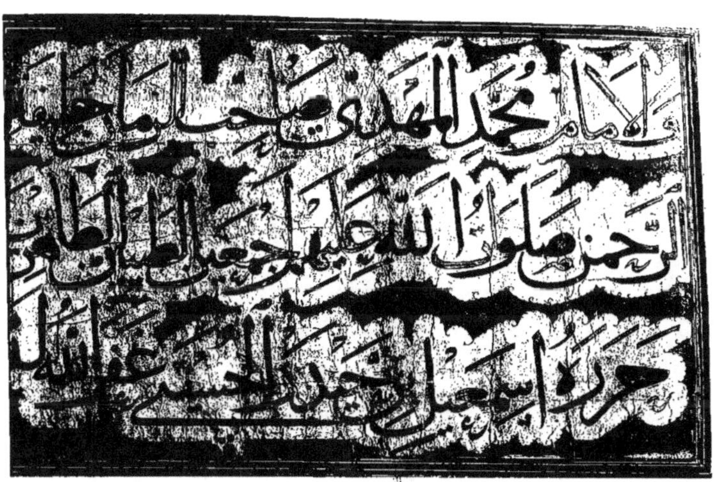

Fig. 150. — Calligraphie en couleurs signée par Chah Ismaïl (1502-1524).
Bibliothèque de Yildiz, Constantinople.

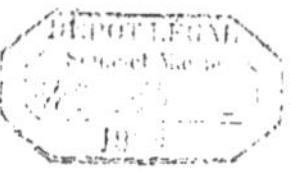

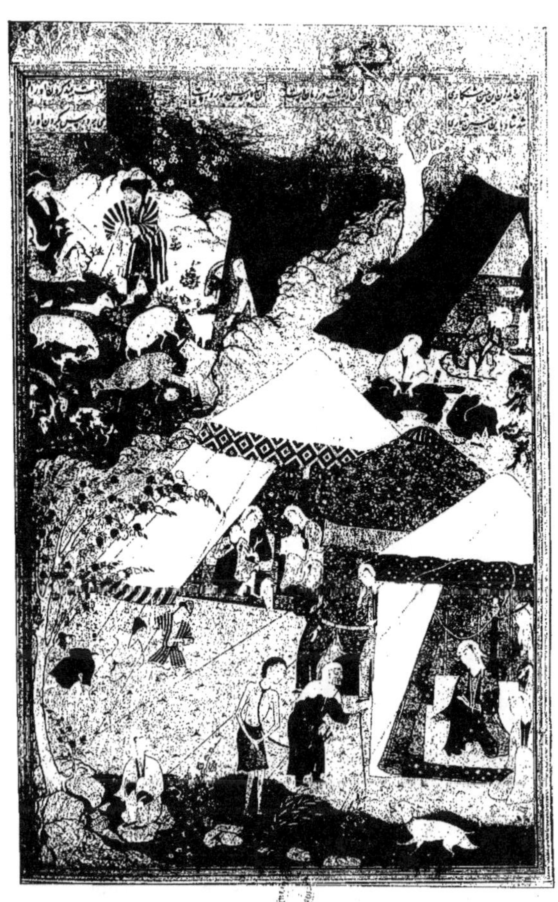

Fig. 151. — MIR SÉÏD ALI, 1539-43.
Medjnoun enchaîné, amené au camp de Leïla.
Nizami de Chah Tahmasp.
British Museum, Londres.

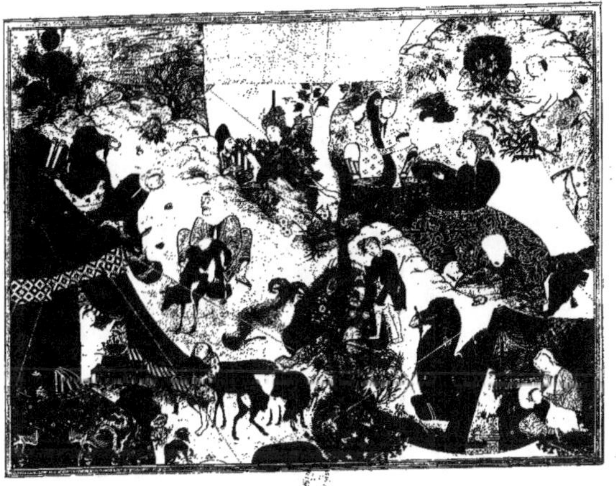

Fig. 152. — MIR SEÏD ALI, PREMIÈRE MOITIÉ DU XVIᵉ SIÈCLE.
Scènes rustiques.
Collection L. Cartier.

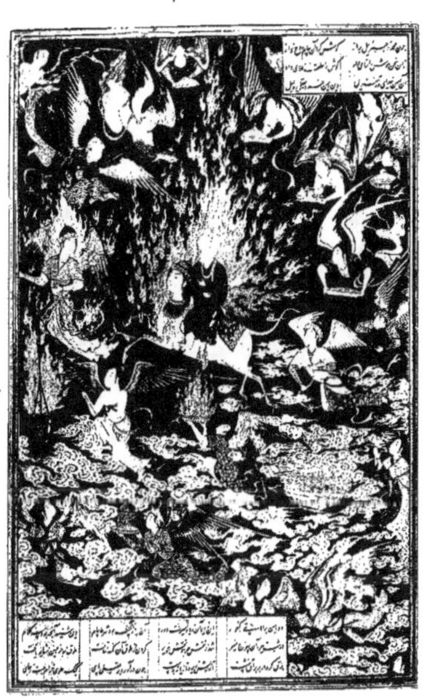

Fig. 153. — ÉCOLE SÉFÉVIE, 1539-43.
Ascension du Prophète, précédé de l'ange Gabriel.
Nizami de Chah Tahmasp.

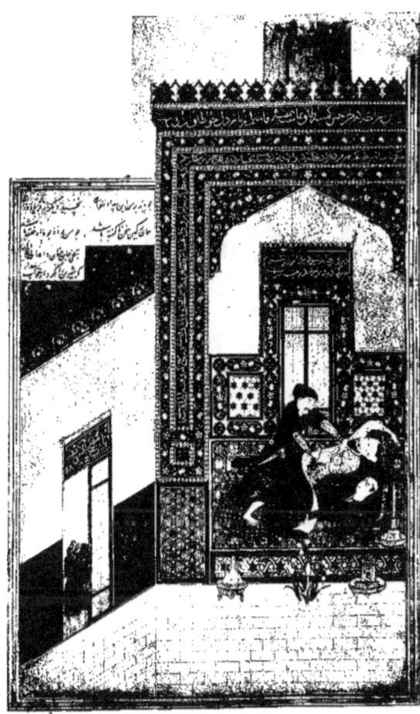

Fig. 154. — HÉRAT, 1494, KASSIM ALI ?
Assassinat de Khosrev aux côtés de Chirine.
Nizami au nom d'un emir de Sultan Hussein Mirza.

British Museum, London.

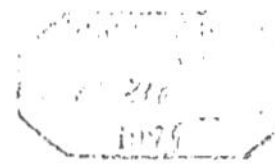

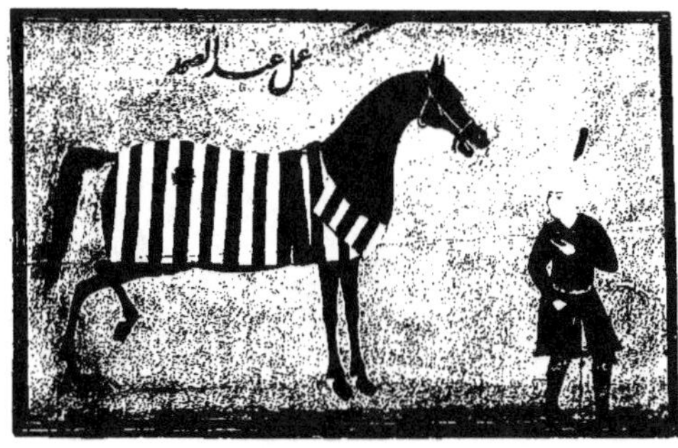

Fig. 155. — ÉCOLE SÉFÉVIE, COMMENCEMENT DU XVIᵉ SIÈCLE. ABD-US-SAMAD.
Cheval des écuries du Chah avec son groom.
Collection de l'auteur.

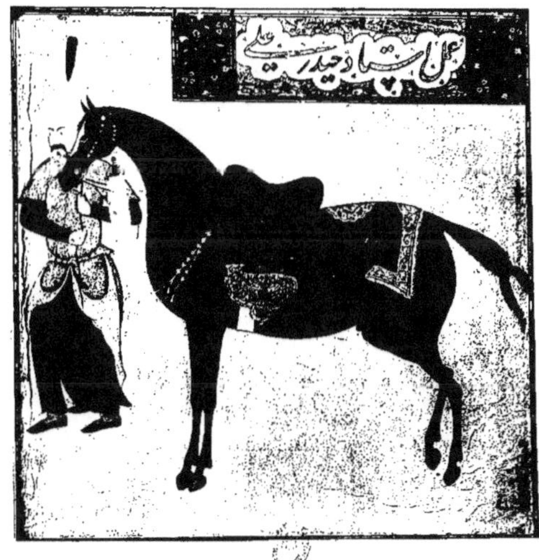

Fig. 156. — ÉCOLE SÉFÉVIE, COMMENCEMENT DU XVIᵉ SIÈCLE. HAÏDAR-ALI.
Cheval sellé attendant un cavalier royal.
Collection de l'auteur.

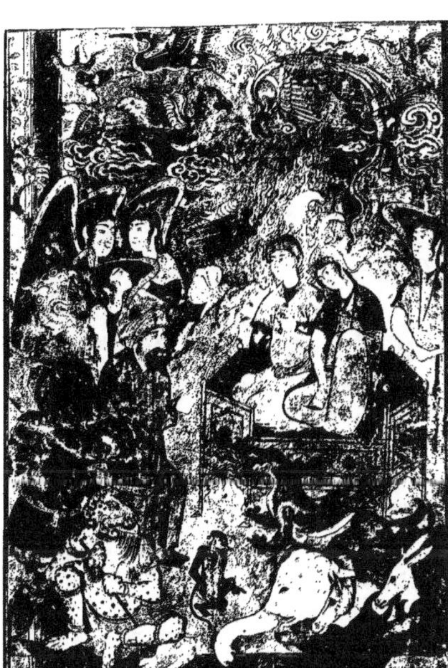

Fig. 158. — ÉCOLE SÉFÉVIE, MILIEU DU XVIᵉ SIÈCLE.
Salomon, son vizir et la reine de Saba.
Collection H. Vever.

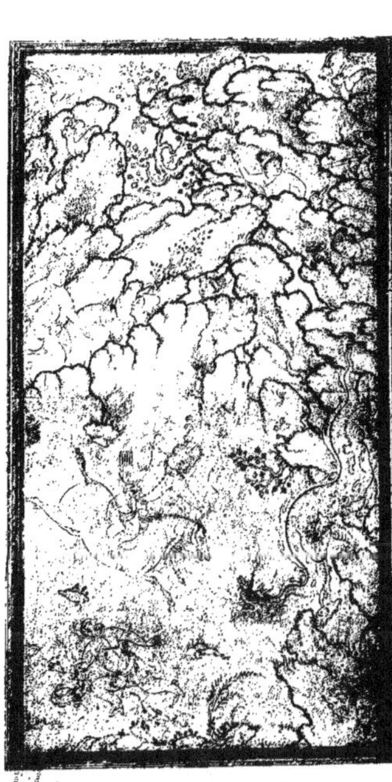

Fig. 157. — ÉCOLE SÉFÉVIE, MILIEU DU XVIᵉ SIÈCLE. SIAVOUCH.
Cavalier lancé contre un dragon.
Musée du Louvre, Paris.

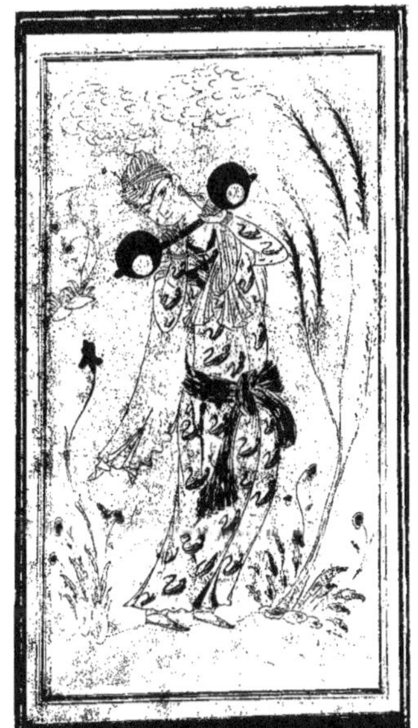

Fig. 158. — ÉCOLE SÉFÉVIE, COMMENCEMENT DU XVIIe SIÈCLE.
Jeune femme aux tambourins.

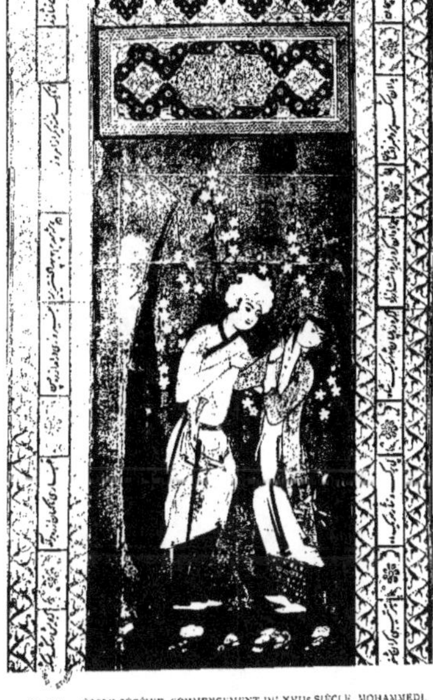

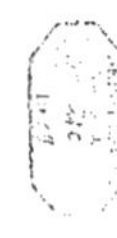

Fig. 160. — ÉCOLE SÉFÉVIE, COMMENCEMENT DU XVIIe SIÈCLE. MOHAMMEDI.
La feinte résistance.

Museum of Fine Arts, Boston.

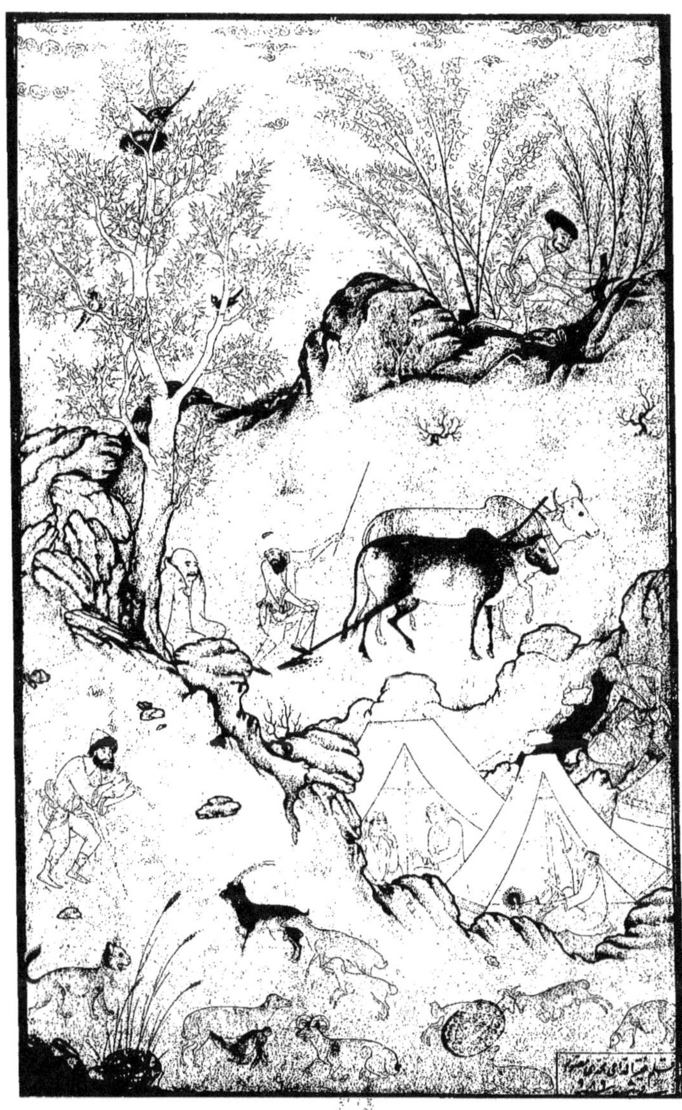

Fig. 161. — ÉCOLE SÉFÉVIE, MOHAMMEDI, 1578.
Dessin relevé. Scènes de la vie champêtre.
Musée du Louvre, Paris.

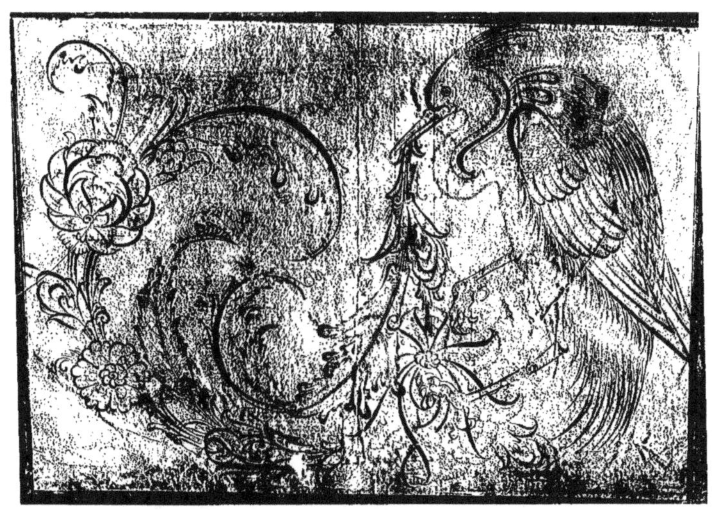

Fig. 162. — ÉCOLE SÉFÉVIE, DEUXIÈME MOITIÉ DU XVIe SIÈCLE. KÉMAL.
Échassier et végétation stylisée.
Bibliothèque de Yildiz, Constantinople.

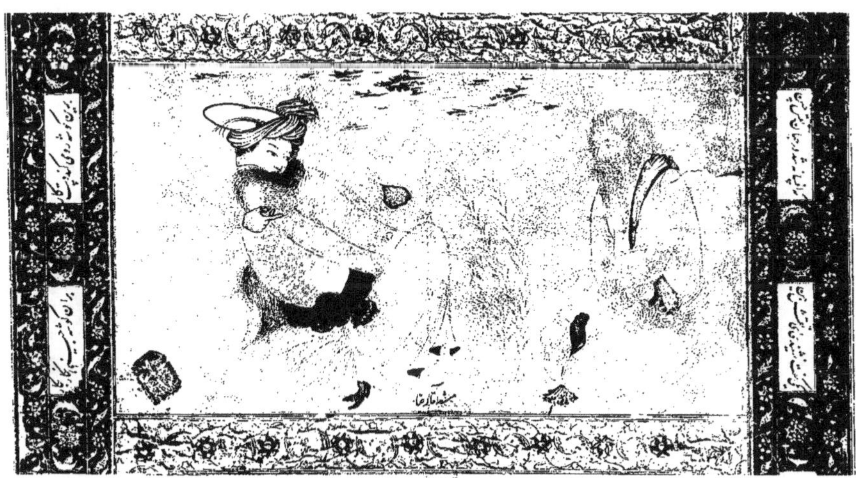

Fig. 163. — ÉCOLE SÉFÉVIE, FIN DU XVIe SIÈCLE. AKA RIZA.
Dessin au trait d'or relevé. L'instituteur et son élève.
Collection H. Vever.

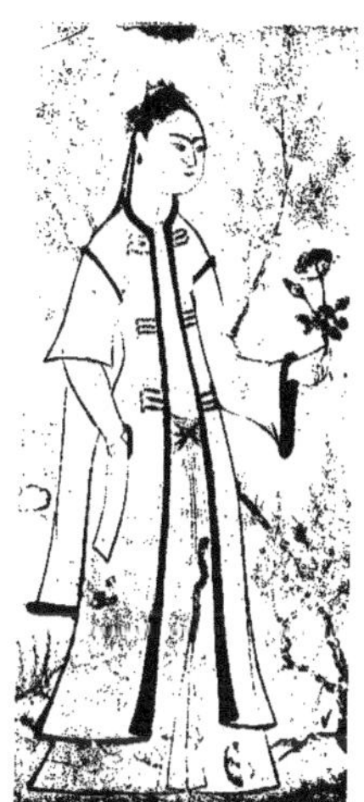

Fig. 163. — ÉCOLE SÉFÉVIE, FIN DU XVIe SIÈCLE. VÉLI DJAN.
Portrait d'une jeune femme turque.
Ancienne Collection F. R. Martin.

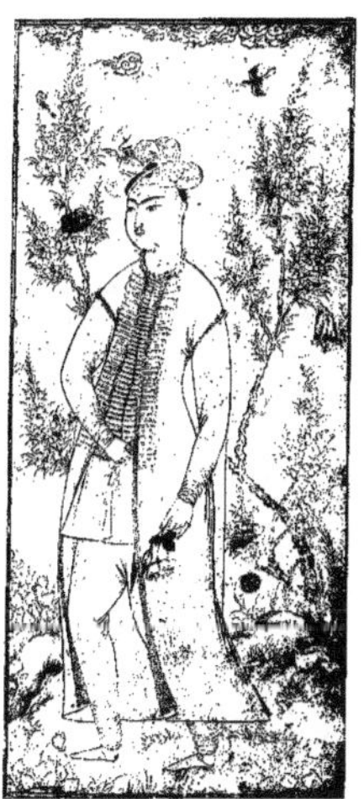

Fig. 164. — ÉCOLE SÉFÉVIE, FIN DU XVIe SIÈCLE. VÉLI DJAN.
Portrait d'un jeune Turc.
Bibliothèque Nationale. Paris.

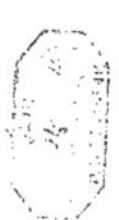

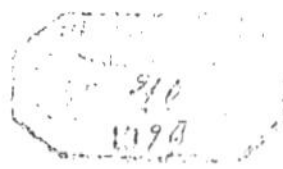

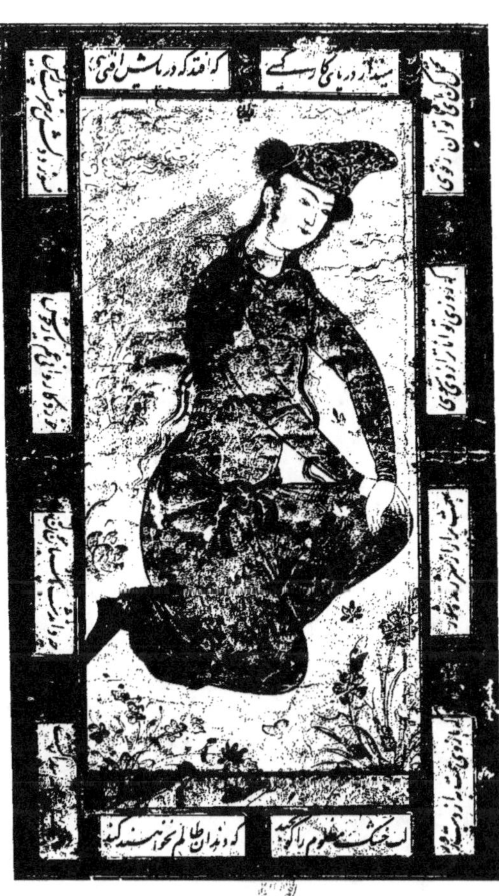

Fig. 166. — ÉCOLE SÉFÉVIE, FIN DU XVIᵉ SIÈCLE. VÉLI DJAN.
Portrait d'une femme persane.
Collection de l'auteur.

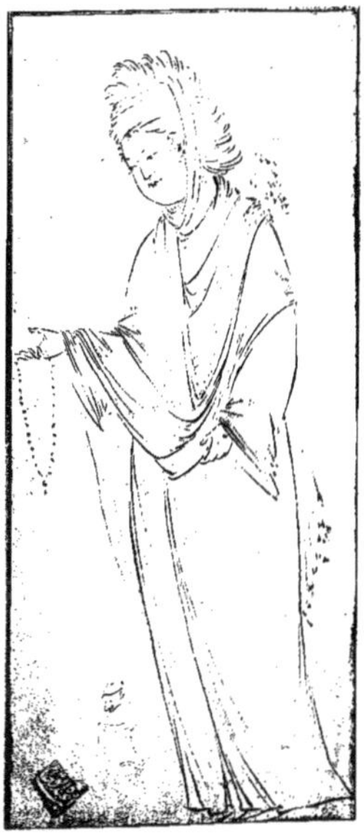

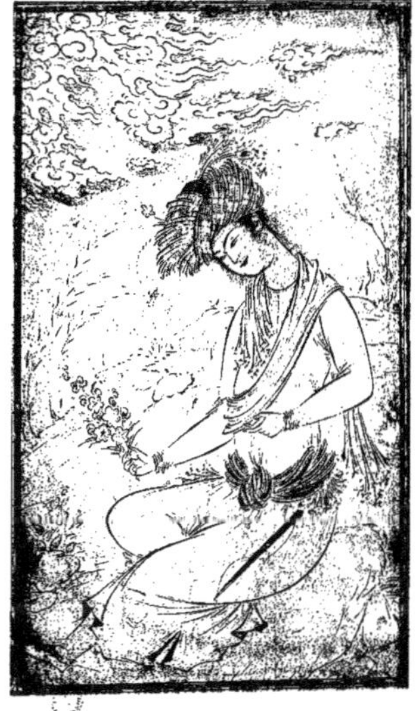

Fig. 167. — ÉCOLE SÉFÉVIE, COMMENCEMENT DU XVIIe SIÈCLE. AKA RIZA.
Personnage au chapelet.
Museum of Fine Arts. Boston.

Fig. 168. — ÉCOLE SÉFÉVIE, COMMENCEMENT DU XVIIe SIÈCLE. AKA RIZA.
Adolescent au bouquet.
Bibliothèque Nationale. Paris.

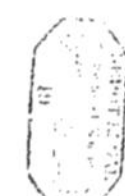

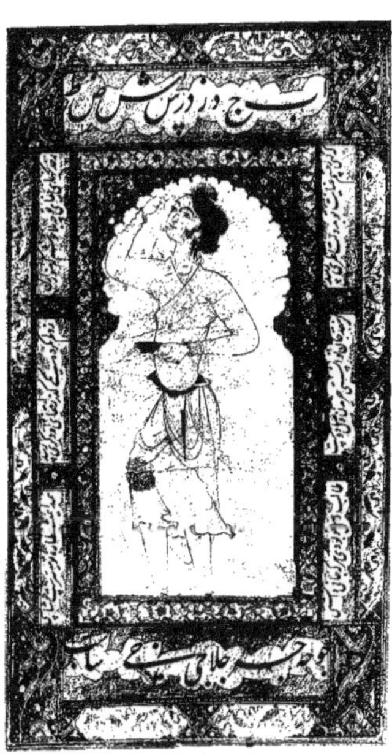

Fig. 169. — ÉCOLE SÉFÉVIE, FIN DU XVIe SIÈCLE. AKA RIZA.
Jeune homme à la coupe.
Musée du Louvre, Paris.

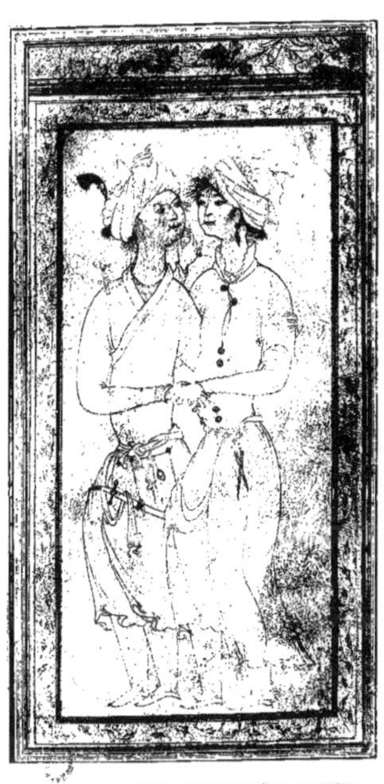

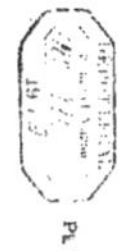

Fig. 170. — ÉCOLE SÉFÉVIE, FIN DU XVIe SIÈCLE. AKA RIZA?
Deux jeunes gens.
Musée du Louvre, Paris.

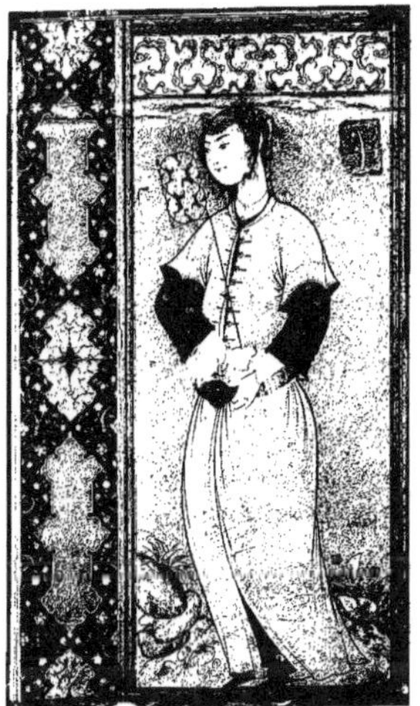

Fig. 171. — ÉCOLE SÉFÉVIE, COMMENCEMENT DU XVIIe SIÈCLE, AKA RIZA.
Jeune femme à l'éventail.
Collection de l'auteur.

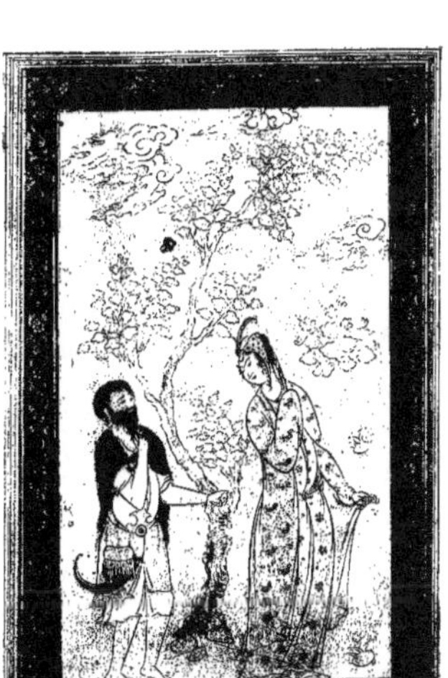

Fig. 172. — ÉCOLE SÉFÉVIE, COMMENCEMENT DU XVIIe SIÈCLE.
L'élégante et le mendiant.
Bibliothèque Nationale. Paris.

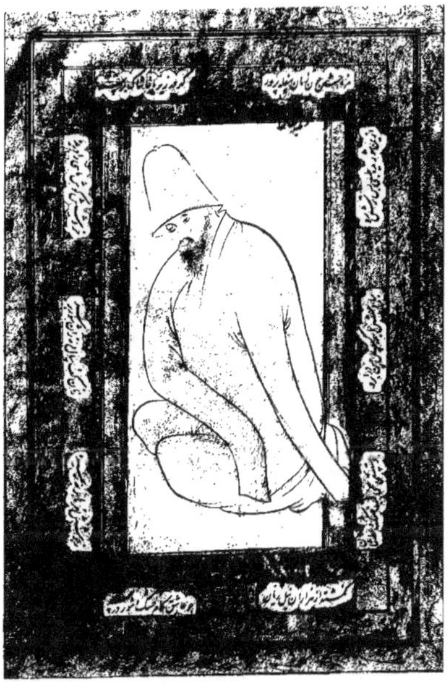

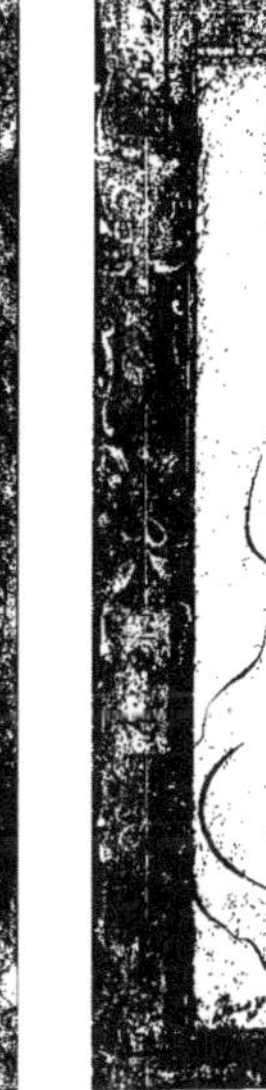

Fig. 173. — ÉCOLE SÉFÉVIE, PREMIÈRE MOITIÉ DU XVIᵉ SIÈCLE
Un derviche.
Collection A. Sipelet, Bruxelles.

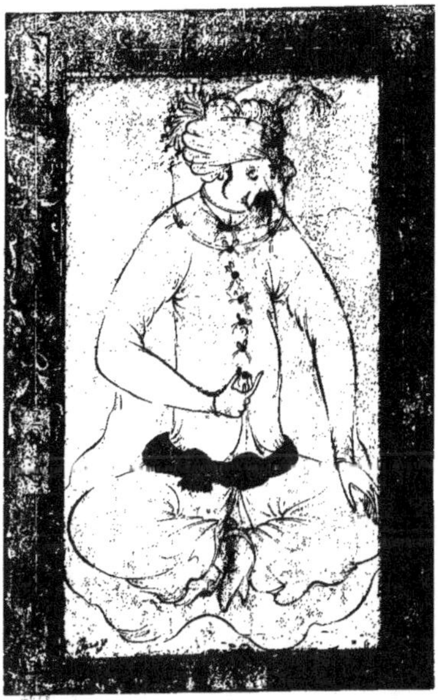

Fig. 174. — ÉCOLE SÉFÉVIE, PREMIÈRE MOITIÉ DU XVIᵉ SIÈCLE. SADIK ?
Personnage à turban.
Museum of Fine Arts, Boston.

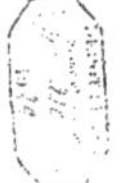

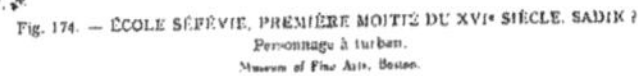

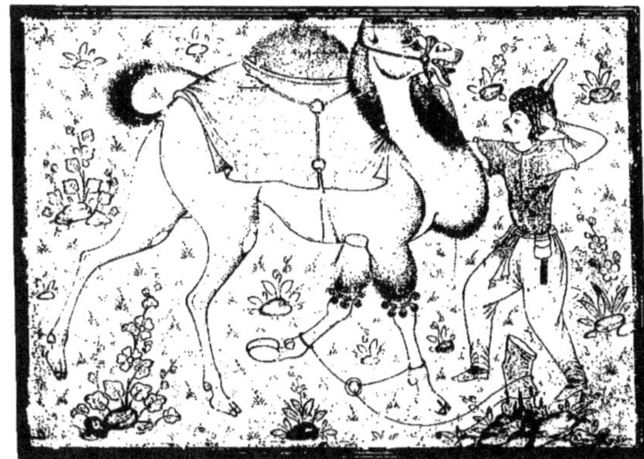

Fig. 176. — ÉCOLE SÉFÉVIE, PREMIÈRE MOITIÉ DU XVIe SIÈCLE.
Dromadaire maîtrisé.
Collection de l'auteur.

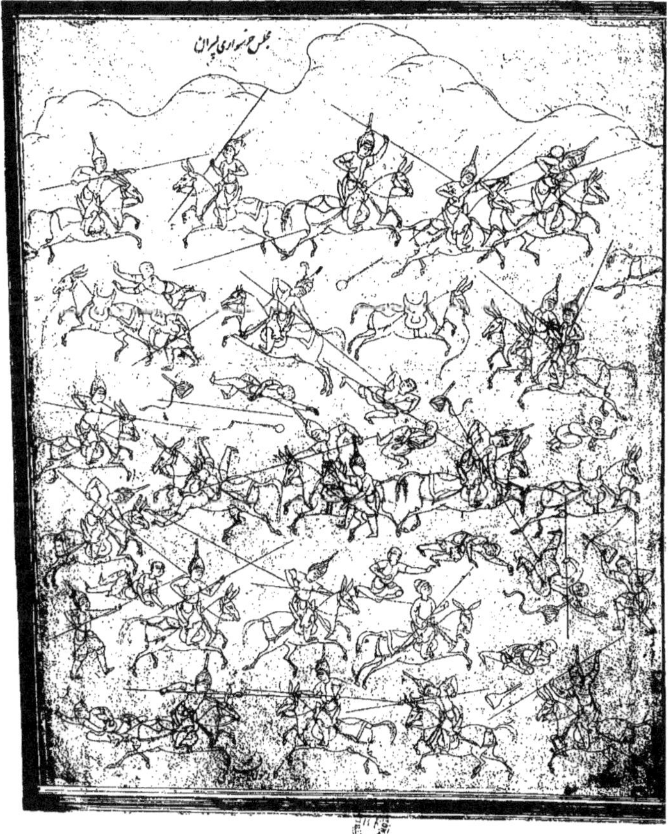

Fig. 175. — ÉCOLE SÉFÉVIE, PREMIÈRE MOITIÉ DU XVIe SIÈCLE.
Enfants jouant à âne.
Bibliothèque de Yildiz, Constantinople.

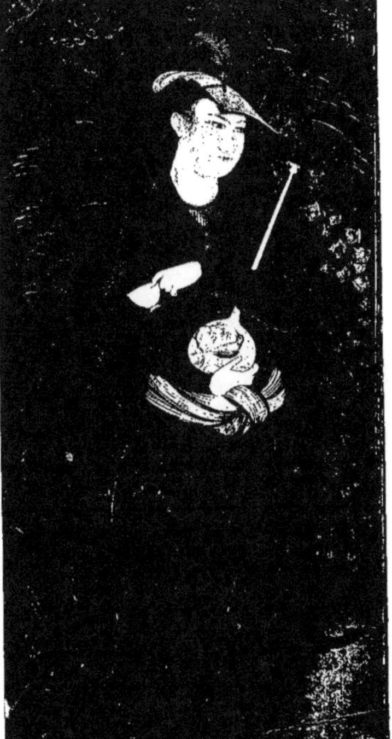

Fig. 177. — ÉCOLE SÉFÉVIE. PREMIÈRE MOITIÉ DU XVIIᵉ SIÈCLE. RIZA-I-ABASSI.
Échanson.
Bibliothèque Nationale. Paris.

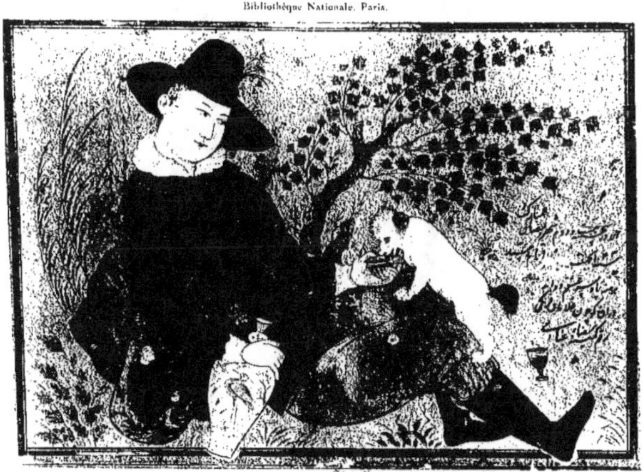

Fig. 178. — ÉCOLE SÉFÉVIE, RIZA-I-ABBASSI. 1634.
Échanson portugais.
Metropolitan Museum of Art, New-York.

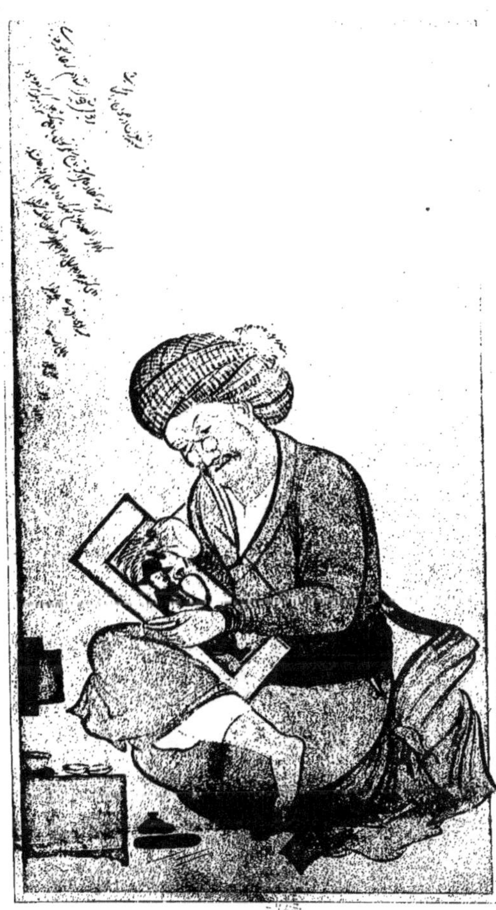

Fig. 179. — ÉCOLE SÉFÉVIE, MOUÏN MOUSSAWIR, 1673.
Portrait posthume de son maître Riza-i-Abbassi.
Collection B. Quaritch, Londres.

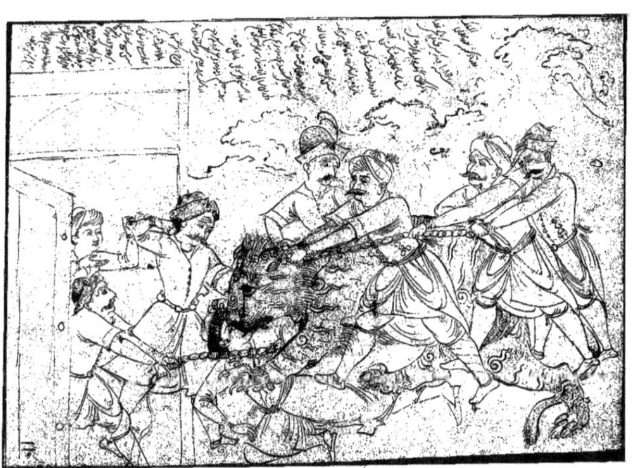

Fig. 180. — ÉCOLE SÉFÉVIE, MOUÏN MOUSSAWIR, ISPAHAN, 1672.
Lion envoyé en présent au Chah.
Museum of Fine Arts, Boston.

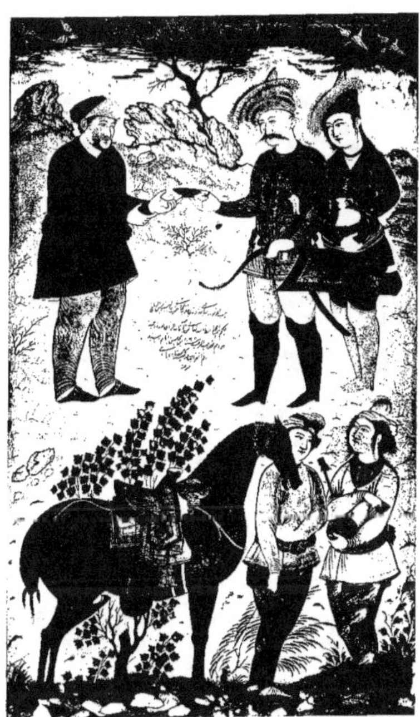

Fig. 181. · ÉCOLE SÉFÉVIE, RIZA-I-ABBASSI, 1633.
Chah Safi offrant une coupe de vin au médecin Mohammed Chemsa.
Leningrad.

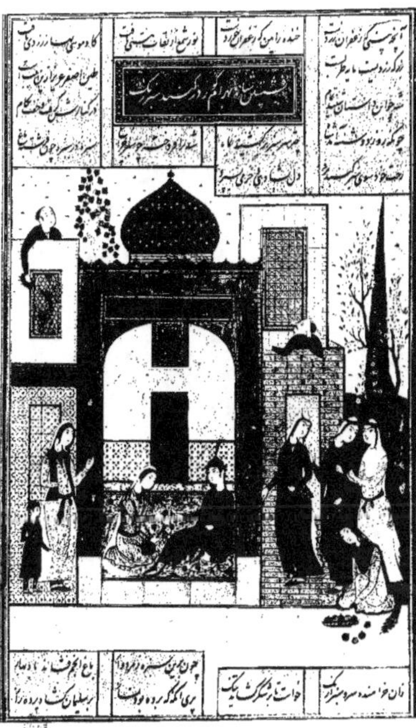

Fig. 182 — ÉCOLE SÉFÉVIE, HAÏDAR NAKKACH, 1623.
Behram Gour sous la coupole verte.
Bibliothèque Nationale, Paris.

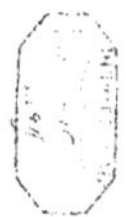

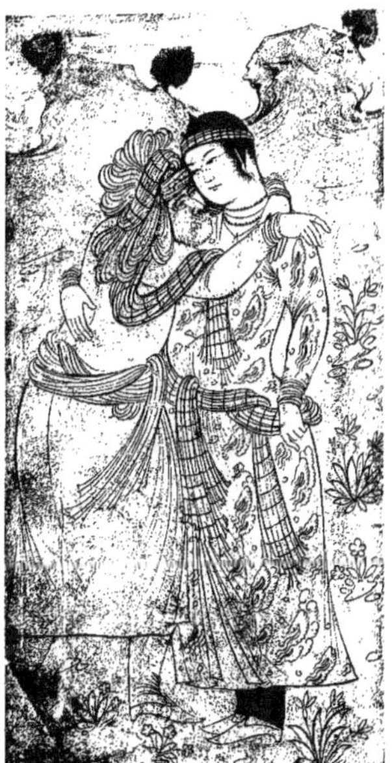

Fig. 183. — ÉCOLE SÉFÉVIE, PREMIÈRE MOITIÉ
DU XVIIe SIÈCLE.
Le vieillard amoureux.
Bibliothèque Nationale, Paris.

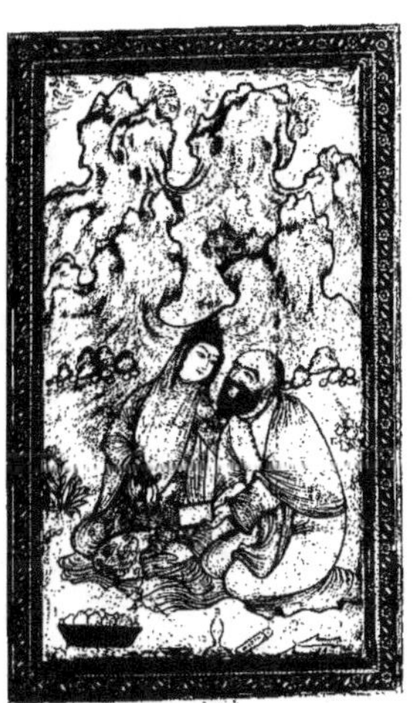

Fig. 184. — ÉCOLE SÉFÉVIE, PREMIÈRE MOITIÉ
DU XVIIe SIÈCLE.
L'instituteur et sa jeune élève.
Musée des Arts Décoratifs, Paris.

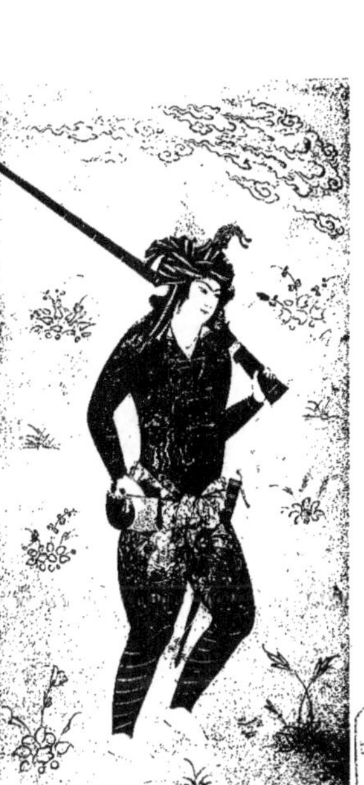

Fig. 185. — ÉCOLE SÉFÉVIE, XVIIe SIÈCLE.
HABIB-ULLAH DE MECHHED.
Le chasseur au mousquet.
Museum für Völkerkunde, Berlin.

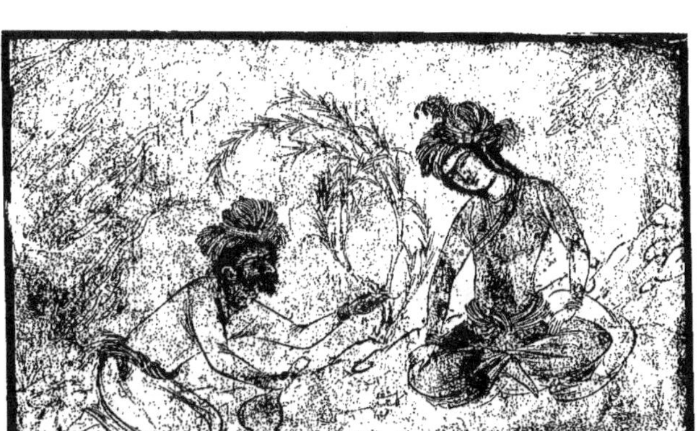

Fig. 187. — ÉCOLE SÉFÉVIE, PREMIÈRE MOITIÉ DU XVIIe SIÈCLE.
MÉLIK HUSSÉÏN D'ISPAHAM.
Offre d'une coupe de vin à un adolescent.
Bibliothèque Nationale, Paris.

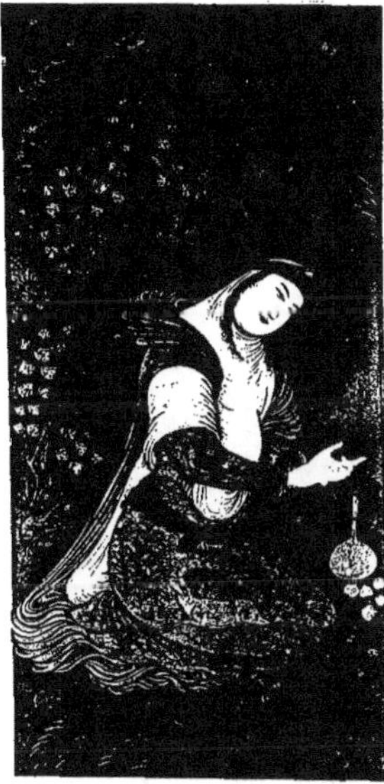

Fig. 186. — ÉCOLE SÉFÉVIE, PREMIÈRE MOITIÉ
DU XVIIe SIÈCLE. RIZA-I-ABBASSI.
Portrait d'une femme comptant sur ses doigts.
Bibliothèque Nationale, Paris.

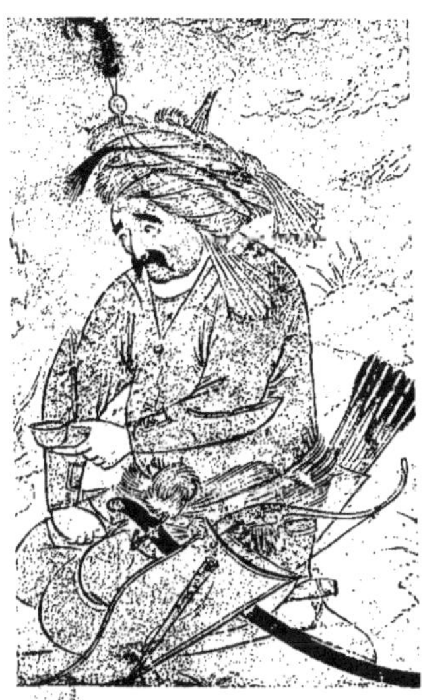

Fig. 188. — ÉCOLE SÉFÉVIE, PREMIÈRE MOITIÉ
DU XVIIe SIÈCLE.
Portrait d'Imam Kouli Khan de Chiraz.
Ancienne collection Schulz.

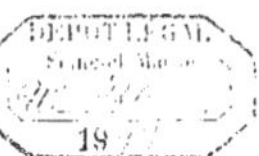

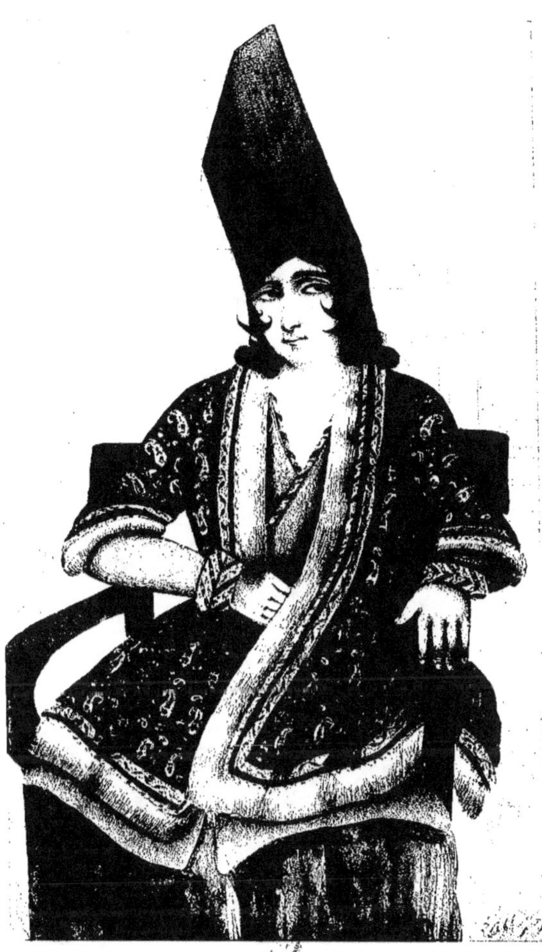

Fig. 180. — DEUXIÈME MOITIÉ DU XVIIIᵉ SIÈCLE.
Portrait de la fille de Chah Rokh l'Afcharide.
Collection de l'auteur.

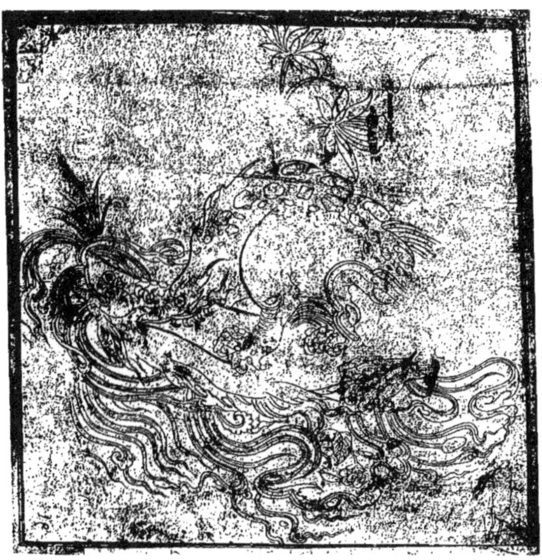

Fig. 191. — ÉCOLE DE HÉRAT, PREMIÈRE MOITIÉ DU XVᵉ SIÈCLE.
Dessin dans le style chinois. Poisson attaqué par un dragon.
Trésor du Vieux-Sérail, Constantinople.

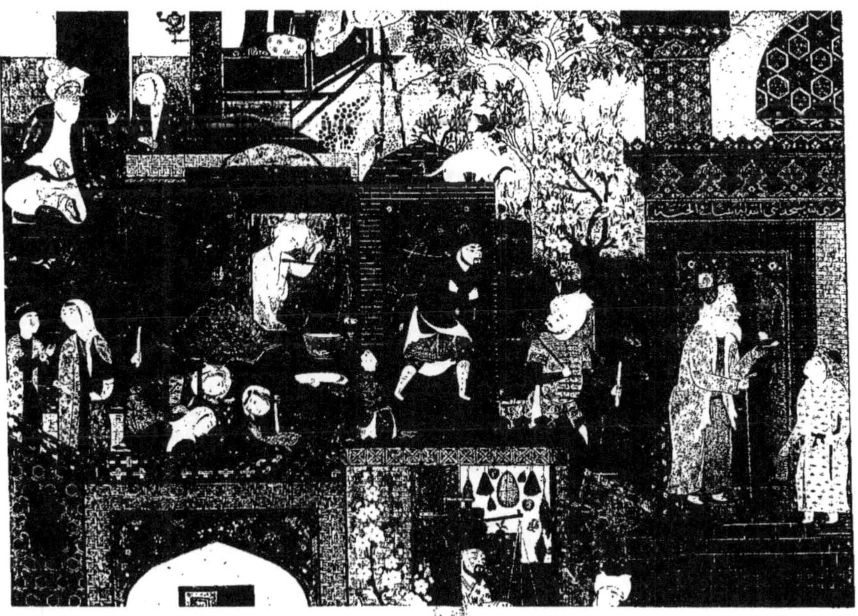

Fig. 190. — ÉCOLE SÉFÉVIE, PREMIÈRE MOITIÉ DU XVIᵉ SIÈCLE, MIR SEÏD ALI.
Scènes de nuit.
Collection L. Cartier.